高等职业教育改革创新教材
职业教育"立交桥"建设系列教材

汽车电控发动机原理与检修

主　编　史虎振
副主编　张东升　刘国军
参　编　武志平　冉　莹

机械工业出版社

本书从汽油发动机相关知识入手，导入电控发动机的工作原理，详细介绍了电控发动机传感器的种类、结构、工作原理及检修方法，对 ECU 的组成、各部分作用作了介绍；对执行器电子点火、燃油喷射、怠速控制进行了剖析；对电子控制发动机的最新技术发展、结构、工作原理进行了介绍，深刻剖析了电控发动机的工作机理，理论上升到一个新高度；删除了一些过时的内容，增加了新车型，做到教学与技术与时俱进；将检修动手能力提高到对 ECU 线路的测试层面，有了新的突破。注重动手能力的培养，通过实例列举达到举一反三、触类旁通的效果。

本书内容详实，难度适中，解决了课堂听不懂、记录跟不上的问题。本书除可作为高等职业教育汽车类专业教学用书外，还可作为企业电控发动机相关知识的培训教材。另外，也可供从事电控发动机维修的在职人员参考学习。

图书在版编目（CIP）数据

汽车电控发动机原理与检修/史虎振主编．—北京：机械工业出版社，2014.2（2023.9重印）

高等职业教育改革创新教材　职业教育"立交桥"建设系列教材

ISBN 978-7-111-44891-4

Ⅰ.①汽… Ⅱ.①史… Ⅲ.①汽车-电子控制-发动机-理论-高等职业教育-教材②汽车-电子控制-发动机-车辆修理-高等职业教育-教材　Ⅳ.①U472.43

中国版本图书馆 CIP 数据核字（2013）第 283240 号

机械工业出版社（北京市百万庄大街22号　邮政编码100037）
策划编辑：曹新宇　责任编辑：于志伟
责任校对：张　薇
封面设计：陈　沛　责任印制：郜　敏
中煤（北京）印务有限公司印刷
2023年9月第1版第6次印刷
184mm×260mm·12.75印张·312千字
标准书号：ISBN 978-7-111-44891-4
定价：38.00元

电话服务　　　　　　　　　网络服务
客服电话：010-88361066　　机　工　官　网：www.cmpbook.com
　　　　　010-88379833　　机　工　官　博：weibo.com/cmp1952
　　　　　010-68326294　　金　书　网：www.golden-book.com
封底无防伪标均为盗版　　　机工教育服务网：www.cmpedu.com

前言

　　随着汽车技术的发展，现今轿车、微型车汽油发动机已普遍采用了电子控制汽油喷射技术。汽车电子技术的发展日新月异，使汽车的维修更为复杂，仅靠传统的眼看、耳听、手摸的维修方法已不能适应汽车维修技术发展的需要，知识的更新刻不容缓，广大维修人员和在校学生需要一本浅显易懂、简单实用的电控发动机教材。为此编者根据电控发动机教学实践体会，通过由浅入深、模块式讲解，使读者找出规律，达到触类旁通的效果，以适应不同技术发展水平人员的需要。本书力求体现车型新、内容全、检测有数据、维修有手段、有利于学生动手能力的培养等特点。

　　本书由高级汽车维修工程师史虎振任主编，张东升、刘国军任副主编，武志平、冉莹参与编写。编写分工如下：史虎振负责模块1、模块2的编写和全书的统稿工作；张东升负责模块3和模块4的编写；刘国军负责模块9和模块10的编写；武志平负责模块7和模块8的编写；冉莹负责模块5和模块6的编写。

　　本书在编写过程中，参考了有关资料和著作，在此一并表示感谢。

　　由于个人知识水平有限，编写时间仓促，错误疏漏之处在所难免，恳请读者不吝指教，以使本教材更加完善。

编者

前言

模块 1　汽油发动机的基础知识 ··· 1
  1.1　汽油发动机的发展历程 ··· 1
  1.2　汽油发动机对可燃混合气的要求 ··· 6
  1.3　汽油发动机电子控制系统的组成与分类 ··· 9
  复习题一 ··· 18

模块 2　传感器及其检测 ·· 20
  2.1　曲轴位置传感器 ·· 21
  2.2　凸轮轴位置传感器 ·· 35
  2.3　空气流量传感器 ·· 38
  2.4　歧管压力式（真空度）传感器 ··· 46
  2.5　温度传感器 ··· 50
  2.6　节气门位置传感器 ·· 54
  2.7　氧传感器 ··· 62
  2.8　爆燃传感器 ··· 69
  2.9　车速传感器和开关信号 ··· 74
  复习题二 ··· 76

模块 3　发动机电子控制单元 ··· 79
  复习题三 ··· 88

模块 4　燃油喷射控制系统 ··· 90
  4.1　燃油喷射系统的组成 ··· 90
  4.2　燃油喷射的控制 ·· 100
  4.3　燃油喷射量的控制 ·· 104
  4.4　发动机各工况对燃油喷射量的控制 ··· 106

复习题四 109

模块 5　怠速控制系统 111
　5.1　旁通气道式怠速调节器 111
　5.2　节气门直动式怠速调节器 119
　　复习题五 123

模块 6　电子控制点火系统 125
　6.1　点火系统概述 125
　6.2　无分电器计算机控制点火系统 132
　6.3　汽车发动机电子点火系统的控制方式 137
　6.4　发动机点火正时的保证措施 140
　　复习题六 142

模块 7　排放控制系统 145
　　复习题七 154

模块 8　进气控制系统 155
　8.1　可变进气系统 155
　8.2　电子控制可变气门升程装置 158
　8.3　发动机涡轮增压控制 163
　　复习题八 166

模块 9　自诊断系统 167
　9.1　电控发动机自诊断工作原理 168
　9.2　发动机一代自诊断系统 174
　9.3　发动机二代自诊断系统 178
　9.4　汽车故障诊断仪 181
　　复习题九 183

模块 10　ECU 接口与传感器、执行器间的电路检查 185

附录　各种汽车诊断插头的选择、诊断插座位置 190

参考文献 197

模块 1

汽油发动机的基础知识

 知识要点

- 电控发动机的发展历程；
- 可燃混合气浓度的表达方法；
- 可燃混合气浓度对发动机动力性、经济性和尾气排放的影响；
- 电控发动机的组成及功能；
- 汽油发动机电子控制系统的分类。

 技能要点

- 理解和掌握汽油发动机的基础知识；
- 掌握汽油发动机不同工况对可燃混合气的要求；
- 能够对照电控发动机指出各部件的名称与类型。

1.1 汽油发动机的发展历程

汽油发动机是通过汽油燃烧产生动力的发动机。汽油发动机大体经历了化油器发动机、机械式汽油喷射发动机、机电结合式汽油喷射发动机、电子控制式汽油喷射发动机四个发展阶段。

化油器式发动机在汽车的发展历程中经历了相当长的时间。由于能源危机以及动力性、经济性和排放要求的提高，每增加一个功能，在化油器式发动机上就要增加一种装置，最后化油器式发动机不得不被淘汰。

1952 年德国博世（Bosch）公司研制成功了第一台机械控制缸内喷射汽油发动机（原理类似于高压泵式柴油发动机原理），安装在戴姆勒奔驰 300L 型赛车上，最后因为汽油压力喷射密封性的难题无法解决而未得到发展。

1958 年，博世公司研制成功了机械控制进气歧管连续喷射汽油发动机，即机械式汽油喷射系统，K-jetrnic 系统即属此类，一般叫 K 系统，如图 1-1 所示。此系统为较早期的奥迪汽车所采用，主要目的是提高发动机功率。

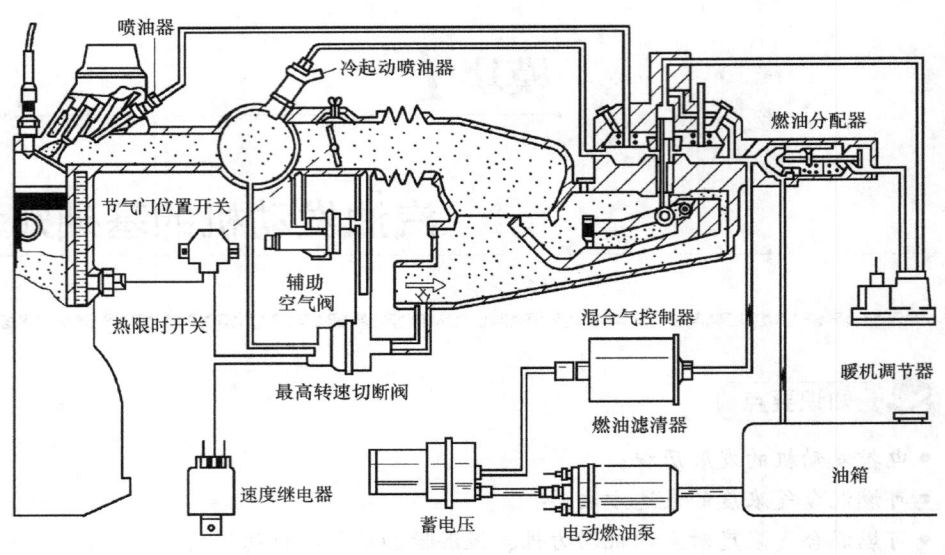

图 1-1　机械式汽油喷射系统

随着时代的发展，汽车废气排放法规日益严厉，为更好地提高发动机动力性、经济性、排放性、控制精度、工作灵活性和增加控制功能，增加了电子控制单元（ECU），在 K – jetrnic 系统的基础上发展成 KE – jetrnic 系统，如图 1-2 所示。其燃油仍然是连续喷射，KE 系统与 K 系统的主要区别是配备有电子控制单元、电液式压差调节器和一些传感器。由于机械部分制造困难，KE 系统未能广泛应用，仅用于少量车型上。

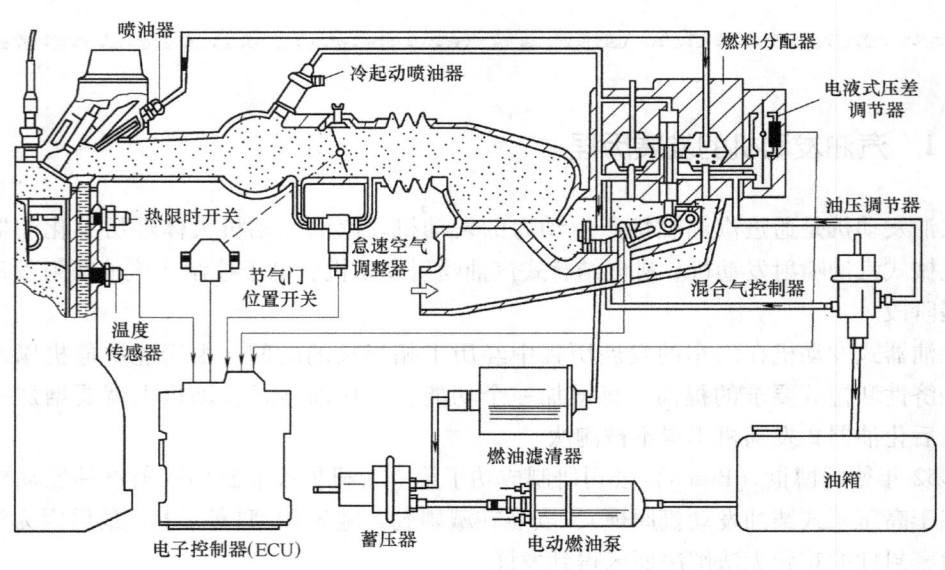

图 1-2　机电结合式汽油喷射系统（KE-jetrnic 系统）

20世纪50年代，美国、欧洲和日本先后颁布有关汽车有害气体排放限制的各种法规。20世纪70年代的能源危机更是推动了对汽车燃油消耗进行限制法规的颁布。这些法规的颁布，推动了以环保和节能为主要目标的电子控制汽油喷射技术的发展，加快了汽车电子技术的发展步伐。

美国本迪克斯公司（Bndix）1953年开始研制的真空电子控制汽油喷射装置于1957年研制成功。该系统根据进气歧管绝对压力，由设在各个节气门前的喷油器在进气行程同步喷油。遗憾的是该专利技术并未被推广应用。

20世纪70年代是汽车电子控制技术飞速发展的年代。1967年，德国博世（Bosch）公司根据美国本迪克斯的专利技术，开始批量生产利用进气歧管绝对压力信号和模拟计算机来控制发动机空燃比的D型燃油喷射系统（D-Jetrnic），并装备在德国大众（Volkswagen）汽车公司生产的VW-1600型和奔驰280SE型轿车上。此技术率先达到了当时美国加利福尼亚州的排放法规要求，开创了汽油发动机电子控制燃油喷射技术的新纪元。D型燃油喷射系统采用电子控制喷油器的开启时间进行喷油量的控制。歧管压力式空气流量检测系统如图1-3所示。

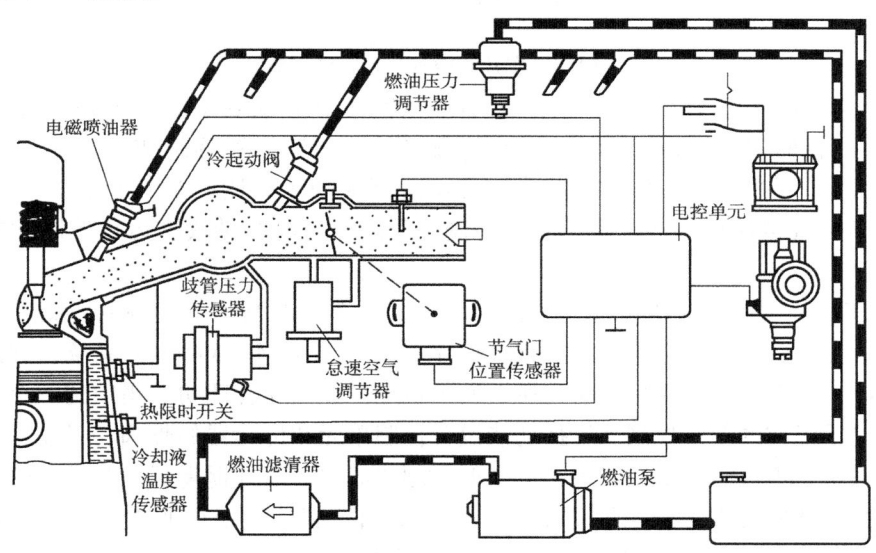

图1-3 歧管压力式空气流量检测系统

1973年德国博世（Bosch）公司在D型燃油喷射系统的基础上，研制出了L型燃油喷射系统L-jetrnic。L型燃油喷射系统采用翼片式空气流量传感器检测发动机的进气量（体积型）以进行空燃比配制，与利用歧管绝对压力间接检测的D型燃油喷射系统相比，检测精度大大提高。翼片式空气流量检测系统如图1-4所示，但该系统由于翼片式空气流量传感器计量板对加速灵敏性迟缓和安装性差而被淘汰。

在电控汽油喷射系统开发和不断完善的过程中，汽油发动机电子点火的研究也取得了突破性进展。1973~1974年，美国通用（GM）汽车公司生产的汽车装上了集成电路IC点火控制器。1975年，高能点火装置HIC点火控制器投入使用。1976年，美国克莱斯勒（Chrysler）汽车公司研制成功了微机控制点火稀混合气燃烧系统（ELBS），该系统由模拟计算机对点火进行控制，根据大气压力、进气温度、发动机冷却液温度、发动机负荷与转速等信号计算出最佳点火时刻，可控制200多个参数，对实际点火提前角实现了最佳控制。

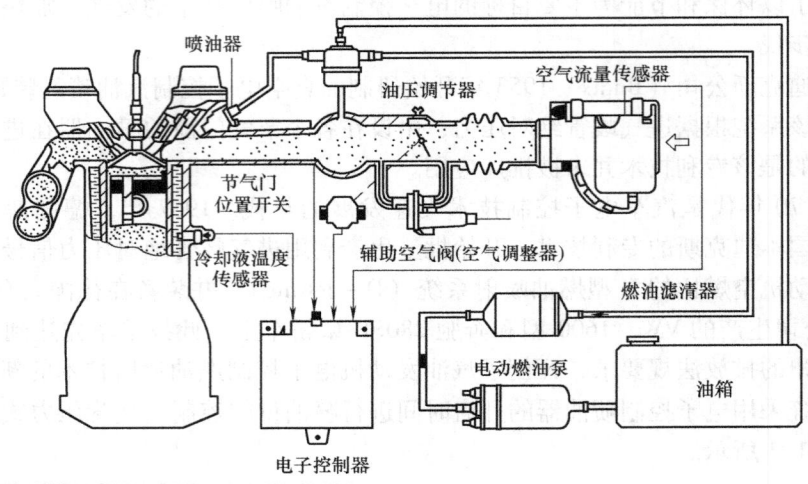

图1-4 翼片式空气流量检测系统

1977年，美国通用汽车公司研制成功了数字式点火控制系统。该系统由中央处理器（CPU）、存储器（RAM、ROM）和模/数（A/D）转换器等组成，是一种真正的计算机控制系统。1978年，美国通用汽车公司研制成功了可同时进行点火控制、空燃比反馈控制、废气再循环控制、急速转速控制、故障自诊断和带故障运行控制功能的电子控制系统。

1979年，德国博世（Bosch）公司在L-jetrnic系统的基础上，将电控点火和电控燃油喷射组合在一起，采用数字计算机进行控制，并开发出M-Motronic系统，即发动机集中管理系统。发动机集中管理系统将所有发动机运行控制和管理功能集中到一个微型计算机上，消除了以前的单一控制系统按功能设置控制单元和传感器的弊病，只设置一个能满足控制的系统，不仅简化了控制系统、降低了制造成本，而且提高了控制系统的工作可靠性。此外，发动机集中管理系统电子化控制使增加控制功能变得非常容易，只需修改软件，并增设一个输出转换装置，控制所需要的执行器工作，就能实现系统控制功能的拓展。发动机集中管理系统用一个电控单元完成多项控制功能的设计思路不仅符合当时的使用要求，而且也与发动机电控系统进一步发展相吻合。此后，世界各大汽车公司也都开发出了自己的发动机集中管理系统。

1979年，日本日产（Nissan）汽车公司研制成功了集点火时刻控制、空燃比控制、废气再循环控制和急速转速控制于一体的发动机集中控制系统（ECCS），该系统具有自诊断功能，装备在Cedric牌和Gloria牌轿车上。

1980年，日本丰田公司（Toyota）开发出了具有汽油喷射控制、点火控制、急速转速控制和故障自诊断功能的丰田计算机控制系统（TCCS）。同年，三菱（Mitsubishi）汽车公司研制成功了采用卡尔曼涡流式空气流量传感器的电子控制燃油喷射系统（ECI）。

1981年，Bosch公司在L-jetrnic系统的基础上，开发出了LH-jetrnic系统。该系统采用新颖的热线式空气流量传感器,能直接检测出进入发动机的空气流量。热线式电子控制系统如图1-5所示,该系统具有进气阻力小、检测性能灵敏度高的特点。

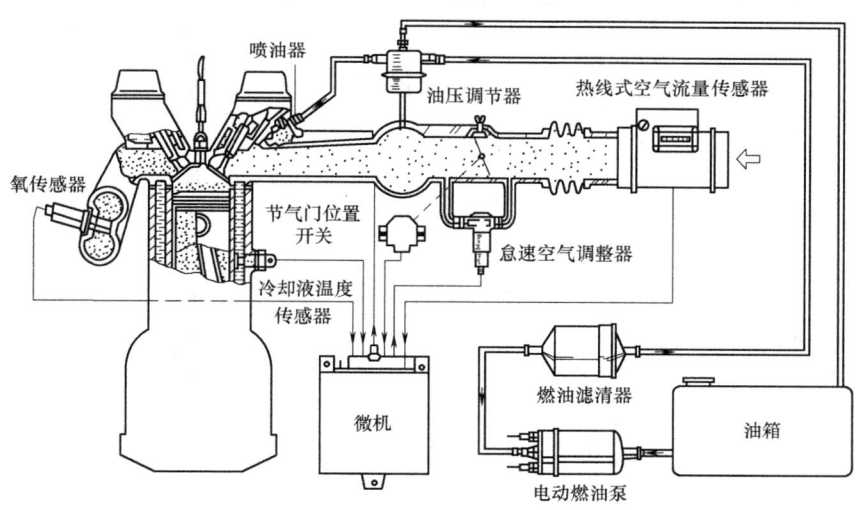

图1-5 热线式空气流量传感器电子控制系统

1987~1989年,博世（Bosch）公司又相继开发出了用于中小型乘用车的电控式单点汽油喷射系统,即Mono-jetric系统和Mono-Motronic系统。

20世纪90年代,为了达到更加严格的排放指标,根据"京都议定书"确定的分阶段降低汽车CO排放量的要求,世界各主要汽车公司逐步增加了发动机集中管理系统的控制功能和直接缸内喷射技术的研发。1995年,日本三菱汽车公司研制成功了电控缸内直喷汽油机（GDI）系统,该系统采用汽油缸内直喷技术,可以实现汽油机的分层燃烧。然而由于当时技术不成熟,造成该系统低速时NO_x排放量很大,由此该系统被许多注重环保的国家拒之门外,其发展也因此而减缓。

2001年,Volkawagen/Audi集团研制出独有的FSI（Fuel Stratified Injection）缸内直喷系统。此外,还有凯迪拉克的SIDI双模直喷发动机、奔驰的CGI直喷发动机、马自达的DISI直喷系统等。在此期间,博世公司也开发成功了具有节气门控制功能的ME-Motronic系统和采用缸内直喷技术的MED-Moteonic系统。

我国在轿车电子控制汽油喷射技术应用方面起步较晚,1994年上海大众推出采用D-jetric电控汽油喷射系统的桑塔纳2000型轿车。2000年,我国政府规定：5人座以下的化油器式发动机汽车自2001年1月1日起停止生产,此后电控燃油喷射发动机得到快速发展。

到2002年底,桑塔纳、别克、帕萨特、捷达、奥迪、夏利、神龙富康、广州本田等国产和国产合资轿车汽油发动机已全部采用了电子控制汽油喷射系统。

混合气的配制方式的优劣主要着眼点是动力性、经济性、排放性、驾驶顺畅性（加速反应灵敏度）以及使用寿命五个方面,其发展经历了化油器式、机械式汽油喷射、机电结合式汽油喷射、电子控制汽油喷射四个发展阶段。

现将四个发展阶段的汽车发动机性能进行比较,详见表1-1。

表1-1 混合气配制方式的性能比较

性能\种类	化油器式发动机	机械式汽油喷射发动机	机电结合式汽油喷射发动机	电子控制式汽油喷射发动机
动力性	一般	优	优	优
电子控制单元(ECU)	无	无	有	有
经济性	一般	良	优	最好
混合气配制精度	差	良	优	最高
闭环控制(氧传感器)	无	无	有	有
海拔高度修正	无	无	有	有
进气温度修正	无	无	无	有
安装性	差	差	差	优
成本	低	高	高	低
质量和制造难度	小而易	质量大而难	质量大而难	小而易
暖机自动控制	无	有	有	有
自诊断功能	无	无	无	有

不同空气检测方式电子控制发动机的性能比较见表1-2。

表1-2 不同空气检测方式电子控制发动机的性能比较

性能\种类	热膜式空气流量传感器	热线式空气流量传感器	翼片式空气流量传感器	卡门旋涡式空气流量传感器	歧管压力式空气流量传感器
响应特性	良	优	差	良	良
急速稳定性	良	良	良	良	良
废气再循环适用性	良	良	良	良	良
发动机性能随时间的变化	优	优	优	优	优
海拔高度修正	无	无	无	有	有
进气温度传感器	有	无、有的有	有	有	有
安装性	优	优	差	良	良
成本	优	良	良	良	优

热线式空气流量传感器其冷线和热线距离大的有温度补偿作用,不用安装进气温度传感器。

1.2 汽油发动机对可燃混合气的要求

汽油发动机是通过汽油燃烧产生动力的。可燃混合气越浓,可蒸发的汽油成分越多,越容易点火,动力性越好,汽油消耗也就越多;反之,混合气越稀,汽油消耗越少,越省油,经济性越好,动力性变差。发动机不同工况需要不同成分的混合气,混合气浓度对发动机的动力性、经济性以及排放净化的效果有较大的影响。

为了便于理解和掌握电子控制汽油喷射发动机的控制原理,首先必须了解汽油发动机可燃混合气的相关知识,方能深刻理解电子控制的基本理论和控制方法。

1.2.1 可燃混合气浓度

汽油发动机可燃混合气的浓度,常称为混合气的成分。发动机可燃混合气浓度常用空燃比、过量空气系数两种方式来表达。

1. 空燃比和过量空气系数

(1) 空燃比　空燃比是指进入气缸的空气质量与燃油质量之比,常用 A/F 表示。

1kg 汽油完全燃烧时,在理论上(化学反应当量)需要 14.7kg 的空气。当混合气的空燃比(A/F)为 14.7 时,被称为理论空燃比,这种混合气叫标准混合气(这种混合气理论上存在,实际并不存在,就算混合气的汽油成分和空气成分合适,但混合不均还是实现不了理论空燃比)。空燃比 > 14.7 时,一般叫稀混合气;空燃比 < 14.7 时,叫浓混合气。

(2) 过量空气系数　在发动机实际工作过程中,燃烧 1kg 汽油所提供的空气不一定就是理论上完全燃烧所需的空气量。在发动机工作过程中,气缸内实际供给的空气质量与理论上完全燃烧所需的空气质量的比值叫过量空气系数,常用"α"表示。

因为混合气完全燃烧时的理论空燃比是 14.7,所以过量空气系数"α"表征理论上混合气完全燃烧后空气过剩的程度。若过量空气系数 $\alpha = 1$,说明完全燃烧后空气和燃油均无过剩,表示空燃比为 14.7,即实际空燃比与理论实际空燃比相同;若 $\alpha > 1$,表示实际供给的空气量大于理论空气量,说明空气过剩,这种混合气称为稀混合气;若 $\alpha < 1$ 说明空气供给量不足以使汽油和空气完全燃烧,空气量不足的混合气称为浓混合气。

2. 可燃混合气浓度对发动机性能的影响

混合气的浓度与发动机的动力性和经济性密切相关。发动机的动力性通常用曲轴对外输出的有效功率来表示,单位是 kW;发动机的经济性一般用有效功率的油耗量(简称油耗率)来表示,单位是 g/kW·h。如图 1-6 所示为混合气浓度与输出功率及油耗率的关系,这一规律普遍适用于常规汽油发动机,只是各汽油机具体曲线的最高值或最低值有所不同。

(1) 火焰温度最高值时刻　当混合气的空燃比 A/F 为 13.5~14 时,由于混合气稍浓,混合气中汽油含量较多,汽油分子密集,燃烧速度最快,燃烧火焰温度最高,这时 NO_X 排放量增加。

(2) 功率空燃比　当空燃比 A/F 大约为 12~13 时,这种空燃比的混合气将使发动机发出最大功率,因此这种稍浓的混合气称为功率空燃比。

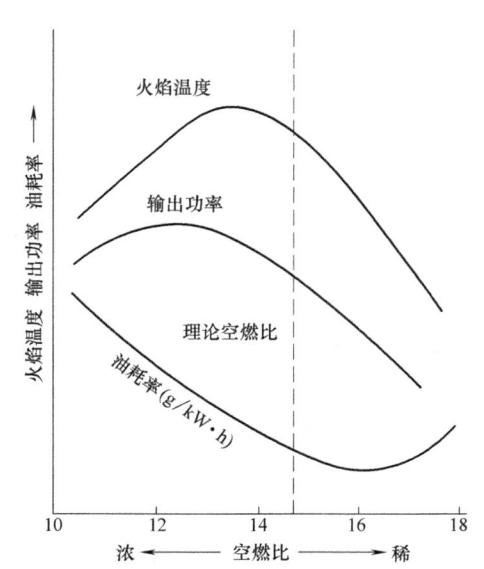

图 1-6　空燃比与温度、输出功率、油耗的关系

(3) 经济空燃比　当燃油燃烧完全时,发动机的油耗率最低,此时混合气的空燃比比

理论空燃比大一些，A/F 大约为 16 左右，这种稍稀的混合气空燃比称为经济性空燃比。从图 1-6 可以看出油耗率是随着空燃比的增大而降低的，超过 16 以后反而上升，是因为混合气过稀产生失火后，燃烧不完全造成的。

1.2.2 汽油发动机不同工况对混合气的要求不同

发动机在各个工况运行时，对混合气的浓度、经济性、排放性和稳定性要求是不同的。只有对此有深刻了解，才能领悟到各种传感器的作用及电子控制设计的原理。为此，现就汽油发动机五大工况的特征及要求进行介绍。

1. 起动工况

起动工况是指发动机初次起动时的工作状态。从理论上讲，起动常指冷车起动。这时因为燃油、空气、发动机温度都很低，燃油不易蒸发，汽油雾化不良，一部分燃油凝结在进气歧管、进气门附近或气缸壁上，引起混合气变稀，发动机在起动机带动下转速又很低，压缩终了时缸内温度低，发动机很难起动。因此在发动机起动时要供给极浓的混合气，只有这样才能产生足够的燃油蒸气量，满足所需极浓混合气的要求，保证冷起动的需要。起动工况混合气的浓度取决于当时发动机的冷却液温度和起动的时机。

2. 怠速工况

怠速工况是指发动机对外不输出动力的运行状态。节气门处于关闭状态（节气门直动式发动机节气门开度最小），发动机转速保持最低水平。这时发动机的特点是：发动机转速低，进气惯性差，充气系数低，发动机运转不良；废气干扰严重，废气冲淡稀释作用强，发动机不易点火，发动机运转困难；发动机转速低，压缩终了温度低，不易点火；发动机转速低，进气扰流作用差，混合气混合不均，发动机不易点火。为尽量降低怠速时的燃油消耗量提高经济性，在怠速工况应供给少而浓（少是指量少，浓是指混合气的成分要浓）的混合气。

电子控制汽油发动机怠速有三种：基本怠速（对外不输出动力时的怠速），暖机怠速（发动机冷机起动后的加温过程）以及负荷怠速（怠速时开空调、动力转向、行驶中驾驶员放松加速踏板时的怠速），这三种怠速都是电控发动机自动完成调节的。

3. 中等负荷

中等负荷（含大负荷、小负荷）就是节气门从怠速结束到全负荷之间一段工况，节气门处于一种半开启状态。汽车发动机大部分时间都是在中等负荷状态下运转。

中等负荷工况的特点：发动机转速增加，转速较高，进气惯性大，充气系数提高，进气充足；发动机转速高，进气扰流作用强，混合气混合均匀，燃烧速度快；发动机转速高，压缩终了温度高，便于点火；发动机转速高，废气干扰差，有利于点火；发动机温度正常，燃油能正常雾化。这种工况是常用工况，中等负荷时，经济性是主要控制目标，此时最省油。因此，中等负荷应供给稀的（经济空燃比）混合气，以使发动机获得最好的经济性和较大的输出功率。实际上现代发动机考虑到排气净化的要求，在中等负荷时供给的混合气浓度接近理论空燃比，即过量空气系数 $\alpha = 1$ 左右。

4. 全负荷工况

全负荷是指节气门开度在 3/4 以上直至全开时的工况。此时的工况特点是在中等负荷的基础上，以获得最大的输出功率为主要目标，此时为克服更大的汽车行驶阻力，要求发动机输出最大的功率。此时由中等负荷的以经济性为主转变为全负荷的以动力性输出为主。全负荷时应供给稍浓混合气（功率空燃比），过量空气系数为 $\alpha = 0.88$ 左右。

5. 急加速工况

汽车行驶中急加速时，节气门突然打开很大，在加速的最初一瞬间到节气门完全打开，在转速相同的情况下，由于进气歧管压力增大（真空度减小），部分燃油会附着在进气歧管上或进气门附近，这部分燃油汽化需要一定的时间。另外，燃油流动惯性比空气大，因而造成加速时实际进入气缸的燃油相对不足，燃油和空气形成的混合气短时间内变稀，严重时甚至过稀，会使发动机转速下降，这就是踩下加速踏板后转速不但不升高，有时反而有下降的趋势的原因。为了避免这种现象发生，在发动机急加速时，应及时补充一些燃油加浓混合气，以获得良好的加速顺畅性。

除以上工况外，现代电子控制发动机增加了一些控制，如减速停供、超速停供，快怠速（暖机）和开空调提速（负荷怠速）等工况，这些工况将在电子控制汽油喷射中的燃油供给系统有具体而详尽的阐述。

1.3　汽油发动机电子控制系统的组成与分类

电子控制汽油喷射是通过直接或间接方式检测发动机吸入的空气量，以便按设定的空燃比供给与之相适应的汽油量，这一过程叫混合气的配制。汽油发动机的混合气配制，按汽油的供给方式不同，可分为机械式、机电结合式和电子控制式。机械式、机电结合式应用不多，已淘汰。现有的汽油发动机为电子控制式汽油喷射发动机。

1.3.1　现代电子控制汽油喷射发动机的组成及功能

现代电子控制汽油喷射发动机，虽然品种繁多，但它们都有相同的控制原则：即以电子控制单元（ECU）为控制中心，以空气流量和发动机转速为控制基础，以喷油、点火和怠速调节为控制对象，获得与发动机各工况相匹配的最佳空燃比的混合气和最佳点火时刻，并且有大体相同的发动机结构。

电子控制汽油发动机一般由进气系统、电子控制系统、燃油供给系统和电子点火系统四大部分组成，为提高发动机的动力性、经济性并减少有害气体排放，还有部分辅助控制系统。

1. 进气系统

进气系统是发动机可燃混合气的形成和供给系统。由空气滤清器、空气流量传感器（D-jetronic 系统为歧管压力传感器）、节气门体、怠速空气调节器、稳压箱、进气温度传感器和进气歧管等组成，如图 1-7 所示。

进气系统的作用是滤清空气、计量进入发动机的空气量、怠速调节、检测进气温度、使各缸进气均匀、将混合气引入各气缸、使汽油雾化以及通过加速踏板控制发动机的输出功率。进气系统对吸入的混合气有直接检测和间接检测两种检测方式，不同的检测方式和漏气部位不同会对发动机产生不同的影响。

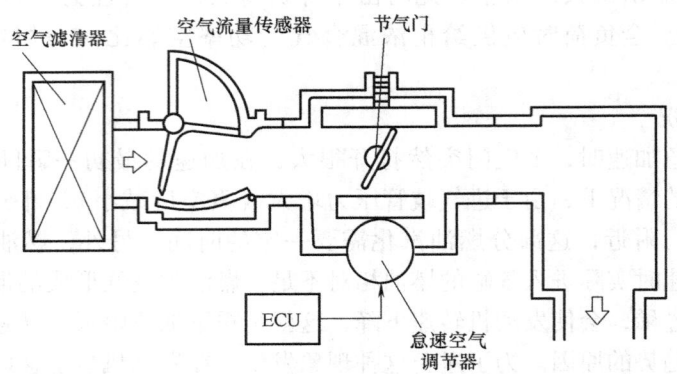

图 1-7　发动机进气系统的组成

（1）空气流量传感器直接检测式进气系统

1）空气流量传感器前边漏气，对电控发动机工作无影响。

2）空气流量传感器后边任何地方漏气，会造成混合气变稀、急速不稳和发动机发抖等现象。

（2）间接检测式（即歧管压力式进气系统漏气）

1）节气门前方漏气，对电控发动机工作无影响。

2）节气门后方漏气：轻微漏气，发动机急速增高；较大的漏气，当急速过高时，会引起游车；更严重漏气，急速失控，发动机最高转速达 3000r/min。

2. 燃油供给系统

燃油供给系统由油箱、燃油泵、燃油滤清器、燃油脉动减振器、喷油器、燃油压力调节器和燃油总管等组成，如图 1-8 所示。燃油从油箱泵出后，经滤清器过滤，去除杂质后再送至燃油总管，通过燃油总管分配到各缸喷油器。燃油系统的作用是：对汽油进行过滤、将燃油从油箱泵送到燃油总管，再分配至喷油器、减少燃油系统脉动、保证燃油保持一定的压力、使燃油系统压力和进气歧管内的压力差为一恒定值（250kPa）、喷油器根据 ECU 的指令适时将一定的燃油喷入进气门的前方（单点式汽油喷射喷在节气门处）进行雾化，在发动机进气时进入气缸进行燃烧。

此外，早期电喷汽车发动机为改善发动机的冷起动性，在进气歧管上安装了冷起动喷油器。冷起动喷油器喷油由热线式开关控制。

3. 电子点火系统

电子点火系统主要由传感器（曲轴位置传感器）、电子点火组件、点火线圈、高压线和火花塞等组成，如图 1-9 所示。电子控制单元（ECU）根据曲轴位置传感器、发动机转速、冷却液温度和发动机工况等信号，计算出初级线圈的通电时间和断电时间，次级线圈产生高压火花，并根据发动机的工作顺序将高压火花通过高压线适时分配到各缸火花塞，以点燃混合气，使发动机进行工作。爆燃传感器实行闭环控制，防止发动机产生爆燃。

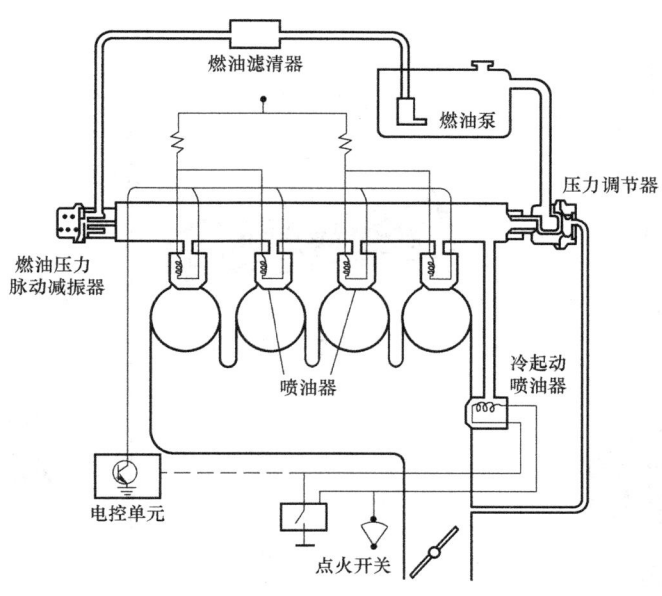

图1-8 燃油供给系统的组成

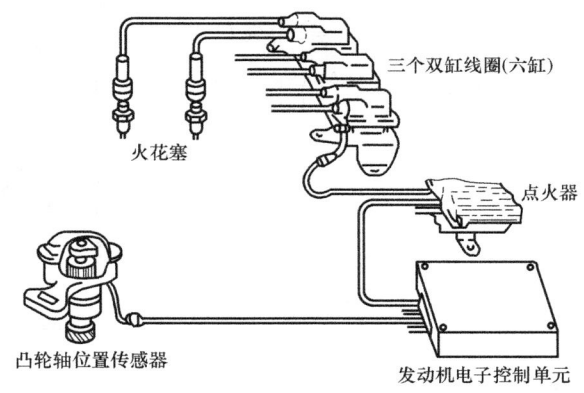

图1-9 发动机的电子点火系统组成

4. 电子控制系统

（1）电子控制系统的组成 电子控制系统由传感器、执行器和ECU三部分组成，三部分的相应职能见表1-3。

表1-3 发动机电子控制系统主要组成的职能

组成	传感器	ECU	执行器
职能	送信的	管事的	干事的

电子控制系统的具体组成如图1-10所示。

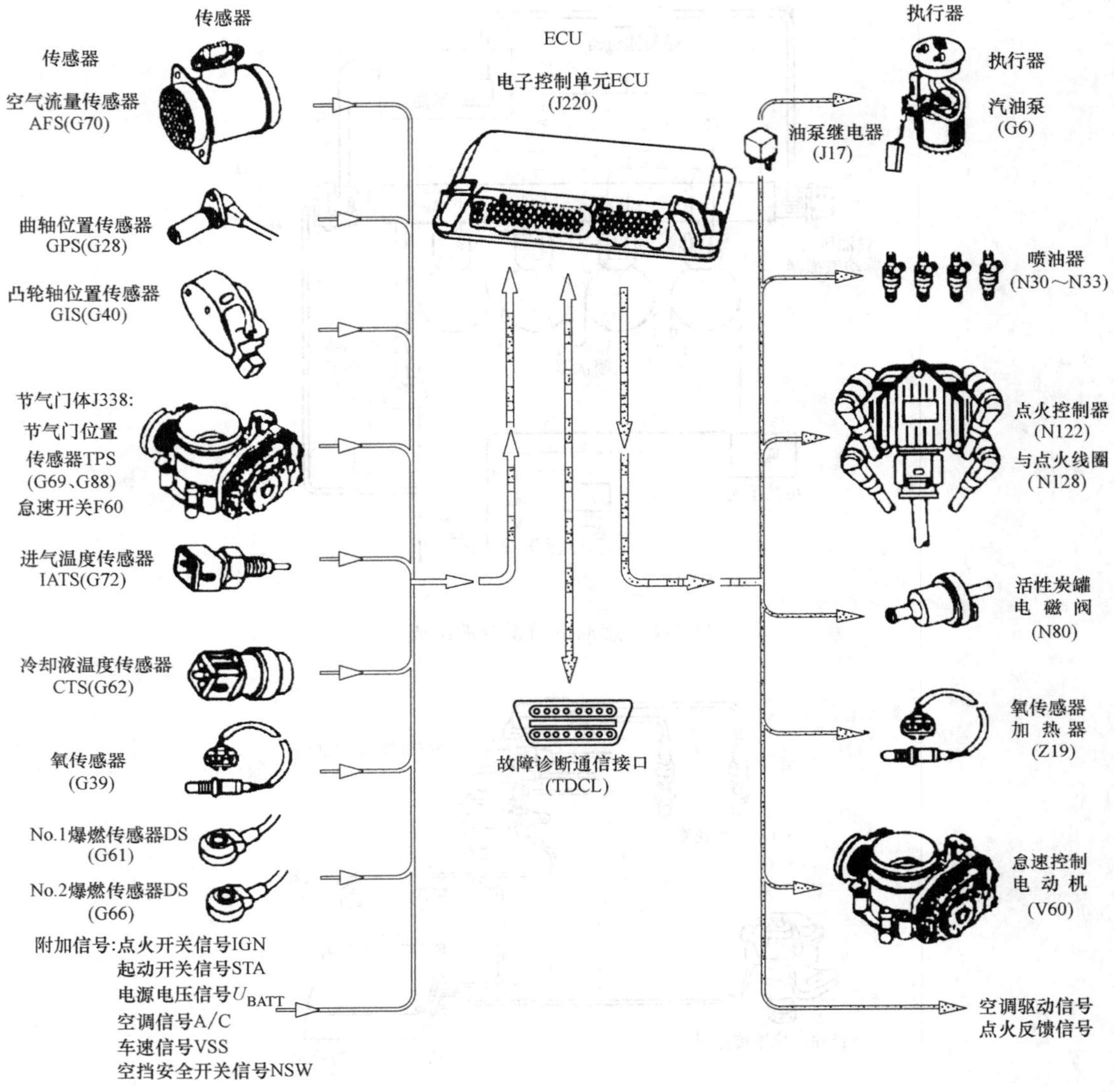

图 1-10　桑塔纳 2000 GSi 型轿车发动机电子控制系统零部件组成

（2）电子控制系统工作原理　电子控制系统的核心是 ECU，ECU 根据发动机各传感器送来的信号，通过分析、比较、判断发出指令，控制点火时刻和喷油量等。ECU 通过检测发动机转速、发动机进气量决定基本喷油，再根据发动机工况、冷却液温度、进气温度和海拔高度进行修订，计算出这一时刻喷油持续时间（脉宽），发出指令，精确控制喷油器喷油量。

点火时刻的控制同样是 ECU 根据发动机的转速和负荷决定最佳点火提前角，发出指令，适时使点火器或 ECU 控制点火线圈产生高压火，并采用不同方式将高压火花送到各缸火花塞进行点火。

（3）开环控制与闭环控制

1）开环控制。只根据工况进行的控制，不受结果约束的固定形式的控制，即控制过程中没有标准、没有检查、没有反馈、没有调节的控制，如化油器形成混合气的过程就是开环控制。

2）闭环控制。闭环控制是为了实现既定的最佳目标进行的自动化控制。在闭环控制过程中，有标准、有检查、有反馈、有调节地反复进行控制。氧传感器对混合气配制进行监测就是闭环控制。恒温室内的空调机控制就是闭环控制的实例，在保温控制过程中，设定温度即为目标，空调机的控制系统由温度传感器检测到当时的实际温度，与设定温度进行比较，即检查，当温度低于标准温度时，空调机开启，进行加温；随着室内温度的上升，当温度高于标准温度时，传感器检测到高于标准温度，控制系统就关闭空调机，停止空调机的加温，即调节，这样反复的控制过程就是闭环控制。

在电子控制汽油喷射系统中，还有很多闭环控制：如电喷发动机对怠速的控制、用爆燃传感器对点火时间进行控制、利用车速传感器的巡航控制、涡轮增压系统的增压压力控制、氧传感器对空燃比的控制和发动机最高转速限速控制等。

1.3.2 电控发动机电子控制系统的子系统

电控发动机上的电子控制系统主要有电子控制燃油喷射系统、电子控制点火系统、电子控制怠速系统和一些辅助控制系统。

1. 电子控制燃油喷射系统

电控发动机燃油喷射是电控发动机的主要控制之一，主要控制燃油喷射时间和喷射量。依据曲轴位置传感器和点火顺序确定喷油时间；依据发动机进气量和发动机转速决定基本喷油量，再根据工况、冷却液温度、发动机进气温度进行修正，更有氧传感器实行闭环控制，从而实现在各种工况下的动力性、经济性和排放性的最佳值的控制。

2. 电子控制点火系统

电控发动机的点火控制主要是控制点火时刻和点火顺序，该系统根据发动机转速和发动机负荷决定点火提前角，根据曲轴位置传感器和点火顺序发出点火指令，实现最佳点火时刻，以提高发动机的动力性、经济性和排放性，由爆燃传感器进行闭环控制防止爆燃的产生。

电子控制点火原理如图1-11所示。

3. 怠速控制系统

发动机的怠速控制系统主要是通过发动机冷却液温度、发动机负荷（空调、动力转向、车速）自动控制发动机的基本怠速、暖机怠速、负荷怠速的经济性和发动机运转的稳定性。

4. 排放控制系统

排放控制系统主要包括废气再循环、二次空气供给和氧传感器的闭环控制等。排放控制的作用主要是减少NO_X、HC和CO的排放量。

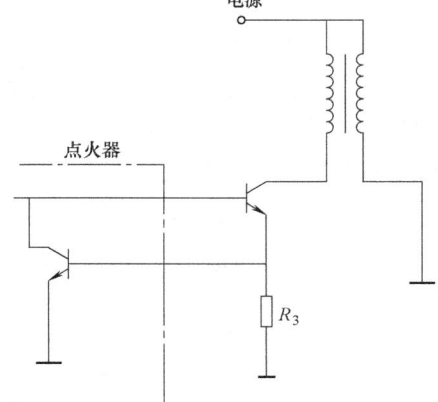

图1-11　电子控制点火原理

5. 燃油蒸发控制系统

汽油蒸气是有害气体的主要来源。燃油蒸发控制系统主要由活性炭罐、活性炭罐控制电磁阀、控制连接管路等组成，活性炭罐的作用是储存汽油蒸气。汽油蒸气控制系统的作用是将油箱的汽油蒸气通过活性炭罐储存，在发动机工作中适时参与燃烧，一方面减少了有害气体对大气的污染，另一方面也起到了废物利用的作用。

6. 进气控制系统

进气控制系统主要包括可变进气控制、可变气门升程、可变配气相位和废气涡轮增压等控制。通过以上控制使发动机在排量不变的情况下，提高发动机的输出功率。

7. 巡航控制系统

驾驶员在巡航控制模式下，使汽车自动适应路面行驶阻力的变化，驾驶员不用操纵加速踏板，汽车保持恒速行驶的一种控制模式，由此减轻驾驶员的劳动强度。

8. 故障自诊断与报警系统

电子控制发动机的电子控制系统出现故障时，自诊断系统能自动报警（故障灯点亮）提醒驾驶员汽车出现了故障。同时将故障码存入ECU（RAM存储器）中，这就是电控发动机的记忆功能。当维修人员维修汽车时，能迅速诊断出汽车故障点，提高维修速度。当汽车达到维护行驶里程时，故障灯也会提示驾驶员及时对汽车进行维护，维护后要进行维护归零。

9. 安全保护系统

当发动机电子控制系统出现故障而危及汽车安全时，自动切断燃油供给，使发动机熄火，防止造成危害。如电子控制系统检测到点火系统连续3~5次不点火，就切断燃油喷射。

10. 失效保护系统

失效保护是指当某传感器、执行器或线路出现故障时，电子控制系统自动按预设信息进行工作，以使发动机继续工作，由驾驶员将汽车开回家或到汽车修理厂对汽车进行维修。比如歧管压力传感器损坏，就由节气门位置传感器替代工作；当冷却液温度传感器损坏时，自诊断系统就用一个固定值（80℃）来进行工作。

11. 应急备用系统

应急备用系统的功能是在电子控制系统的ECU发生故障时，自动启用备用系统（备用集成电路）按设定的信号控制发动机转入强制运转状态，以防车辆停驶在路途中。应急性系统只能维持发动机的基本功能，但不能保证发动机的理想性能。

以上控制系统，由于汽车生产年代不同和档次的区别，会有差异，不尽一致。

1.3.3 电子控制发动机的分类

汽车发动机电子控制汽油喷射技术，近年来得到了长足的发展和广泛的应用。欧、亚、美的一些大汽车制造公司，都相继开发和研制出不同形式、档次各异的汽油喷射系统，即使是同一类型的汽油喷射系统，应用于不同的汽车上，亦有不同的名称，因此，给使用和维修人员，带来了很大的麻烦。为此，我们将现代汽油喷射系统按一定的方式进行一下分类，使读者有一个全面、深入和系统的理解。

1. 集中控制和单独控制

汽油发动机可燃混合气的空燃比和点火时刻是影响发动机动力性、经济性和排放净化性能的两个主要因素。因此，精确控制汽油发动机的空燃比和点火时刻是汽油发动机电子控制的主要内容。由于电子技术的发展，有些机能有共同之处，便用一个 ECU 来对点火和喷油空燃比进行控制。这种将点火和喷油由一个 ECU 来控制的系统就叫集中控制系统；如果点火和喷油由各自的控制器来控制的叫单独控制系统。

2. 按喷油器安装部位分类

汽油喷射系统有两种形式：电子控制单点式汽油喷射系统和电子控制多点式汽油喷射系统。

电子控制单点式汽油喷射是指在节气门体上安装一只或两只喷油器，如图 1-12a 所示：向进气管中喷射汽油，形成混合气，进气行程时可燃混合气被吸入气缸内进行燃烧。这种汽油喷射系统因喷油器的位置在节气门体上，集中控制汽油喷射，故又称为节气门体喷射系统或中央汽油喷射系统，如 GM（通用公司）的 TBI 系统、福特公司（Ford）的 CFI 系统等。有的车安装两只喷油器也称为单点式汽油喷射。

电子控制多点式汽油喷射是指每个气缸进气门前方安装一只喷油器的汽油喷射系统，如图 1-12b 所示。

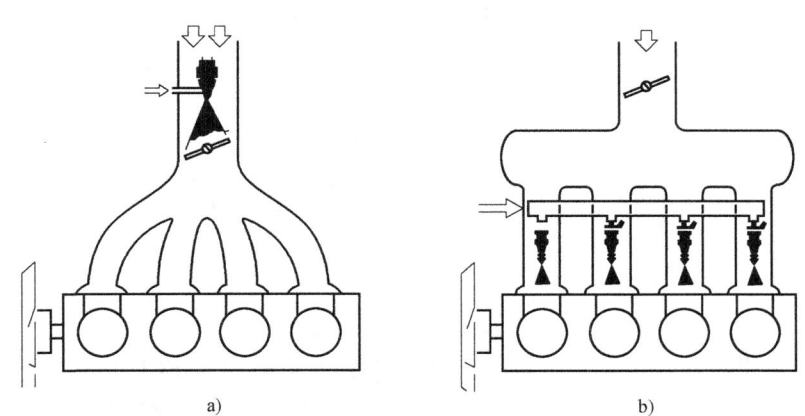

图 1-12 汽油喷射系统
a）单点式汽油喷射系统　b）多点式汽油喷射系统

3. 按喷油时序分类

如按喷油时序分类，汽油喷射系统可分为：同时喷射、分组喷射和顺序喷射。

同时喷射是指发动机在运转期间，各缸喷油器同时开启同时关闭，由 ECU 的同一指令控制所有的喷油器同时动作。同时喷射系统如图 1-13 所示，喷油正时如图 1-14 所示。这种电子控制的优点是技术要求简单，不需要气缸判别信号，而且喷射驱动回路通用性好，便于实现；电路结构与软件都较简单，因此目前这种喷射方式还占有一定的地位。缺点是混合气分配不均，燃烧不理想，经济性差，有害气体多，应用较少。

分组喷射是将喷油器分成两组（一般为四缸发动机）或三组（一般为六缸发动机）交替喷射，ECU 发出各路喷油指令，每路指令控制一组喷油器。其性能较同时喷射要好，较顺序喷射低些，但便于实现，因此得到广泛应用，如图 1-15 所示。

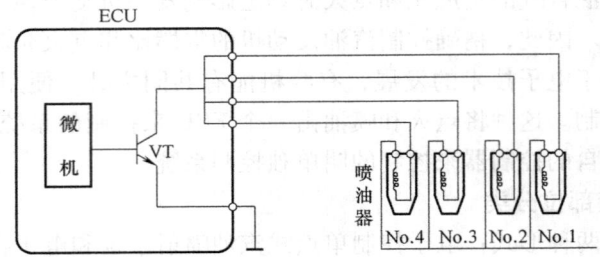

图 1-13　同时喷射系统

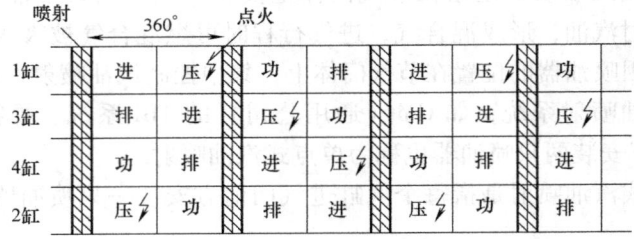

图 1-14　同时喷射正时图

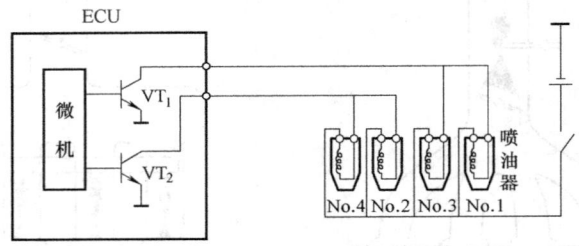

图 1-15　分组喷射系统

顺序喷射是指喷油器按发动机各缸工作顺序轮流喷射，由 ECU 根据曲轴位置传感器提供的信号，辨别各缸工作顺序进行喷射，适时发出各缸的喷油脉宽指令，以实现顺序喷射的功能。它具有喷油正时，效果最佳的特点，目前 OBD–II 车系采用的较多，顺序喷射如图 1-16 所示。

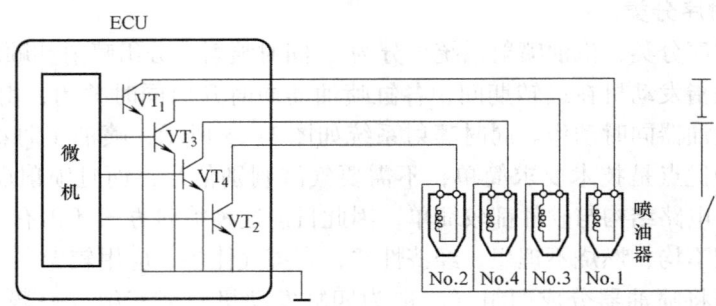

图 1-16　顺序喷射系统

4. 按喷油器喷射形式分类

按喷油器喷射形式分类，汽油喷射系统可分为连续喷射和间歇喷射。

连续喷射方式大多应用于机械式和机电结合式汽油喷射系统中。在发动机运转期间，汽油连续不断地喷射，其喷油量大小不是取决于喷油器，而取决于燃油分配器中燃油计量槽的开启程度，如 Bosch 公司 K-Jetronic 和 KE-Jetronic 系统。

间歇喷射方式广泛地应用于现代汽油喷射系统和早期冷起动喷油器。发动机运转的一个工作循环中，喷油器只在一定的曲轴转角范围内间歇喷射，其喷油量的大小取决于喷油器开启的时间，即 ECU 指令的汽油喷油脉冲宽度。目前生产的汽油喷射发动机都采用间歇喷射。

5. 按喷油器喷油位置分类

按喷油器喷油位置分类，汽油喷射系统可分为：

1）汽油喷在进气门前方进气管内（多点喷射、机械式和机电结合式）。
2）汽油喷在节气门上方（单点汽油喷射）。
3）汽油喷入气缸内（缸内喷射）。

汽油喷在进气门前方是在各缸的进气门前方进气歧管内各安装一个喷油器。汽油喷射在进气门前方，有的称其为进气门口喷射。因为其喷射是在进气流的后方，也有的叫后段喷射。只有多点式汽油喷射才属于这种汽油喷射方式。

汽油喷在节气门上方是指单点式汽油喷射系统。这种汽油喷射系统是将喷油器安装在节气门体上方。汽油喷入气缸内是指喷油器安装在气缸盖上，与柴油机一样，直接将燃油喷入气缸内，缸内喷射可以采用稀薄分层燃烧。

6. 按喷射装置的控制方式分类

按喷射装置的控制方式分类，汽油喷射系统可分为：机械式汽油喷射系统、机电结合式汽油喷射系统和电子控制式汽油喷射系统。

7. 按发动机的进气量检测方式分类

按进入气缸的空气的检测方式，汽油喷射系统可分为直接检测式和间接检测式。

（1）直接检测式　直接检测式有翼片式（又叫叶片式、刮板式、挡板式），现已淘汰；卡门旋涡式（分为反光镜式、超声波式两种）；热线式；热膜式。

直接检测式是利用进气道上的空气流量传感器，直接测量吸入缸内的空气量。常见的空气流量传感器有翼片式、卡门旋涡式（光电式、超声波式），均为体积型；热线式、热膜式空气流量传感器为质量型。

体积型空气流量传感器检测汽油喷射系统进气量时，因为空气在不同大气压力和不同温度下进入气缸，温度不同，空气的密度不同，空气的质量不同，体积型空气需要修订为质量型。采用翼片式空气流量传感器和卡门旋涡式空气流量传感器的电子控制汽油喷射系统，其空气流量传感器均属于体积流量型，即通过计量气缸充气量，将该物理量转变成电信号输送至 ECU，ECU 计算出该体积的空气流量，再用进气温度传感器进行修订，供给相应的喷油量，以控制混合气空燃比的最佳值。而且翼片式空气流量计的体积大，不便安装，存在加速响应慢等缺点，故已被淘汰。

质量型空气流量传感器的空气计量方式：采用质量型方法计量空气的电控汽油喷射

系统，其进入气缸内的空气为质量型，将该空气的质量转换成电信号，输送给ECU，ECU再根据空气的质量计算出与之相适应的喷油量，以实现控制混合气的空燃比的最佳值。

（2）间接检测式　间接检测式也叫进气歧管绝对压力检测式，即D型。间接检测方式是用进气歧管绝对压力传感器对进气量进行检测，另一种是节气门位置传感器式。歧管压力式被普遍采用，节气门位置传感器式目前很少采用。当歧管压力式空气流量传感器失效时，用节气门位置传感器替代歧管压力传感器。

复习题一

一、判断题

1. 现代电子控制汽油发动机模拟了化油器发动机五大工况，还增加了一些控制。（　　）
2. 电子控制汽油发动机的动力性、经济性、排放性比化油器发动机好得多。（　　）
3. 电子控制系统信号输入装置是各种传感器。（　　）
4. 机械式汽油喷射系统采用的是间歇喷射方式。（　　）
5. 机电结合式汽油喷射系统采用的是连续喷射方式。（　　）
6. 分组喷射方式，发动机每一个工作循环中，各喷油器均喷射一次。（　　）
7. 相对于同时喷射的发动机而言，分组喷射的发动机在性能方面有所提高。（　　）
8. 顺序喷射方式按发动机各缸的工作顺序喷油。（　　）
9. 采用同时喷射方式的电控汽油喷射系统，曲轴每转两周各缸同时喷油一次。（　　）
10. 同时喷射正时控制是指所有气缸喷油器由ECU控制同时喷油和停止。（　　）
11. 随着控制功能的增加，执行元件将适当减少。（　　）
12. 发动机电子控制系统都是由传感器、电子控制单元和执行器三部分组成。（　　）

二、单项选择题

1. 电子控制汽油发动机怠速有（　　）怠速，而且不能人工调整。
   A. 一种　　　　B. 二种　　　　C. 三种　　　　D. 以上都对
2. 电子控制汽油发动机在怠速工况应供给（　　）。
   A. 极浓的混合气　　　　B. 少而浓的混合气
   C. 功率空燃比　　　　　D. 稀混合气
3. （　　）通常采用顺序喷射方式。
   A. 机械式汽油喷射系统　　　　B. OBD-II电子控制汽油喷射系统
   C. 节气门体汽油喷射系统　　　D. 以上都正确
4. 单点式汽油喷射系统采用（　　）方式。
   A. 同时喷射　　B. 分组喷射　　C. 顺序喷射　　D. 以上都不对
5. 在MPI（多点喷射系统）中，汽油被喷入（　　）。
   A. 燃烧室内　　B. 节气门前方　　C. 进气歧管　　D. 以上都对

三、问答题
1. 化油器发动机有哪五大工况？
2. 汽油发动机不同工况对混合气的要求是什么？
3. 可燃混合气浓度的表达方法有哪两种？
4. 汽油发动机电子控制系统由哪几部分组成？各有什么作用？
5. 简述汽油机燃油喷射系统的分类。
6. 缸内喷射和进气歧管喷射各有什么特点？
7. 单点喷射和多点喷射各有什么特点？
8. 连续喷射和多点间歇喷射各有什么特点？
9. 同时喷射、分组喷射和顺序喷射各有什么特点？
10. 按控制方式分类，汽油喷射系统可以分成哪几类？各有什么特点？
11. 按进气量测量方式分类，电控汽油喷射系统可以分成哪几类？各有什么特点？

模块 2 传感器及其检测

 知识要点

- 电子控制汽油喷射系统各传感器的结构和工作原理；
- 电子控制汽油喷射发动机传感器的种类；
- 汽油发动机电子控制系统各种传感器的作用；
- 汽油发动机电子控制系统各种传感器的种类和区别。

 技能要点

- 掌握汽油发动机电子控制系统各种传感器安装部位的规律；
- 掌握汽油发动机电子控制系统各种传感器各端子的作用；
- 熟悉各种传感器所适用的车型；
- 掌握常见传感器的故障诊断与维修。

传感器是向 ECU 传输发动机各种信息的，常用的传感器有曲轴位置传感器、凸轮轴位置传感器、冷却液温度传感器、进气温度传感器、节气门位置传感器、空气流量传感器、氧传感器、爆燃传感器和车速传感器等，本模块将对各种传感器的分类、结构、工作原理和检修方法进行详细的介绍。

传感器在电子控制系统中的作用是将发动机的各种信号传送给 ECU。在学习传感器的相关知识之前，首先要对传感器的信号进行认识与掌握。传感器信号的种类很多，ECU 与相应的传感器进行匹配，起着不同的作用，常见的传感器信号以及其作用，详见表 2-1。

表 2-1 传感器信号分类与作用

传感器信号分类	传感器名称	作用
基础信号	曲轴位置传感器、空气流量传感器（歧管压力传感器）、凸轮轴位置传感器	1）决定点火、喷油控制的起始点。 2）曲轴位置传感器（发动机转速）、空气流量传感器（进气量）决定点火、喷油的基本喷油量
发动机的工况信号	节气门位置传感器、STA（起动）	节气门位置传感器除开关量式节气门位置传感器外，所有节气门位置传感器，都可检测与传送发动机的五大工况信号

(续)

传感器信号分类	传感器名称	作用
发动机状态修正信号	冷却液温度传感器	暖机、起动时增加喷油量
	进气温度传感器	进气温度以20℃为基准，进行喷油修正测量时，高于此值减少喷油量，低于此值增加喷油量
	氧传感器、爆燃传感器	对点火、喷油实现闭环控制以达到最佳状态

2.1 曲轴位置传感器

曲轴位置传感器是电子控制系统最主要的传感器之一，为发动机 ECU 提供点火、喷油控制信息、曲轴位置和曲轴转角、发动机转速等不可或缺的信号。它是电子控制汽油喷射发动机点火时刻、喷油时间的基准信号。所以，曲轴位置信号是整个发动机电子控制系统的基础信号，也就是说，曲轴位置传感器损坏，发动机没有高压火花，同时不喷射燃油，发动机电子控制系统将无法正常工作。曲轴位置传感器的功能偏重于点火系统控制。

曲轴位置传感器有三种形式、三种安装位置以及相对应的三种信号，见表2-2。

表2-2 曲轴位置传感器的形式、安装位置以及信号种类

形　式	安装位置	信号种类
磁脉冲式	曲轴前端、曲轴中间、曲轴后端	曲轴位置信号
光电式	凸轮轴上	曲轴角度信号
霍尔式	分电器内	发动机转速信号

通常情况下，不同车型的、不同形式的曲轴位置传感器其安装位置是不同的。常见的曲轴位置传感器的安装位置，如图2-1所示。

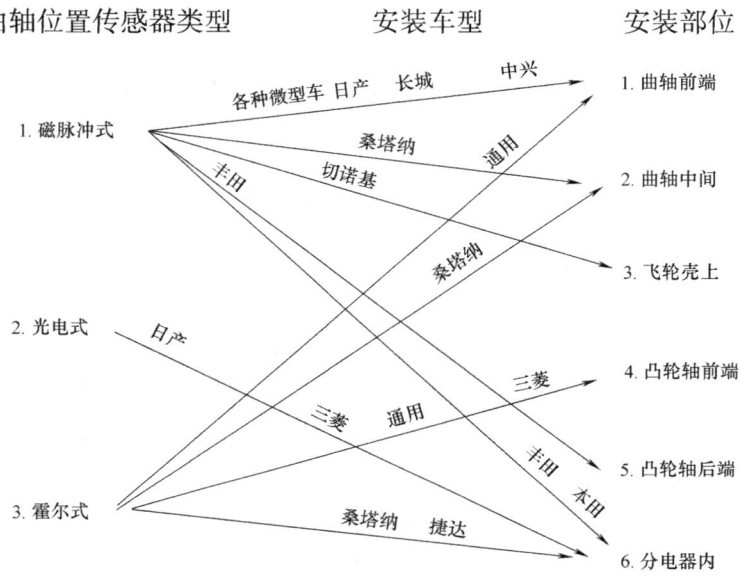

图2-1 曲轴位置传感器的安装位置、分类及应用车型

2.1.1 磁脉冲式曲轴位置传感器

1. 结构、工作原理及检修

磁脉冲式曲轴位置传感器由信号转子和信号发生器组成，其外形如图 2-2、图 2-3 所示，其作用是检测曲轴位置、曲轴转角和发动机的转速。磁脉冲式曲轴位置传感器的工作原理是：随着发动机的转动，信号齿也在转动，当信号磁头部分的磁心与信号齿凸齿逐渐接近时，空气隙磁阻逐渐减小，感应线圈周围的磁力线逐渐增加，磁力线切割信号发生器磁头的线圈，信号电压逐渐升高；当信号齿接近磁头顶点时，电压升到了最大值。转子继续转动，信号磁头和信号凸齿离开中心位置，信号磁头和信号齿间的磁阻增大，磁力线减少，磁力线切割信号线圈，产生负向电压最大值，其对应关系如图 2-4 所示。

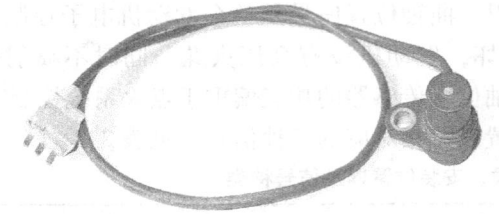

图 2-2　微型汽车曲轴位置传感器　　　　图 2-3　磁脉冲式曲轴位置传感器

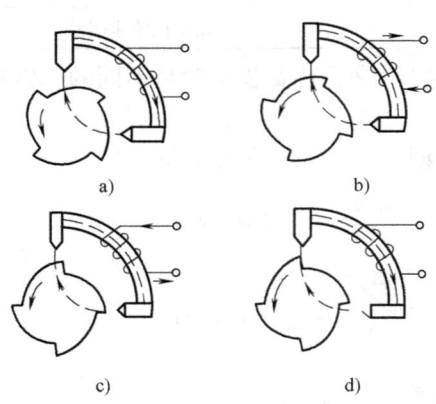
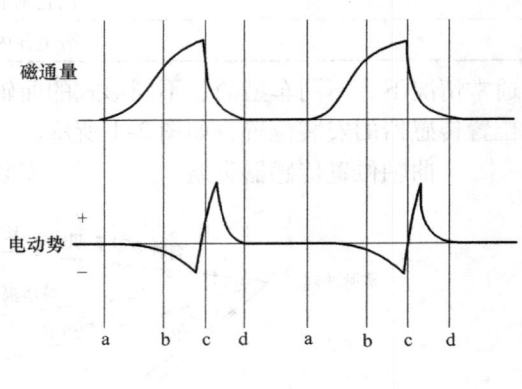

图 2-4　磁脉冲式曲轴位置传感器信号转子与电压波形图

a) 磁通量最小　b) 磁通量逐渐增加　c) 磁通量最大　d) 磁通量逐渐减少

影响磁脉冲式曲轴位置传感器信号大小的因素：空气隙的大小、信号发生器线圈的数量（如线圈烧坏，匝间短路会引起圈数减少）、信号发生器永久磁铁磁力线的减弱（年久磁性自然衰减，受热退磁）。

在检修磁脉冲式曲轴位置传感器时，一般应检查以下项目：

1）按厂家要求检查空气隙的大小，应使用塑料塞尺，一般为 0.4~1.5mm；

2）检查信号发生器线圈电阻，应符合厂家要求；

3)检查信号发生器的信号电压。曲轴位置传感有三个接线端子,其中有一根为屏蔽线端子,为接地线,与另外两根线间不通;另两根为信号发生器的线圈引出端子。三根引线的识别具体方法为:将曲轴位置传感器的接线端子拔开,用数字万用表的电阻挡或者蜂鸣挡,测曲轴位置传感器两端子间电阻,应显示通或有蜂鸣声。查出相通的两根线圈接线端子后,将数字万用表改为交流电压2V挡。接好线后,起动起动机,其电压应符合厂家要求(一般为0.2V以上,有时达1V以上)。

在维修应注意:微型汽车的曲轴位置传感器(联合系统)单点式的信号发生器的杆身长;多点式信号发生器的杆身短。

2. 磁脉冲式曲轴位置传感器实例

(1) 日产公司磁脉冲式曲轴位置传感器

1)结构。日产公司磁脉冲式曲轴位置传感器安装在曲轴前端的带轮之后,如图2-5所示。在带轮后端设置一个带有细齿的薄圆盘,用以产生信号的圆盘称为信号盘。信号盘和曲轴带轮一起装在曲轴上,随曲轴一起转动。在信号盘的外缘,沿圆周每隔4°加工一个齿,共有90个齿,叫信号齿,产生曲轴角度信号;此外,在信号盘一侧每隔120°布置一个凸缘,共三个信号凸缘,产生曲轴位置信号。安装在信号盘外侧的传感器盒是产生电信号的发生器。信号发生器有三个永久磁铁,磁铁上绕有线圈构成磁头,其中磁头2产生120°信号;磁头1和3共同产生1°信号。磁头2对着信号盘的120°凸缘;磁头1和3对着信号盘的齿,磁头1相对于磁头3间隔3°的转角安装。信号发生器内有信号放大与形成电路,外部有四孔插接器,孔"1"为120°信号输出线,孔"2"为信号放大形成电路的电源线,孔"3"为1°信号输出线,孔"4"是接地线。通过该插接器将曲轴位置传感器的感应信号输送到ECU。

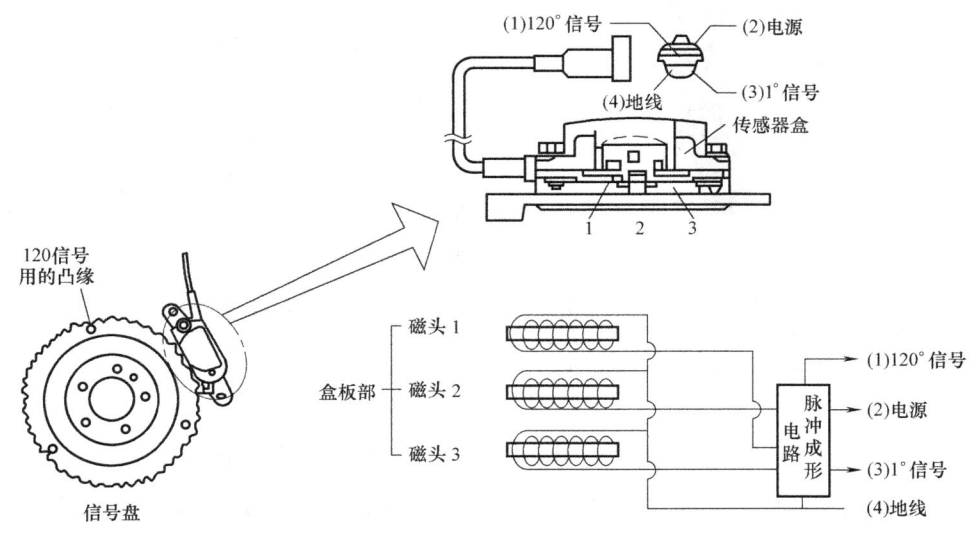

图2-5 日产公司磁脉冲式曲轴位置传感器

2）工作原理。当发动机转动时，信号盘的齿和凸缘磁力线变化，切割磁头上的线圈，从而在线圈内感应产生交变的电动势，再将其滤波整形后，即变成脉冲信号：发动机每转一周，在磁头 2 上产生三个 120° 脉冲信号；在磁头 1 和 3 上交替各产生 90 个脉冲信号。日产公司磁脉冲信号的产生原理如图 2-6 所示：由于磁头 1 和 3 相隔 3°安装，而磁头 1 和 3 都是每隔 4°产生一个脉冲信号，所以，磁头 1 和 3 所产生的脉冲信号实际上正好为 90°相位差，将这两个脉冲信号送入信号放大形成电路产生合成信号，即可产生曲轴 1°转角的信号，如图 2-7 所示。产生 120°曲轴位置信号的磁头安装在上止点前 70°的位置上，如图 2-8 所示，其信号称为上止点前 70°信号，即发动机在运转过程中，各缸上止点前 70°均由磁头 2 产生一个 120°脉冲信号。

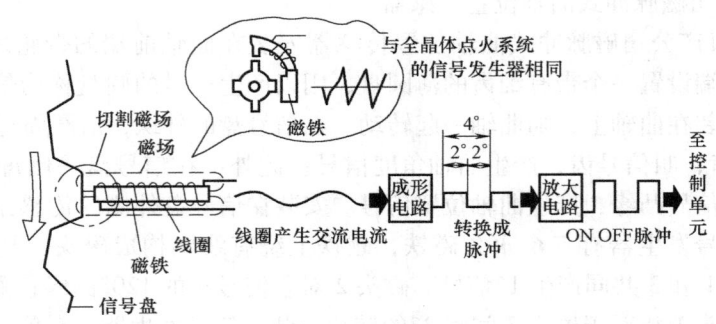

图 2-6　日产公司磁冲信号的形成原理

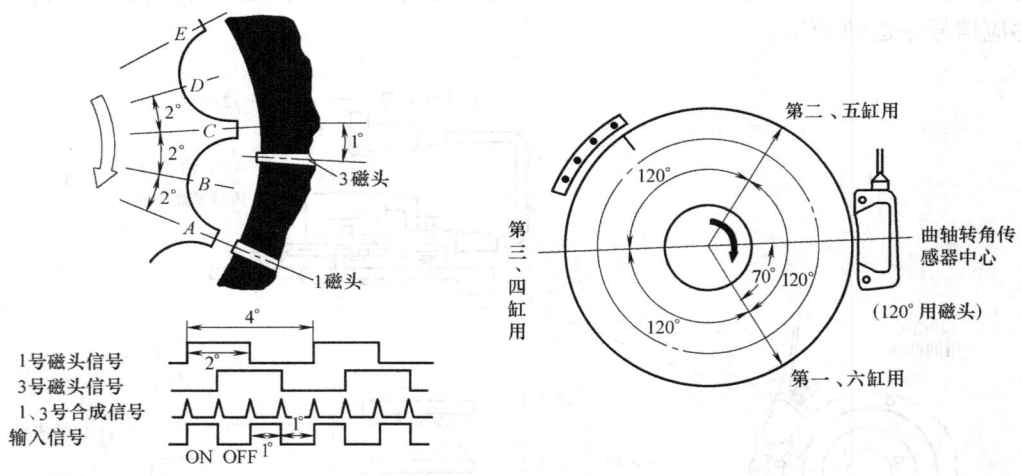

图 2-7　日产汽车产生曲轴 1°转角信号的工作原理　　图 2-8　120°信号的产生原理

（2）丰田公司磁脉冲式曲轴位置传感器　丰田公司磁脉冲式曲轴位置传感器安装在分电器内，其结构如图 2-9 所示。该传感器分成上下两部分，上部分产生 G 信号（曲轴位置信号或叫 120°信号）；下部分产生 N_e 信号（曲轴角度信号）。这两种信号都是利用带有轮齿的转子旋转时，使信号发生器感应线圈内的磁通变化，从而在感应线圈里产生交变的感应电压信号，将此信号放大后，送入 ECU。

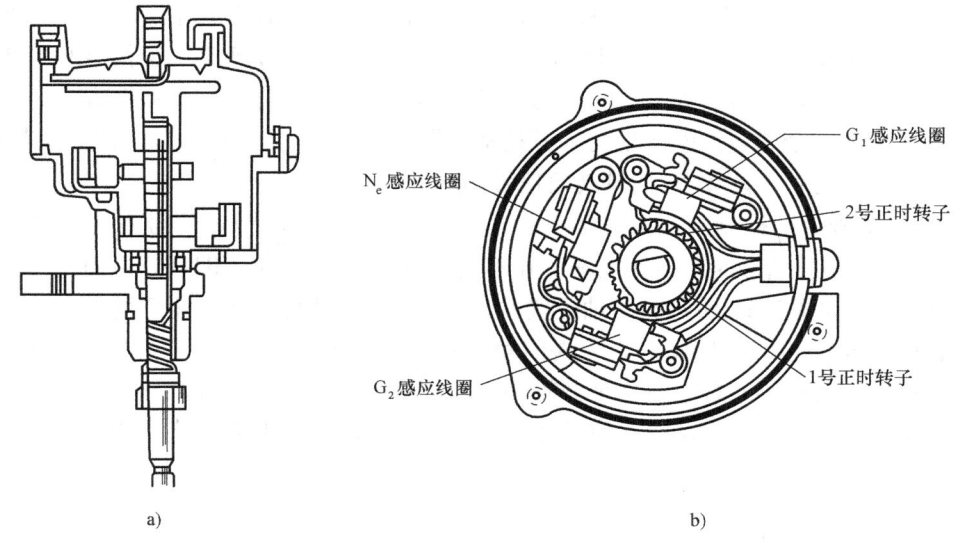

图 2-9 丰田公司曲轴位置传感器

1）N_e 信号。N_e 信号是检测曲轴转角及发动机转速的信号，相当于日产公司磁脉冲式曲轴位置传感器的 1°信号。由固定在下半部等间隔 24 个轮齿的转子及固定于其外面的感应线圈组合而成，如图 2-10a 所示：就转子上的一个轮齿来说，当转子旋转时，轮齿圈与凸缘部（磁头）的空气隙发生变化时，则导致通过感应线圈的磁场变化而产生感应电压。因此轮齿靠近及远离磁头时，将产生一次增减磁通的变化，所以每一个轮齿通过磁头时，都将在感应线圈中产生一个完整的脉冲电压信号。信号转子上有 24 个齿，转子每转一个圈，即曲轴旋转 720°时感应线圈产生 24 个 N_e 信号，如图 2-10b 所示；一个周期的脉冲相当于 30°曲轴转角（720°÷24＝30°）。更精确的转角检测，是利用 30°转角由 ECU 再分 30份，即产生曲轴转角的 1°信号。同理，发动机速的检测，也一样由 ECU 依照 N_e 信号的两个脉冲所经过的时间为基准计算出发动机转速。

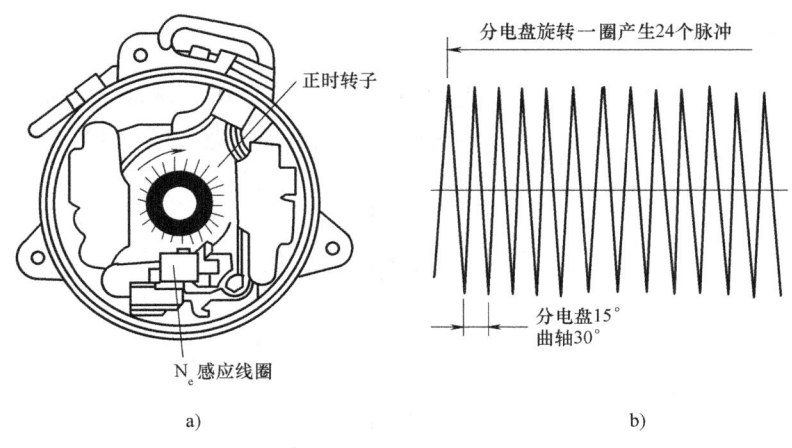

图 2-10 丰田公司曲轴位置传感器 N_e 信号
a）丰田公司 N_e 信号结构 b）丰田公司 N_e 信号波形

2）G 信号。G 信号用于判别气缸（六缸发动机）及检测活塞上止点位置，在曲轴位置传感器轴的上端（图 2-9a），由曲轴位置传感器凸轮上的记号确定。G 信号相当于日产公司磁脉冲式曲轴位置传感器的 120°信号。G 信号是位于 N_e 信号发生器上方的凸缘转子及其对面对应的两个感应线圈产生的（其构造如图 2-9b 所示）其产生信号的原理与 N_e 信号相同。G 信号是用来计数 N_e 曲轴转角信号的基准点。

G_1、G_2 信号分别检测第六缸和第一缸的上止点。由于 G_1、G_2 信号发生器设置的关系，当产生 G_1、G_2 信号时，活塞实际上并不是正好到达上止点（BTDC），而是在上止点前 10°的位置。如图 2-11 所示为曲轴位置 G_1、G_2、N_e 信号与曲轴转角间的关系。丰田汽车发动机的 G 信号也叫原始设定点火提前角。在安装分电器时一定引起注意，如图 2-12 所示，分电器的尾端不对称，是保证凸轮轴、一缸压缩上止点、一缸高压线三者间正确关系的重要结构。不止丰田发动机分电器如此，所有的发动机分电器（齿轮式除外）都是不对称设计。

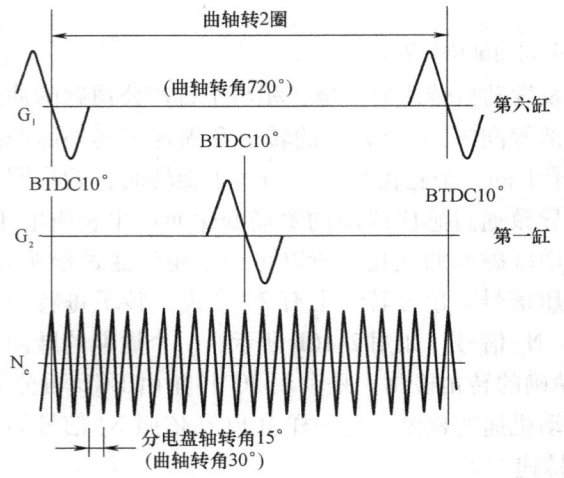
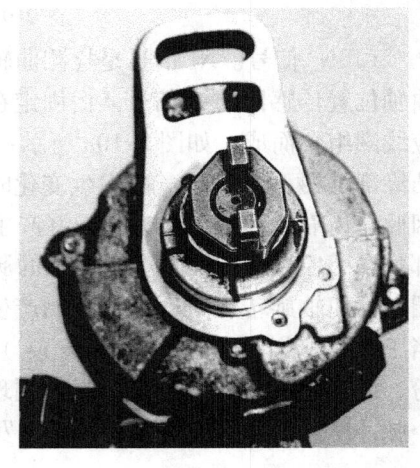

图 2-11　丰田汽车 G 信号的工作原理　　图 2-12　丰田汽车公司分电器的尾端

3）丰田汽车发动机曲轴位置传感器的检修。丰田发动机磁脉冲式曲轴位置传感器在检修内容上和日产汽车公司大体一致。曲轴位置传感器的电路如图 2-13 所示。

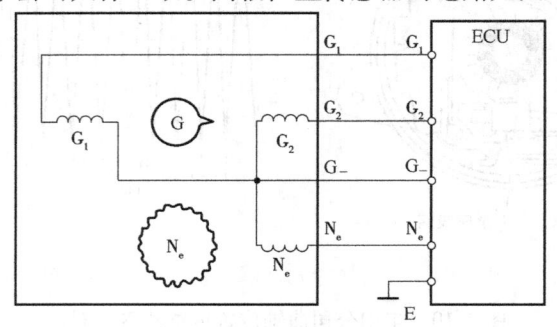

图 2-13　丰田汽车发动机曲轴位置传感器电路

①曲轴位置传感器线圈电阻的检查。拔开曲轴位置传感器的导线插接器，用数字万用表的电阻挡测量曲轴位置传感器上各端子之间的电阻，其值应符合厂家电阻值要求。如果不符，则需更换曲轴位置传感器。丰田汽车曲轴位置传感器各线圈电阻值见表2-3。

表2-3 丰田汽车曲轴位置传感器电阻值

端子	条件	电阻/Ω	端子	条件	电阻/Ω
$G_1 - G_-$	冷态	125～200	$G_2 - G_-$	冷态	125～200
	热态	160～235		热态	160～235
$N_e - G_-$	冷态	155～250			
	热态	190～290			

②曲轴位置传感器输出信号的检查。拔开曲轴位置传感器的导线插接器，当发动机转动时（起动起动机）曲轴位置传感器上 G_1—G_-；G_2—G_-；N_e—G_-端子间应有脉冲信号，可用示波器检查（也可用数字万用表的交流电压挡检查，应有波形或电压显示），如没有波形或脉冲信号，则需更换曲轴位置传感器。

③曲轴位置传感器信号发生器与信号齿的间隙检查。用塞尺（塑料的）测量信号转子与信号发生器凸齿间的间隙，应为 0.2～1.4mm，若间隙不符合要求，则需更换曲轴位置传感器。

2.1.2 光电式曲轴位置传感器

1. 光电式曲轴位置传感器结构

日产公司光电式曲轴位置传感器设置在分电器内，由发光二极管、光敏二极管和带光孔的信号盘组成，如图2-14所示。信号盘安装在分电器轴上，其上外圈有360条缝隙（光孔），产生1°度信号（曲轴转两圈共720°，分电器转一圈360个光孔通，还有360个遮断信号，因此说一个孔产生的是1°信号）；外围稍靠内分布着间隔60°的六个光孔（四缸发动机为四个孔），产生120°信号，其中一个较宽的光孔是产生一缸上止点对应的120°信号，如图2-15所示。信号发生器装在分电器壳体上，主要由两只发光二极管、两只光敏二极管、信号盘和信号电路组成，如图2-16所示。两只发光二极管分别正对着两只光敏二极管，发光二极管以光敏二极管为照射目标，信号盘位于发光二极管和光敏感二极管之间。当信号盘随着发动机曲轴转动时，因信号盘上有光孔，则产生透光和遮光的交替变化信号，发生器内侧输出表征曲轴位置的信号，外侧输出表征曲轴转角的信号。

2. 光电式曲轴位置传感器工作原理

当发光二极管的光照射到光敏二极管上时，光敏二极管感光产生电信号；当发光二极管的光被遮光板遮挡时，光敏二极管截止，光敏二极管产生的电压为零。将光敏二极管产生的通断脉冲电压送至电路放大器后，即向ECU输送曲轴转角的1°信号和120°信号。因信号发生器安装位置的关系，120°信号在活塞上止点前70°输出。发动机每转两圈分电器轴转一圈，则1°信号发生器输出360个脉冲，每个脉冲周期高电位对应1°光孔信号，低电位对应1°遮光信号，共表征曲轴转角720°。与此同时，120°信号发生在各缸压缩上止点，产生一个脉冲，共六个脉冲信号。每个120°信号间有一个小圆圈，在安装分电器时，是用于观察一缸宽孔是否刚好处于发光二极管开始照射光敏二极管的时刻，即一缸处于压缩上止点前（这时黑色信号发生器两个边缘都露着圆圈），这一点应引起高度重视。

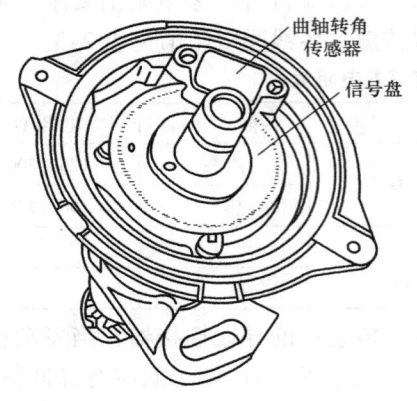

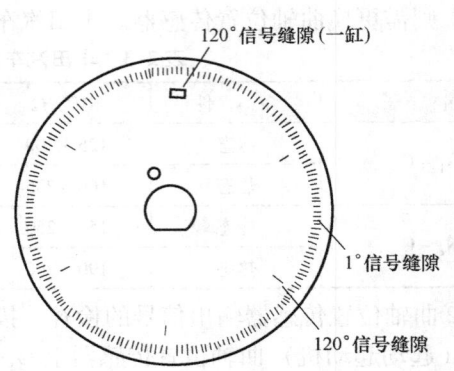

图2-14 日产公司光电式曲轴位置传感器　　图2-15 日产公司光电式曲轴位置传感器信号盘

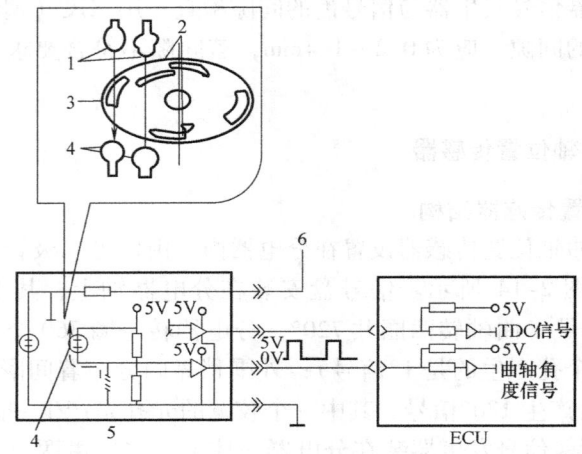

图2-16 日产汽车公司曲轴位置传感器信号产生原理
1—发光二极管　2—曲轴位置传感器光槽　3—曲轴角度光槽　4—光敏感二极管　5—传感器组件
6—电源（自控制继电器）

3. 改进型光电式曲轴位置传感器

（1）三菱汽车曲轴位置传感器

1）三菱汽车曲轴位置传感器的结构。三菱汽车曲轴位置传感器遮光板结构如图2-17所示。三菱汽车曲轴位置传感器活塞位置是利用分电器内装有的发光二极管式曲轴位置传感器进行检测的。这点与日产汽车的ECCS类似，但其控制方式独特。三菱汽车汽车是利用曲轴角度传感器所产生的信号来称呼传感器的，所以称作TDC传感器与曲轴角度传感器，它安装在进气凸轮轴的后端，由凸轮轴来驱动。

2）三菱汽车曲轴位置传感器的工作原理。活塞位置信号的产生原理如图2-18所示，与凸轮轴同步旋转的遮光板上设有透光槽，夹在遮光板两侧的发光二极管和光敏二极管成对排列，它们组成光敏通断器。当遮光板被凸轮轴驱动旋转时，光敏通断器部位的板与槽交替通过，即板→槽→板→槽……，因此，发光二极管所产生的光照射到光敏二极管上，就产生无光→有光→无光→有光……的变化。在曲轴角度信号发生器电路中，受光敏二极管的特性所决定，当光照射到光敏二极管上时，二极管导通，产生低电位，约 0V；当发光二极管的光被遮光板遮住时，光敏二极管截止，产生高电位，约有 5V 的电加到比较器的正极上，比较器的输出即 ECU 得到高电位 5V。同理，曲轴角度也以同样的方式产生类似的信号输入到 ECU，为曲轴角度信号。该传感器的遮光板结构如图 2-17 所示。外侧槽与内侧槽相对于圆心排成两组：外侧四个槽相隔 90°为曲轴角度 1°信号，其分度在 ECU 工作中由 ECU 来完成；内侧分成两个槽，用以产生曲轴位置信号。内侧两槽长短不一，长槽是用以安装分电器对火用的。方法如下：把内部的一个孔做成长孔，目的是在对火时，检查信号对准一缸压缩上止点的（这时长孔完全进入，但末端处于似进非进状态，说明这时正是一缸处于压缩上止点前 70°）。以上对火要点必须是一缸活塞在上止点前，一缸进排气门为接近关闭状态。

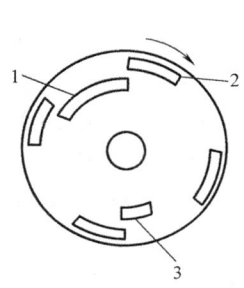

图 2-17　三菱汽车公司遮光板的结构
1—检测曲轴位置用槽　2—检测曲轴角度
3—检测四缸用槽

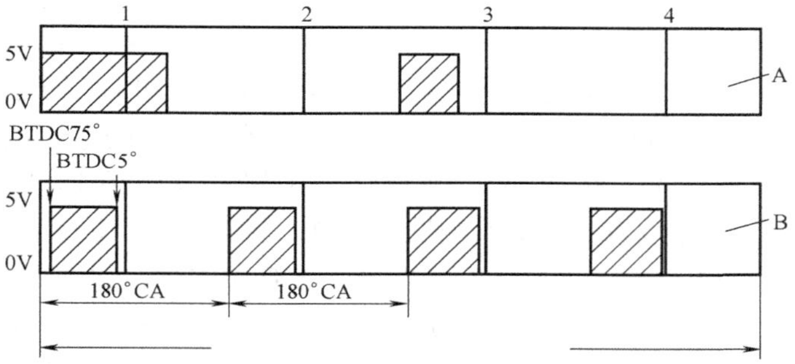

图 2-18　曲轴位置、曲轴角度信号输出原理
1—第一缸　2—第三缸　3—第四缸　4—第二缸
A—曲轴位置信号　B—曲轴角度信号

(2) 现代 SONATA 汽车曲轴位置传感器

1) 现代 SONATA 汽车曲轴位置传感器的结构与工作原理。现代 SONATA 汽车曲轴位置传感器的工作原理与三菱公司曲轴位置传感器大体相似。其信号盘的结构稍有不同，如图 2-19 a 所示：对于带有分电器的汽车，曲轴位置传感器总成装于分电器内；对于无分电器的汽车，传感器总成装在凸轮轴左端部（从汽车前向后看）。信号盘外圈有四个孔，用来产生曲轴转角信号（信号为矩形波）。电控单元（ECU）根据该信号计算发动机的转速，并计算汽油喷射正时和点火正时，信号盘内圈有一个孔，是曲轴位置信号，用来测量一缸压缩上止点位置。有些现代汽车，设有两个孔，用来检测一、四缸的压缩上止点，目的是便于迅速起动发动机。长孔是为了对点火正时时使用，并将其转化成电压矩形波，输送给电控单元 ECU，电控单元据此计算出喷油顺序，其输出波形如图 2-19b 所示。

2) 现代 SONATA 汽车曲轴位置传感器的检测方法。根据光电式曲轴位置传感器的电路原理（图 2-16），其检测方法如下：

①现代 SONATA 汽车光电式曲轴位置传感器检查时，拔开曲轴位置传感器的导线插接器，把点火开关置于"ON"位置，用万用表的电压挡，测量线束侧 4#端子电压为 12V

（蓄电池电压）；线束侧2#端子与3#端子的电压应为4.8～5.2V；用万用表的电阻挡测量线束侧1#端子电阻应为0Ω（导通）。

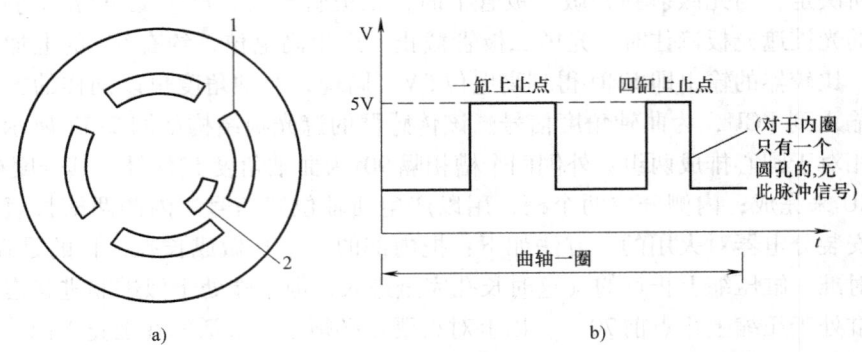

图2-19 现代SONATA汽车曲轴位置传感器
a）信号盘 b）信号波形

②将万用表电压挡接在传感器侧3#端子和1#端子上，起动发动机时，电压应为0.2～1.2V；在起动发动机怠速运转期间，用万用表的电压挡检测2#端子和1#端子，电压应在1.8～2.5V，否则应更换曲轴位置传感器。用电压挡测试1#端子电压，电压应为0V。

③用双发光二极管测试灯检测。将双发光二极管测试灯的两个接线笔分别接在1#和3#端子上，起动发动机时，发光二极管应闪烁；将双发光二极管测试灯的两个表笔分别接在1#和2#端子上，打起动机时，发光二极管闪烁，但几乎看不清快速闪烁的状态。

④用数字万用表的频率挡，接线方法和检测方法基本相同，只是当检测曲轴位置信号时，其频率低；当检测曲轴角度时，其频率显得高些。

2.1.3 霍尔式曲轴位置传感器

霍尔式曲轴位置传感器有两种形式：一种是装在分电器内的，用于桑塔纳汽车、长安汽车；另一种是装在曲轴带轮前端的，用于通用（GM）汽车、三菱汽车等。

1. 霍尔效应原理

霍尔效应原理如图2-20a所示：当电流I_V通过磁场中的半导体基片（称霍尔元件），且电流方向和磁场方向垂直时，在垂直于电流I_V和磁场B的半导体基片横向侧面A_1—A_2方向产生一个微量电压，这个电压称为霍尔电压U_H，由霍尔电压形成霍尔电流I_H，这一现象称为霍尔效应。霍尔电压U_H的高低与通过的电流I_V和磁感应强度B成正比，可用公式：

$$U_H = \frac{R_H}{b} I_V B$$

式中 R_H——霍尔系数，由半导体基片材料决定的常数；

b——半导体基片厚度；

I_V——供电电流；

B——磁感应强度。

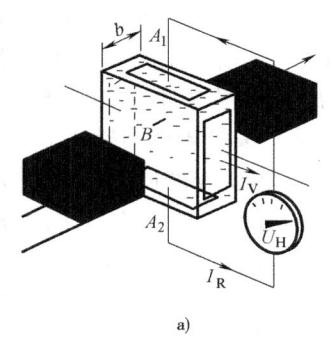 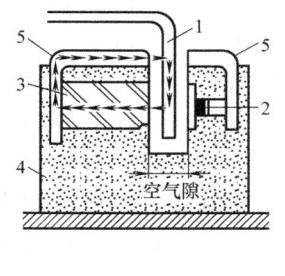 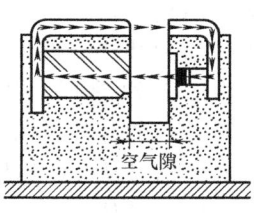

图 2-20 霍尔效应工作原理

a）原理图　b）触发叶轮进入空气隙时　c）触发叶片离开空气隙时

1—触发叶轮的叶　2—霍尔集成块　3—永久磁铁　4—霍尔传感器底座　5—导磁板

由上式可知，当结构和供电电流一定时，霍尔电压和磁感应强度成正比，即霍尔电压随磁感应强度的大小变化。霍尔式曲轴位置传感器就是利用触发叶片改变通过霍尔元件的磁感应强度，当触发叶片进入空气隙时，磁路被短路，不产生信号，如图 2-20b 所示。当触发叶片离开空气隙时，磁力线作用在霍尔元件上，使霍尔元件产生脉冲式的霍尔方波电压信号，如图 2-20c，经放大整形后即为曲轴位置传感器信号。

2. 长安汽车发动机霍尔式曲轴位置传感器

（1）长安汽车发动机霍尔式曲轴位置传感器结构　该传感器安装在分电器内，向电子控制单元（ECU）传递曲轴位置、识别一缸和发动机转速信号。该传感器主要由触发叶轮和霍尔发生器组成，如图 2-21 所示。触发叶轮安装在分电器轴上，随分电器轴一起转动。触发叶轮上有四个缺口（或称窗口），形成四个叶片，叶片数与气缸数相等。四个缺口中，有一个缺口 a 大 3°（曲轴转角为 6°），叶片中有一个叶片 b 比其他叶片窄一些，该叶片对应于一缸压缩行程位置。触发叶轮上部的分电器轴上，套装着分火头。因为点火提前角由 ECU 控制，该分电器内不再设有机械离心式和真空式点火提前装置。霍尔信号发生器装在分电器内的托盘上，主要由霍尔集成块和永久磁铁组成。分电器轴转动时，触发叶片在霍尔信号发生器的永久磁铁和霍尔集成块之间的空气隙中通过。

（2）霍尔信号发生器的工作原理　霍尔信号发生器触发叶轮转动时，每当叶片进入永久磁铁和霍尔集成块之间的气隙时，永久磁铁进入霍尔集成元件的磁通被触发叶片所短路（或称为隔磁），如图 2-21a 所示。这时磁通不能作用在霍尔元件上，霍尔元件不能产生霍尔电压。当触发叶片离开气隙时，永久磁铁的磁通便进入霍尔集成块，经导磁板构成回路，这时通过集成块的磁通密度相对来说最强，霍尔元件产生霍尔电压 U_H。由于霍尔元件产生的霍尔电压较微弱（仅毫伏级），需进行放大、整形等处理，转换成矩形波信号才能被利用，所以霍尔集成块除霍尔元件外，内部还有集成电路。该传感器的工作电路工作原理图如 2-21b 所示。当触发叶轮在永久磁铁与霍尔集成块之间的气隙时，霍尔元件不产生霍尔电压，霍尔集成电路内输出晶体管 VT 处于截止状态。此时设在 ECU 内的 5V 电压不能通过传感器内的晶体管构成回路，使霍尔传感器输出的信号 U_G 为高电位（接近 5V）；当触发叶轮的叶片离开空气隙时，霍尔元件产生霍尔电压，霍尔集成电路输出级晶体管饱和导通，使设在ECU内的5V电压通过传感器内的晶体管搭铁构成回路，霍尔传感器则输出信号为低电位（接近0V）。发动机工作时，由于触发叶轮的缺口和叶片交替地通过空气隙，因此霍尔传感器输出的信号电压在0与5V之间变化。由图2-21所示可以看出，转动着的叶片未进入气隙时，霍尔传感器输出0V电压信号；转动着的叶片进入气隙时，霍尔传感器输出5V电压。转动着的叶片前缘进入气隙时，电压信号从0V上升到5V，该处称为上升沿或前沿；转动着的叶片后边缘离开气隙时，电压信号从5V下降到0V，该处称为下降沿或后沿。由于发动机每转两转，分电器转一圈，输出四个脉冲信号（与触发叶轮的叶片数目或气缸数目相等），这样，发动机每转一圈，输出两个信号，计算出发动机转速。在分电器装配时，只要分电器（触发叶轮）与曲轴之间的相对位置保持固定，ECU可根据霍尔传感器输出的脉冲波形，得出曲轴转角位置的信息。通常利用脉冲波的下降沿（后沿）作为采集上止点信号的标记，以每一个脉冲的下降沿作为测量和控制曲轴位置或时间的基准。另外，由于触发叶轮的四个叶片中有一个叶片比其他三个窄一些，其相应的脉冲宽度也小一些，如图2-21所示。该脉冲波的上升沿（闪沿）在恒速时比其他脉冲波上升沿迟一些到来，ECU通过软件可识别出这个特殊叶片的来临。只要装配时确保叶片位置同曲轴位置之间固定的对应关系，ECU便能根据这个脉冲信号作为判缸信号，识别出是一缸（活塞）位置并按照1－3－4－2的工作顺序进行点火控制。ECU可以判断出其他各缸活塞的位置，从而可按正确的喷油顺序向各缸喷油。

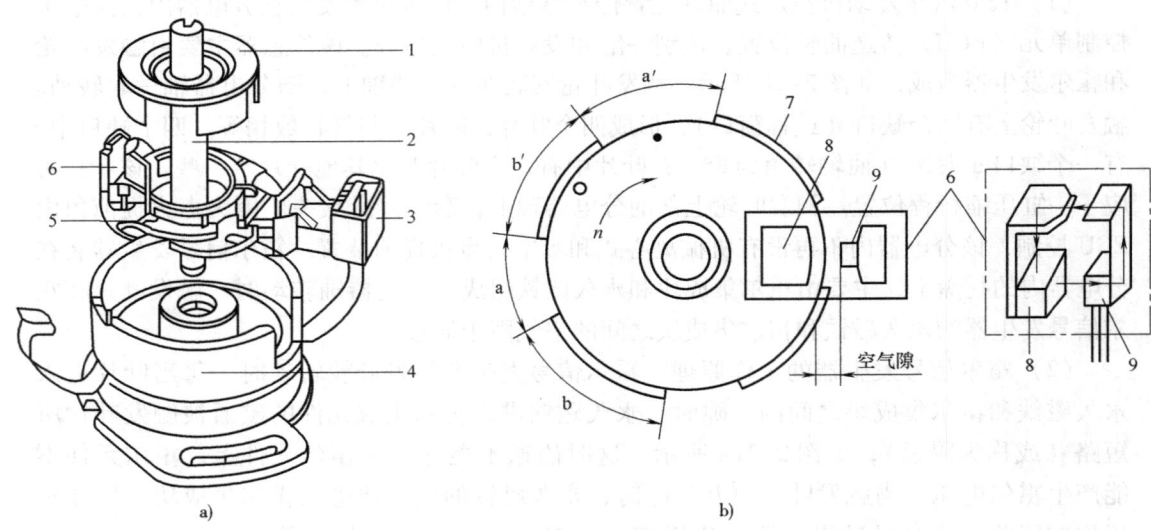

图2-21 霍尔式曲轴位置传感器在分电器内部的结构
1—触发叶轮 2—分电器轴 3—插座 4—分电器壳体 5—托盘 6—霍尔传感器 7—叶片
8—带导磁楗的永久磁铁 9—霍尔集成块

由上可知，霍尔传感器肩负着提供发动机转速、曲轴位置、曲轴角度和识别一缸的任务。霍尔传感器电路连接关系如图2-22所示：图中霍尔传感器的针脚A为ECU提供的＋5V电源输入端；针脚B为霍尔传感器送入ECU的信号端；针脚C为通向ECU内部接地端。注意：由于霍尔元件内部结构不同，输出电压存在相反的结果。

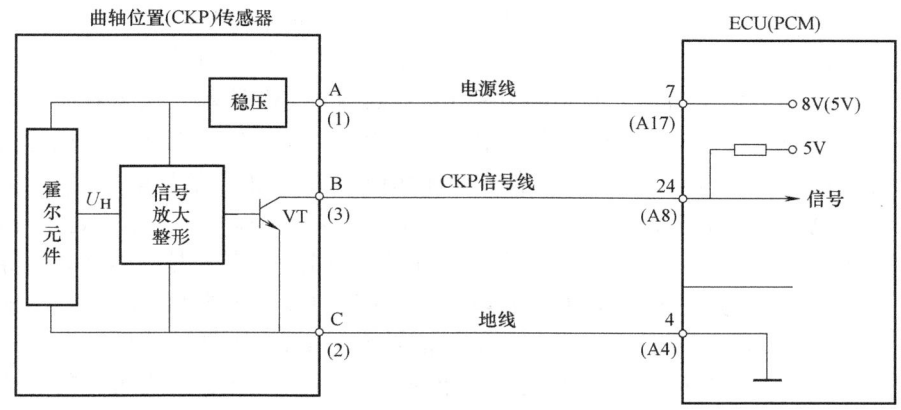

图 2-22　霍尔曲轴位置传感器电路连接工作电路

3. 北京切诺基汽车触发轮齿式霍尔效应曲轴位置传感器

北京切诺基汽车曲轴位置传感器安装在飞轮壳上，采用触发轮齿的结构。同时在分电器内设置同步信号发生器，用以协助曲轴位置传感器判缸。曲轴位置传感器有三根引线，如图 2-22 所示：其中一条是 ECU 向传感器加的电源线，它是霍尔效应传感器工作时所必需的电源，输入传感器的电压为 5~8V（因车型不同，数值有所不同）；另一条是传感器的信号输出线，输出的是矩形脉冲信号，高电位 5V，低电位约 0.3V，最后一条是传感器地线。曲轴位置传感器由霍尔效应传感器（或叫霍尔信号发生器）和飞轮上的齿槽构成，其工作原理如图 2-23 所示。

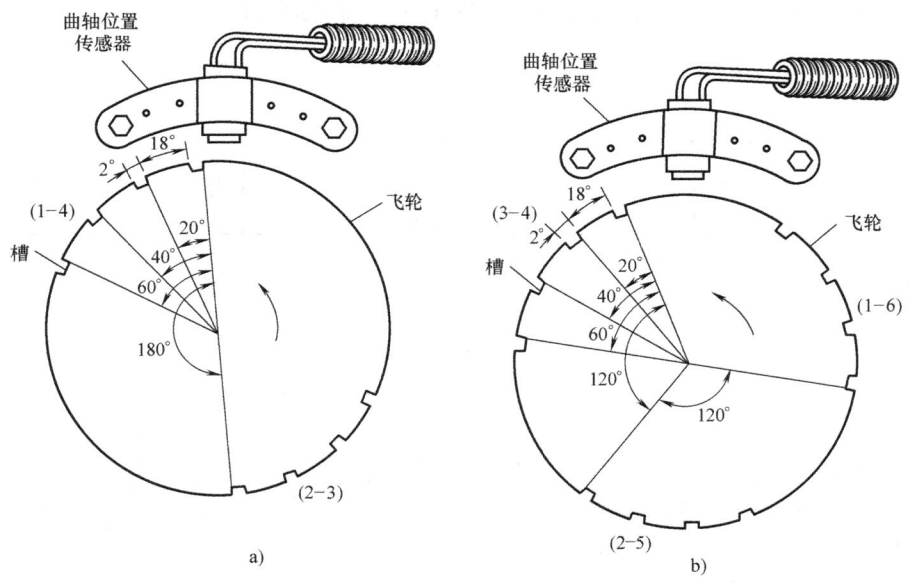

图 2-23　北京切诺基汽车曲轴位置传感器（CKP）工作原理示意图
a）四缸发动机　b）六缸发动机

在北京切诺基汽车 2.5L 四缸发动机的飞轮外沿上有八个齿槽，分成两组，四个齿槽为一组。每一组中每个齿槽宽度为 2°，两个齿槽之间为 18°，如图 2-23a 所示。在北京切诺基汽车 4.0L 六缸发动机飞轮上有 12 个齿，四个齿槽为一组，分成三组。每一组中的每个齿槽宽度也是 2°。两个齿槽之间相隔也是 18°，如图 2-23b 所示。霍尔效应传感器由霍尔元件、强磁铁和集成电路等组成。在曲轴转动过程中，当飞轮上两槽间金属通过传感器磁铁时，使磁铁构成磁通回路，霍尔元件产生霍尔电压 U_H。由于信号电压 U_H 较弱，经信号放大与整形电路后输出至晶体管 VT 的基极，如图 2-22 所示，使晶体管处于导通状态，此时 ECU 内的 5V 参考电压传感器的晶体管搭铁构成回路。由于晶体管 VT 的导通，使 ECU 内 5V 参考电压电路输入 ECU 的信号电压几乎降至 0V（约为 0.3V）。当飞轮上的齿槽通过传感器的磁铁时，霍尔元件不产生霍尔信号电压 U_H，使晶体管处于截止状态。此时 ECU 内 5V 参考电压电路输入 ECU 的信号电压约为 5V。因此，每当飞轮的齿槽之一通过传感器的磁铁时，传感器便输出一个脉冲信号。当飞轮上的每组齿槽通过传感器时，传感器每组便输出四个脉冲信号。四缸发动机每转一圈，输出两组脉冲信号；六缸发动机每转一圈输出三组脉冲信号。传感器提供的每组信号间隔输入 ECU 后，可被 ECU 用来确定两个气缸活塞的位置。在四缸发动机上，利用一组信号，在同一时间内，可知一缸活塞和四缸活塞接近上止点；用另一组信号，可知二缸活塞和三缸活塞接近上止点。在六缸发动机上，同样利用一组信号，在同一时间内，ECU 也可知道两个缸的活塞位置，即三缸活塞和四缸活塞；二缸活塞和五缸活塞；一缸和六缸活塞在上止点的位置。由于每组信号的第四个脉冲信号下降沿，相当于活塞上止点（TDC）前 4°的位置。依次类推，其他三个脉冲信号下降沿相当于活塞上止点（TDC）的位置也可确定，如每组第一个脉冲信号下降沿相当于活塞上止点前 64°，如图 2-24 所示。利用曲轴位置传感器输出的脉冲信号，不仅可知两个气缸活塞上止点，还可以很容易确定活塞上止点前的运行位置。

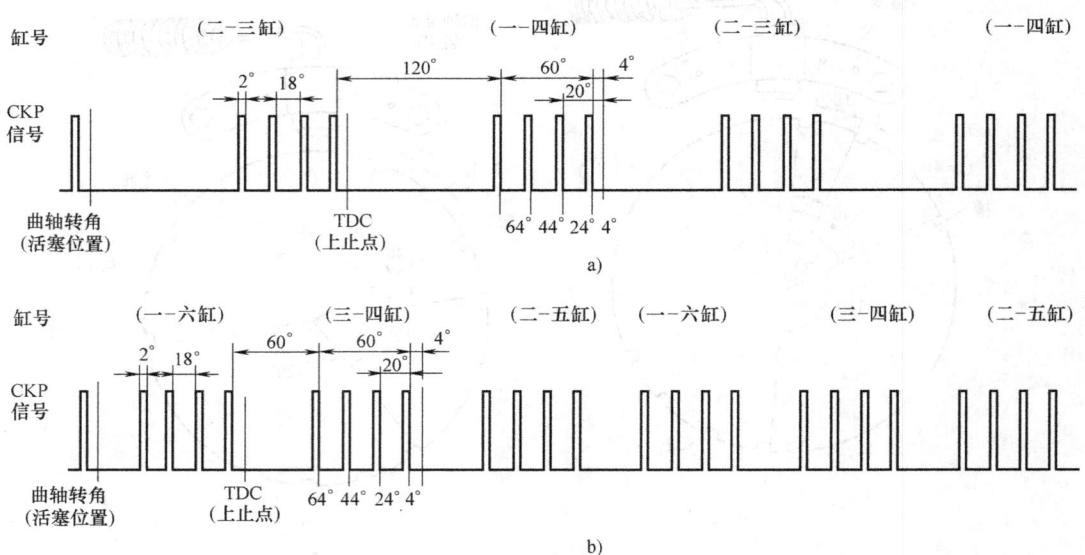

图 2-24 曲轴位置传感器信号

另外，ECU 可以通过各脉冲间通过的时间，很容易计算出发动机的转速。由于发动机 ECU 是通过曲轴位置传感器知道曲轴（或活塞）运行的位置与发动机转速信息的，所以它是控制喷油和点火提前角的重要信号。一般是在排气行程上止点前64°时开始喷油。

基本点火正时（怠速）是在压缩行程上止点前10°左右。发动机控制器如果收不到曲轴位置传感器信号，发动机将停止工作。曲轴位置传感器是一个较为敏感的器件，其中的强磁场极易受损，所以在维修或更换新件时，不要将它放在金属台面上，也不要将它们面对面的存放。传感器与飞轮之间的间隙要求十分严格，其间隙是不能调整的。利用曲轴位置传感器信号，发动机控制器可以知道两个活塞在接近上止点及其相应位置，但并不知道是哪两个气缸的活塞，也不清楚哪个处于排气行程、哪个处于压缩行程，还需要有判缸信号，即需要同步信号传感器向ECU提供信息。

2.2 凸轮轴位置传感器

凸轮轴位置传感器由于汽车厂家或教学模板制造者的不同，名称上存在很大的差异，具体名称及缘由见表2-4。

表2-4 凸轮轴位置传感器名称及缘由

名 称	缘 由
凸轮轴位置传感器	因其安装于凸轮轴一端，又是向ECU传输凸轮轴工作位置的信号，而名之为凸轮轴位置传感器，属于这种命名方法的车型有桑塔纳3000、捷达汽车
霍尔传感器	因其工作原理是用霍尔方式向ECU传输信号，便以此而命名，属于这种形式的有北京切诺基、捷达、桑塔纳、联合电子491Q电控发动机
相位信号传感器	因为该传感器是向ECU传输凸轮轴配气相位，这时一缸气门都是关闭状态而得名。属于这种形式的有联合电子491Q电控发动机，桑塔纳教学模板制造厂家
同步信号	因为捷达、桑塔纳要找到一缸压缩上止点，将曲轴位置信号与凸轮轴信号同时出现时来确认，因此而命名
磁脉冲式判缸信号	是为找到一缸压缩上止点设置的信号，因而得名，属于这种类型的有广本汽车发动机

1. 凸轮轴位置传感器的作用

不管凸轮轴位置传感器的名称有何不同，也不管凸轮轴位置传感器的安装位置有何差别以及结构工作原理如何不同，其都是为电控发动机找出一缸压缩上止点，作为点火、喷油控制定时的基准点。因为发动机一个工作循环，发动机转两圈，一缸活塞有两次上止点。和传统发动机对点火正时一样，要把一缸活塞压缩上止点作为控制的基准，这就是凸轮轴位置传感器的作用。

2. 不同形式的凸轮轴位置传感器

不同形式的凸轮轴位置传感器结构、工作原理有所不同。

（1）北京切诺基发动机同步信号　北京切诺基发动机同步信号也叫凸轮轴位置信号，安装在分电器内，如图2-25和图2-26所示。其是霍尔式气缸判别信号，可用来告知此时开始向上止点运行的（排气行程）是哪个缸的活塞。同步信号与曲轴位置传感器产生的信号相配合，可以确定发动机的正常喷油顺序和喷油时刻。同步信号传感器采用霍尔效应传感器，安装在分电器内，主要由脉冲环和霍尔信号发生器组成。其工作原理与霍尔曲轴位置传感器大同小异，同步信号脉冲环随分电器轴转动，脉冲环占分电转角的180°，当脉冲环进入信号发生器时，同步信号传感器输出高电位（5V），当脉冲环离开信号发生器时，同步信号传感器输出接近0V的低电位。分电器转一周,高低电位各占180°,相当于曲轴转角360°。同步信号传感器可以起到判缸定位作用。对于北京切诺基汽车2.5L四缸发动机来说,当脉冲环的前沿进入信号发生器时,即产生5V电压上升信号,表示此时向上止点运行的是一、四缸的活塞,其中四缸活塞处于排气行程(一缸活塞处于压缩行程)。当脉冲环的后沿离开信号发生器时,即产生的信号电压降为0V时,表示此时向上止点运行的仍是一、四缸的活塞,但工作行程相反,其中一缸活塞处于排气行程,四缸活塞处于压缩行程,如图2-27a所示。对于北京切诺基汽车4.0L六缸发动机来说,当产生5V电压(上升沿)信号时,表示此时向上止点运行的是三缸和四缸的活塞,其中三缸活塞处于排气行程,四缸活塞处于压缩行程。当5V电压信号降为0V(下降沿)时,向上止点运行的四缸则处于排气行程,三缸活塞处于压缩行程,如图2-27 b所示。由上可知,同步信号传感器产生的高低电压信号输入ECU后,可以对一、四缸(四缸发动机)或三、四缸(六缸发动机)起到判别定位作用。同步信号与曲轴位置传感器信号相配合,ECU就可以建立必要的参考点,确定正确的喷油时刻和顺序。如当同步信号上升沿出现时,ECU可以识别出四缸活塞(四缸发动机)或三缸活塞(六缸发动机)处于排气行程,此时根据曲轴位置信号,当活塞行至排气行程上止点前64°时,ECU输出喷油信号,使四缸或三缸的喷油器开始喷油。同理,同步信号下降沿出现时,ECU可以识别出一缸活塞(四缸发动机)或四缸活塞(六缸发动机)处于排气行程,当活塞行至排气行程上止点前64°时,ECU输出喷油信号,使一缸或四缸的喷油器开始喷油。燃油喷入进气歧管,在进气行程时与空气混合进入气缸。利用同步信号,对上述两缸建立的参考点,计算机可按着发动机工作顺序(四缸发动机为1-3-4-2)六缸发动机为1-5-3-6-2-4,对各缸进行喷油,从而实现正确的喷油时刻和喷油顺序。由于同步信号传感器输出的信号具有判别气缸定位的重要作用,所以当ECU收不到同步信号时,发动机也不会起动。由于ECU是根据曲轴位置传感器(CKP)等输入信号确定基本点火正时和点火提前角的,因此分电器不再控制点火和正时,但分电器内还存有分火头,仍起配电器的作用。如果安装分电器时,转动太大,改变了分火头与分电器盖内的旁接线柱应有的相对关系,特别是在小负荷时,点火提前角大的情况下,分火头与邻近的电极太近时,有可能会产生两缸同时点火现象,这样会导致发动机喘震、抖动或失火。为防止上述现象发生,分电器外壳不能转动,不可随意调整点火提前角,一定要按正确的程序和步骤安装分电器。

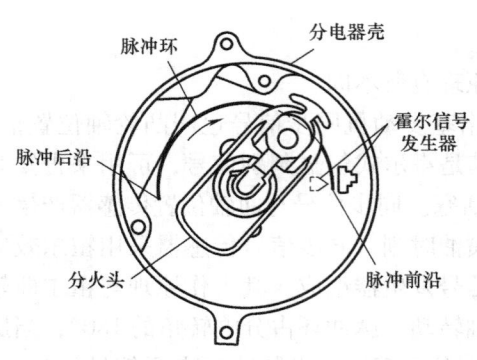

图2-25 同步信号传感器示意图

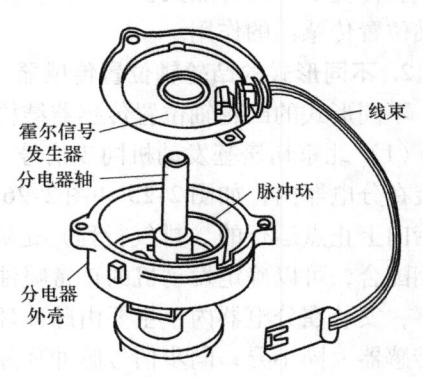

图2-26 同步信号基本结构

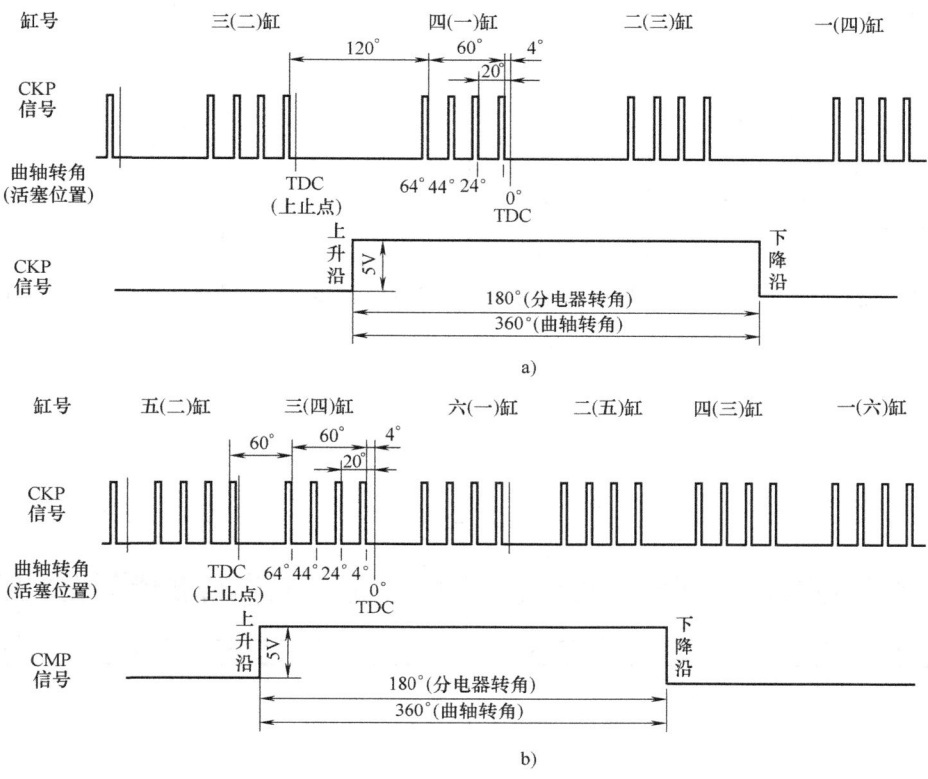

图 2-27 同步信号传感器定位图
a）北京切诺基汽车 2.5L 四缸发动机 b）北京切诺基汽车 4.0L 六缸发动机

（2）一汽捷达 EA113（含桑塔纳 3000）凸轮轴位置传感器 凸轮轴位置传感器，也叫霍尔传感器，它安装在气缸盖前部，进气凸轮轴的前端。凸轮轴位置传感器信号和曲轴位置传感器信号相结合，可以识别出一缸活塞处于压缩行程上止点的位置（一缸压缩行程上止点前72°），以便用来进行顺序喷油和识别爆燃气缸所在气缸的选择控制，此外，霍尔信号用于发动机起动时确定第一次点火。凸轮轴位置霍尔传感器的结构如图 2-28 所示：凸轮轴位置传感器与 ECU 间连线如图 2-29 和图 2-30 所示。它是一个霍尔电子式器件，是利用霍尔效应原理进行工作的。凸轮轴位置传感器隔板上有一个窗口，由凸轮轴驱动，凸轮轴每转一周（曲轴转两周，即 720°）凸轮轴位置传感器产生一个信号。凸轮轴位置信号和曲轴位置信号同时出现，电子控制单元（ECU）识别出一缸压缩行程上止点的位置。凸轮轴位置传感器信号和曲轴位置传感器信号波形如图 2-31 所示。

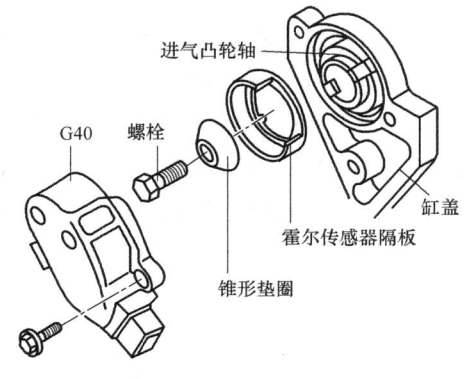

图 2-28 捷达凸轮轴位置传感器的结构

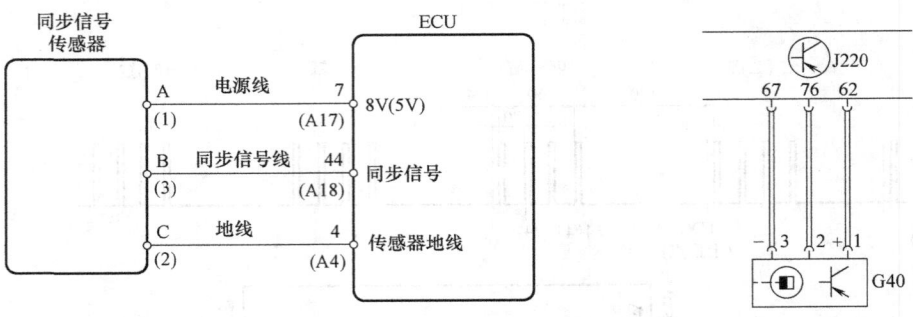

图 2-29 捷达凸轮轴位置传感器与 ECU 间连线　图 2-30 同步信号传感器（CKP）与 ECU 工作电路

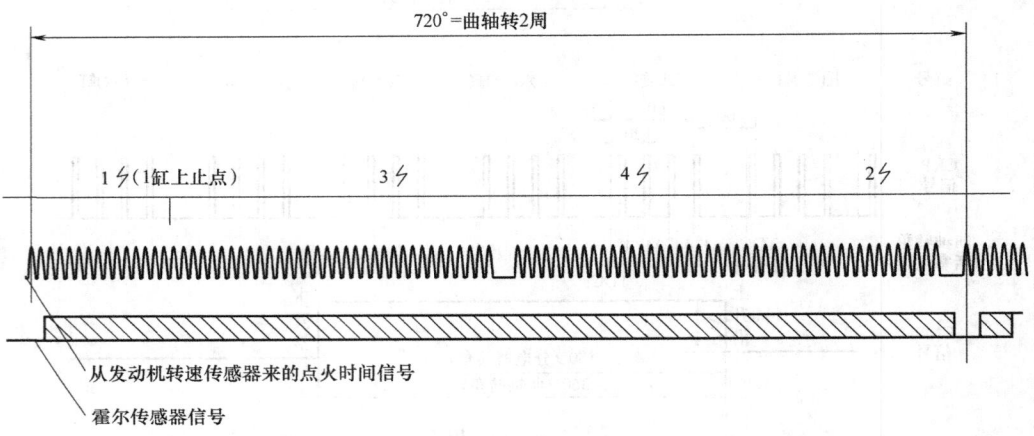

图 2-31　桑塔纳凸轮轴位置传感器信号和曲轴位置传感器波形信号

2.3　空气流量传感器

空气流量传感器是检测发动机进气量的，类型分别有卡门旋涡式、热线式、热膜式和歧管压力式。

2.3.1　卡门旋涡式空气流量传感器

卡门旋涡式空气流量传感器是根据卡门旋涡理论，利用光电信号或超声波信号来检测进气量的。所谓卡门旋涡，是指在气流中放置一柱状或锥状物体（涡流发生器）之后，其下游便会交替产生有规律向内的旋涡，并且气流速度越高，产生的涡流数量就越多。于是利用卡门旋涡所引起的空气压力或空气密度的变化，即可求得卡门旋涡的频率，从而计算出空气的体积流量，其关系用下式表示：

$$f = \frac{0.2v}{d}$$

式中　f——卡门旋涡产生的频率；
　　　v——空气的流速；
　　　d——柱状（或锥状）物体直径。

根据这种关系，可以通过测量旋涡发生的频率计算出空气流动的速度，而将空气通道的有效截面积与空气流速相乘即可得出空气的体积流量。卡门旋涡式空气流量传感器根据其检测方式不同，可分为反光镜式和超声波式两种。

1. 反光镜卡门旋涡式空气流量传感器

（1）反光镜卡门旋涡式空气流量传感器的结构　反光镜卡门旋涡式空气流量传感器外形如图 2-32a 所示。主要由外壳、涡流发生器、发光二极管、光敏二极管、反光镜以及压力导向孔等组成。用以检测发动机的进气体积流量，并将检测信号传送给 ECU，作为配制空燃比的依据。

（2）反光镜卡门旋涡式空气流量传感器的工作原理　反光镜卡门旋涡式空气流量传感器安装在空气滤清器后边，有一铝质外壳。其检测部分结构由镜面、发光二极管和光敏二极管等组成。工作原理如图 2-32b 所示。空气流经卡门旋涡发生器时，空气压力发生变化，这种压力变化经压力导向孔作用于薄金属片制成的反光镜表面，使反光镜发生振动。反光镜振动时，将发光二极管投射的光线折射到光敏二极管上，对反射信号进行检测，即可求得涡流的频率，频率越高则进气量越大。

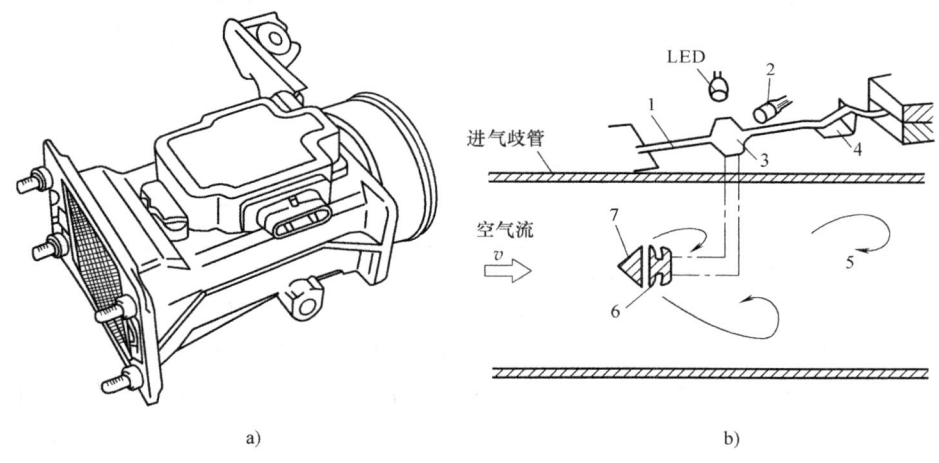

图 2-32　反光镜卡门旋涡式空气流量传感器外形及工作原理图
a）外形　b）工作原理图
1—片弹簧　2—光敏二极管　3—反光镜　4—支架　5—卡门旋涡　6—导压孔　7—卡门旋涡发生器

（3）反光镜卡门旋涡式空气流量传感器的检测方法

1）断开点火开关，拔开卡门旋涡式空气流量传感器接线端子插接器，从车上拆下空气流量传感器。

2）接好数字万用表的电阻 2k 挡，将万用表按图 2-33 接至传感器 THA 端子和 E2 端子，用电吹风对空气流量传感器上的进气温度传感器进行加温，同时观察数字万用表，其电阻应符合表 2-5 所列检测数据。

3）反光镜卡门旋涡式空气流量传感器的输出信号是数字信号，其检测应用数字万用表的频率挡或用示波器检查。其频率在配以电吹风检查时，随着电吹风的靠近，频率应为增加，电吹风逐渐离远，其频率就逐渐减小。

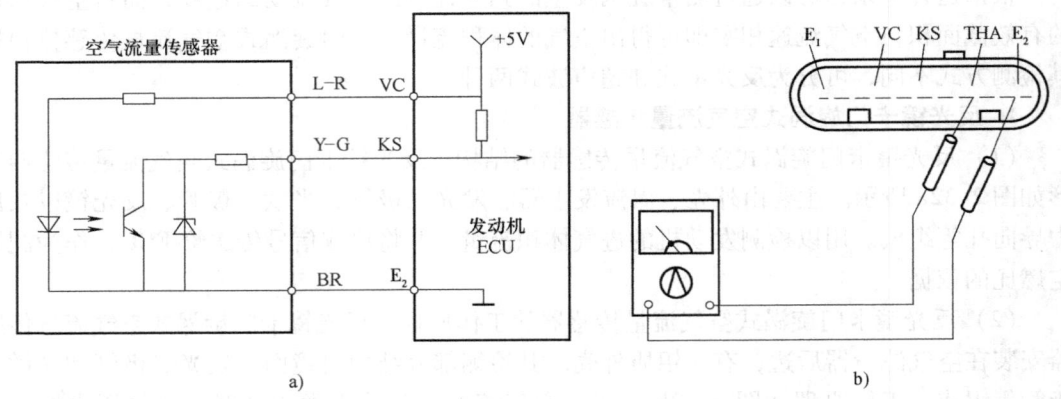

图 2-33 反光镜卡门旋涡式空气流量传感器的工作线路原理图
a) 工作原理线路　b) 接线端子检测

表 2-5　反光镜卡门旋涡式空气流量传感器进气温度传感器数据表

检测端子	检测时的温度/℃	测得的电阻值/kΩ
THA 与 E_2	-20	10
	0	4~7
	20	2~3
	40	0.9~3.3
	60	0.4~0.7

2. 超声波卡门旋涡式空气流量传感器

（1）超声波卡门旋涡式空气流量传感器的结构　超声波卡门旋涡式空气流量传感器安装于空气滤清器内。这种形式的空气流量传感器常应用于帕杰罗汽车、现代汽车上。超声波卡门旋涡式空气流量传感器利用卡门旋涡原理进行工作，这种空气流量传感器特点是：在空气滤清器上有一个六端子的插接器。在空气滤清器与空气流垂直的方向上安装有很多三角柱，这就是卡门旋涡发生器。在空气滤清器上面安装着超声波发生器，与其相对的位置上安装有超声波接收器。

（2）超声波卡门旋涡式空气流量传感器工作原理　超声波卡门旋涡式空气流量传感器工作原理如图 2-34 所示。空气流经空气流量传感器时，超声波发生器产生的有规律的超声波被流过的空气密度所干扰，就使得超声波接收器接收的超声波变为有时早、有时晚的疏密波，经放大整形变为矩形波。空气流动越快，超声波的频率越高，该信号送入 ECU 后，就是发动机的进气量信号，其信号为数字信号。当通过空气道的空气流速变化时，将影响卡门旋涡的频率，空气流速 v 与卡门旋涡的频率 f 之间存在的如下关系：

$$v = d\frac{f}{S_t}$$

式中　d——涡流发生器的尺寸；

S_t——斯特罗巴尔数，约为 0.2。

只要合理设计进气管道和涡流发生器的尺寸，则斯特罗巴尔数 S_t 在空气测量范围的全程内几乎为定值。所以，测得卡门旋涡涡流的频率就可以知道空气流速 v，再将空气道的有效截面积与空气流速 v 相乘，就可以得到空气的体积流量。这种空气流量传感器的输出信号为卡门旋涡同步的脉冲信号（数字式信号）。因为输出的是数字信号，所以发动机电子控制系统特别适合采用数字式微机进行处理。这种流量传感器为体积型，需要对进气温度进行修订。

超声波式空气流量传感器是一种频率信号，检测方法必须用诊断仪进行诊断和检测。

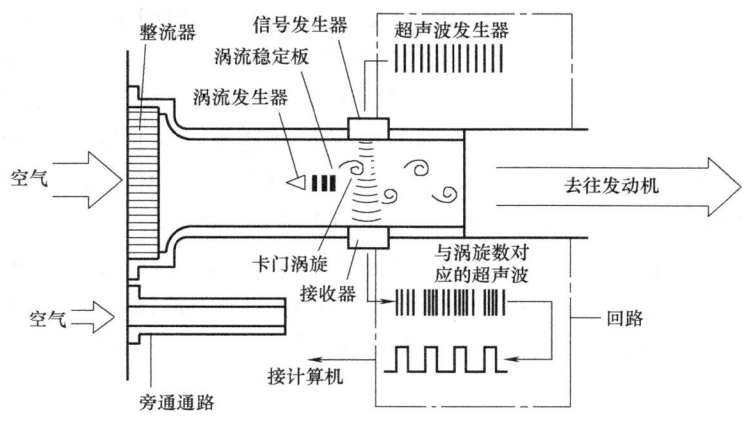

图 2-34 超声波卡门旋涡式空气流量传感器

2.3.2. 热线式空气流量传感器

热线式空气流量传感器的优点是测量的空气为质量型空气流量，而翼片式空气流量传感器和卡门旋涡式空气流量传感器检测的空气为体积型的空气流量。体积型空气流量传感器的计量结果还要受到空气密度的影响，而空气密度又与空气温度和大气压力有关，在计算空燃比时要进行相应的修订；而质量型空气流量传感器检测的空气就免除了这些影响带来的误差，因此测量精度最高，性能最佳。另外，该传感器由于没有运动部件，不会产生磨损，具有空气流动阻力小等优点。热线式空气流量传感器工作原理是根据热学原理设计的，在其进气道中放置一个发热体，当空气通过进气道时，发热体热量被空气带走，发热体变冷、电阻变小、电流增加，检测电阻上的电压上升。发热体周围流过的空气流量越大，带走的热量越多，热线上的电阻越低，电流越大，检测电阻上的电压越高，则进气量越多。热线式空气流量传感器就是利用发热体和空气之间的这种热传递现象进行空气流量检测的。

1. 热线式空气流量传感器的基本结构

热线式空气流量传感器的基本结构如图 2-35a 所示。热线式空气流量传感器根据检测空气的方式不同，可分为主空气道检测式和旁通气道检测式两种。日产风度汽车为主空气道检测式空气流量传感器，如图 2-35a 所示；日产蓝鸟汽车（单点汽油喷射）为旁通气道检测式空气流量传感器，结构如图 2-35b 所示。日产风度汽车热线式空气流量传感器安装在空气滤清器后边；日产蓝鸟旁通气道热线式空气流量传感器安装在单点喷油器体的旁通进气道上。日产风度热线式空气流量传感器的构造由防护网、取样管、铂金丝热线、温度补偿电阻、接线插接器、控制电路板等组成。取样热线置于主空气通道中央，两端有金属防护网，防护网用卡箍固定在壳体上，取样体由两个塑料护套和一个热线支架环构成。热线为 $\phi 70\mu m$ 的铂金丝，布置在支架环内，其阻值随温度变化，为正温度系数，温度降低时，电阻变小。工作时因通电发热，故称为热线，它是惠斯顿电桥电路的一个臂 R_H，如图2-36所示。在热线式空气流量计中，热线电阻 R_H 既是传感器电阻元件，又是加热电阻元件。工作中电功率主要消耗在热线电阻 R_H 上。热线支承环前端的塑料护套内安装一个铂金薄膜电阻器，叫冷线，其形状像K，故又叫K电阻。其电阻值也随进气温度变化（负温度系数），能对进气温度进行补偿，称为温度补偿电阻，是惠斯顿电桥的另一个平衡臂 R_K，常称为冷线，温度高电阻变小，温度低电阻变大。热线支承环后端的塑料护套上黏结着一个精密电阻，并设计成能用激光修整的电阻，也是惠斯顿电桥的一个臂 R_M，该电阻为测量电阻，其两端的电压即产生热线式空气流量传感器的输出电压信号。惠斯顿电桥还有一个臂 R_B 的电阻器装在控制电路板上，该电阻器为调整电阻，在最后调试试验中用激光修整，以便在预定的空气流量下调定空气流量传感器的输出特性。为了减小工作中电消耗，惠斯顿电桥上的温度补偿电阻 R_K 和调整电阻 R_B 的电阻值比较高，通过这一电桥臂的电流仅几毫安。在工作中，通过放大器控制检测电阻的电流，使电桥保持平衡，使热线的温度始终保持高于环境温度100℃。

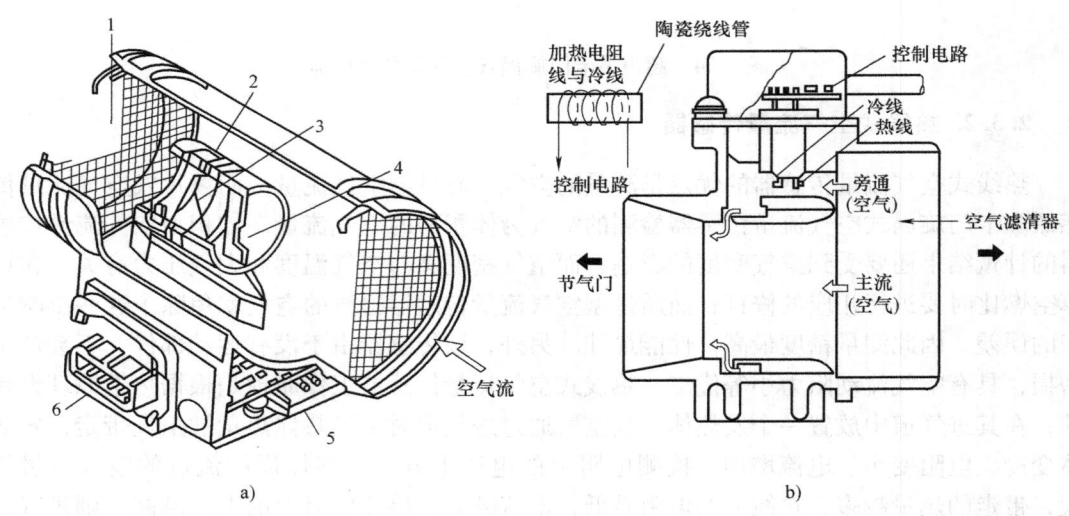

图2-35 热线式空气流量传感器
a) 主气道检测式 b) 旁通气道检测式
1—防护网 2—取样管 3—铂金丝热线 4—温度补偿电阻 5—控制电路板 6—插接器

2. 热线式空气流量传感器的工作原理

热线式空气流量传感器设计有进气温度测量部分和发热部分。如图2-36所示：铂金丝制成热线 R_H、冷线为进气温度补偿电阻 R_K、信号测量电阻 R_M 和 R_B 构成惠斯顿电桥。为保证吸入空气的温度与热线的温度一致，控制放大器依据二者产生的压差调节桥压。

当打开点火开关时，热线电流流经热线，使其温度上升到比环境温度高出100℃，这时惠斯顿电桥处于平衡状态；在发动机开始工作后，空气流过热线式空气流量传感器时，将热线（正温度系数）上的热量带走，热线温度下降，电阻变小，电流增加，与此同时，流经 R_M 的电流增加，U_M 电压上升，进气量越多，U_M 电压越高，该电压送入 ECU 即为发动机进气量信号。

发动机工作时，流过空气流量传感器的空气首先经过电阻 R_K，由于进气温度和热线温度间有温差存在，温度补偿电阻 R_K 阻值发生变化（负温度系数），温度高电阻变小，温度低电阻变大，其电压也发生变化，即起到了温度补偿作用（温度变化对空燃比的修订），因此，热线式空气流量传感器检测的空气为质量型，热线式空气流量传感器具有在 ECU 中无需对进气温度和压力进行修订的特点。由于热线安装在进气管路中，在使用一段时间后，热线表面受到尘埃沾污，会引起输出信号的变差，使空气流量传感器检测的精度降低。为避免这一点，在电路中增加了晶体管 VT 和 R_1 构成的电路。每次关闭点火开关 5s 时，ECU 输出一个控制脉冲信号，使晶体管 VT

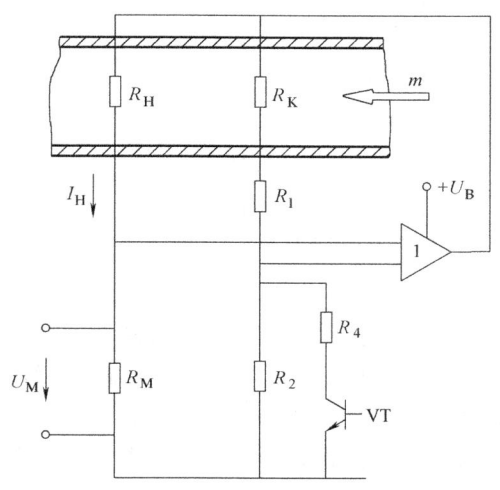

图 2-36　热线式空气流量传感器原理
R_K—冷线　R_H—热线　R_M—信号电阻　U_M—输出信号电压
I—控制电路　VT—自清洁功能控制晶体管

导通，电桥将失去平衡，控制放大器将输出一个极限电压值，使热线加热到 1000℃，约 1s，清除热线上的污物，达到自清洁的作用。热线式空气流量传感器有三端子式、四端子式和五端子式、六端子式。三端子、四端子空气流量传感器均无自清洁功能，只有五端子式和六端子式空气流量传感器有自清洁功能。

另外，有些热线式空气流量传感器的自清洁加热电阻在电路上与单臂电桥分开而单独设立的，这样的热线式空气流量传感器只有 5 根端子线，如图 2-37 所示。检测该种传感器时，应该增加测试加热电阻的功能内容。

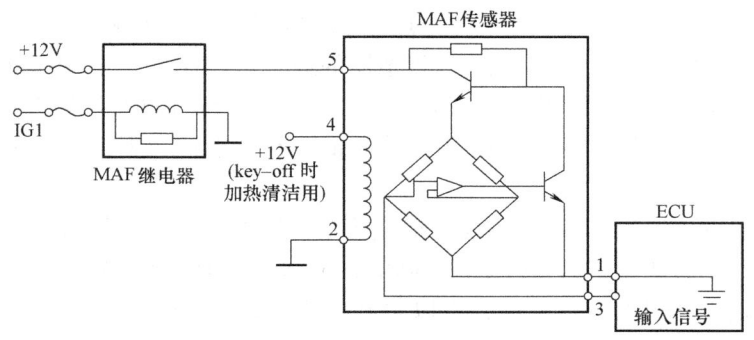

图 2-37　热线式空气流量传感器（5 端子带加热器）的电路

3. 热线式空气流量传感器的检测

日产汽车 CG30E 发动机所用的热线式空气流量传感器接线端子与微机（ECCS）电路

如图 2-38 所示。

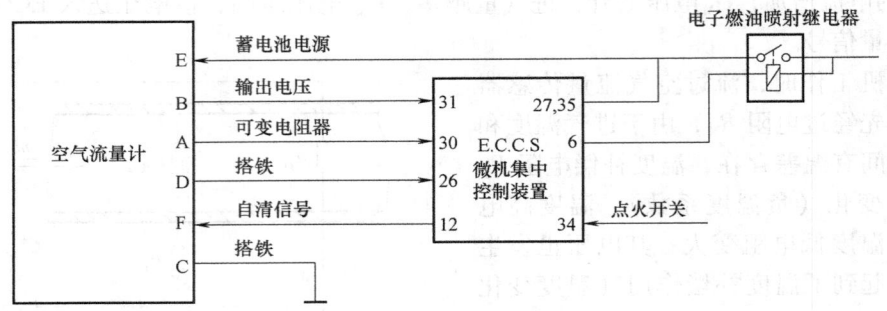

图 2-38　日产汽车空气流量传感器接线电路图

日产公司热线式空气流量传感器的检测方法：

1）拔掉热线式空气流量传感器的导线连接插头，拆下空气流量计。按图 2-39 连接引线，将蓄电池的电压加于空气流量传感器的端子 D 和 E 之间，然后用电压测量端子 B 和 D 之间的电压，刚接通时，其标准电压值为 1.1~2.1V。如果电压值不符，则应更换空气流量传感器。

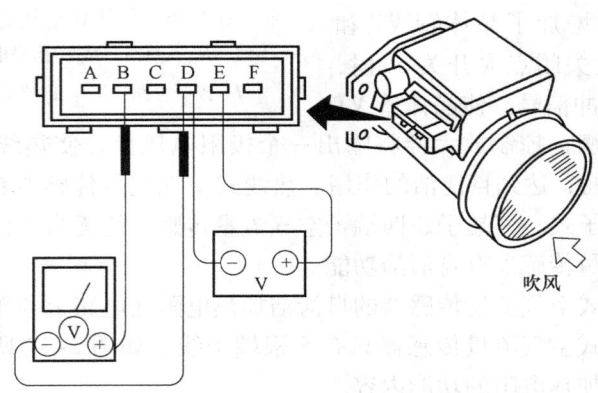

图 2-39　日产 CG30E 热线式空气流量传感器的检测

2）在进行上述检查后，向空气流量传感器的进气口吹风（一般用 450W 的电吹风），此时测量接线端子 B 与 D 间的电压，其标准电压值为 2~4V（电吹风靠近则电压升高；如果电吹风远离，则电压值下降）。如果电压检测值不符合上述数据，则应更换空气流量传感器。

3）自清洁功能的检测。装好热线式空气流量传感器及其导线插接器；拆下空气流量传感器的防尘网；起动发动机，加速到 1500r/min，让发动机运转 5min；当发动机停转后 5s 时，从空气流量传感器进气口处，可以看到热线自动加热烧红（1000℃）约 1s。如果没有此现象出现，则需检查自清洁信号或更换空气流量传感器。

2.3.3　热膜式空气流量传感器

热膜式空气流量传感器应用于大众车系的汽车上。

1. 热膜式空气流量传感器的结构

热膜式空气流量传感器具有重要的实用价值。热膜式空气流量传感器应用了惠斯顿电桥的工作原理，是热线式空气流量传感器的改进产品。主要是考虑到热线式空气流量传感器的铂金丝热线的热丝单薄易损坏，而且价格昂贵，为此，便将热线、补偿电阻、精密电阻等镀在一块陶瓷片上，使制作成本大为下降，且发热体不直接承受空气流动所产生的作用力，从而提高了使用寿命。其内部结构如图 2-40 所示，因其发热元件采用平面形铂金属膜电阻器，故称为热膜电阻。

热膜电阻的制作方法是：首先在氧化铝陶瓷基片上采用蒸发工艺淀积铂金属薄膜，然后通过光刻工艺制成梳状图形电阻，将电阻值调节到设计要求的电阻值后，在其表覆盖一层绝缘保护膜，再引出电极引线而制成。桑塔纳 3000GSi 型轿车采用的热膜式空气流量传感器，外形和结构如图 2-41 所示。

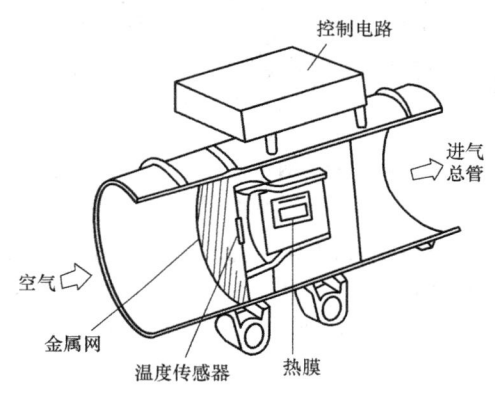

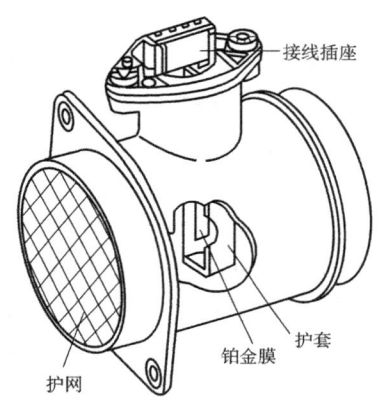

图 2-40 热膜式空气流量传感器的结构　　图 2-41 热膜式空气流量传感器的外形和结构

2. 热膜式空气流量传感器的工作原理

在传感器内部的进气道上设有一个矩形护套（相当于取样管），热膜电阻设在护套中，为了防止污物沉积到热膜电阻上，影响测量精度，在防护罩的空气入口一侧设有空气过滤层，用于过滤空气中的污物。为了防止进气温度变化使测量精度受到影响，在热膜电阻附近设有铂金属膜电阻与传感器内部控制电阻连接，线束插座安装在传感器壳体中部，热膜式空气流量传感器的工作原理与热线式惠斯顿电桥的原理相同。与热线式空气流量传感器相比，热膜电阻的阻值较大，所以消耗的电流较小，使用寿命较长。但是其发热体元件表面制作有一层绝缘保护膜，存在辐射热传导作用，因此响应特性差。但是新式的热膜式空气流量传感器工作体面积较小，不能完成温度补偿作用，因而增加了进气温度传感器，如现在的桑塔纳 3000GSi 汽车就设有进气温度传感器，安装在进气歧管上。

3. 热膜式空气流量传感器的检测

现以桑塔纳 3000GSi 热膜式空气流量传感器的检测为例，进行热膜式空气流量传感器的检测的介绍。

1）检测传感器的电源电压，检测电源电压时，拔下传感器的线束插头，是一个 5 端子的插头。打开点火开关，用万用表直流电压挡，检测传感器插头上的电源端子与搭铁端子之间的电压。代号为"1"的端子为备用端子,没有连接导线,如图2-42所示,然后接通点火开关,检测线束插头上端子"2"与发动机缸体之间的电压:规定值(为蓄电池电压)应不低于11.5V。如果电压为零,说明燃油泵继电器触点未闭合或电源线路(附加熔断丝S,30A)断路,需要检修燃油泵继电器或电源线路;如果电压正常,则检查传感器线路。

2)热膜式空气流量传感器检测。"2"号针脚在打开点火开关时与缸体间的电压为蓄电池电压;"4"号针脚在起动起动机时与缸体间电压为5V。

将"3"号针脚与"5"号针脚间接入万用表,用450W电吹风对准热膜空气流量传感器的进气口吹风(冷风),当电吹风接近传感器时,电压升高;当远离热膜空气流量传感器时,电压应降低。缓缓接近或离开时,电压应平缓的变化。J220与空气流量传感器间的线路连接:"2"号端子—正极,在发动机左线束内;"3"号端子—ECU(大众车叫J220)

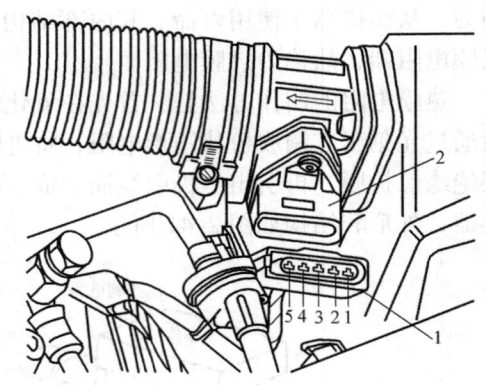

图2-42 桑塔纳热膜式空气流量传感插接器
1—接线插座 2—接线插头

"12/80"(J220 80端子的第12端子);"4"号端子—"11/80"(J220 80端子的第11端子);"5"号端子—"13/80"(J220 80端子的第13端子)。端子与ECU之间导线的电阻值,标准值应不大于0.5~1Ω。如果为无穷大,说明导线断路,应更换该导线即可。

2.4 歧管压力式(真空度)传感器

在进气量检测采用歧管压力方式的电控汽油喷射系统中,进气歧管压力传感器是最重要的传感器,相当于采用直接检测进气量的电控系统中空气流量传感器。它能依据发动机的负荷和发动机转速信号决定基本喷油量。

歧管压力传感器一般是安装在车身振动较小的地方,如本田汽车发动机就安装在发动机舱内防火墙上;这种歧管压力传感辨识的主要特点是三根线一根管(有的汽车已改为四根线,是增加了进气温度传感器信号线的原因);三根线是指的传感器和ECU间有三根连线,一根管是指有一根橡胶真空管将歧管压力传感器和节气门后方接通(有的汽车取消了真空管,将其装在稳压箱上,直接和节气门后方接通);另一显著特点是传感器上有"MAP"标记(如本田汽车即如此)。

歧管压力传感器的分类见表2-6。

表2-6 歧管压力传感器的分类表

分 类	传感器名称
模拟信号	半导体压敏电阻式、膜盒式、滑动电阻式
数字信号	电容式、表面弹性波式

认识这点是非常重要的,主要是因为信号性质不同,检测方式不同。模拟信号检测用万用表的电压挡检测;而数字或频率信号则用频率表或用示波器才能进行检测。

半导体压敏电阻式进气压力传感器在当今发动机电子控制系统中应用较为广泛。

本书将对半导体压敏电阻式、滑动电阻式和福特汽车电容式歧管压力传感器进行介绍。

1. 半导体压敏电阻式歧管压力传感器

(1) 结构　半导体压敏电阻式歧管压力传感器的结构如图2-43所示,主要由硅片、绝对真空室、IC和滤清器组成。

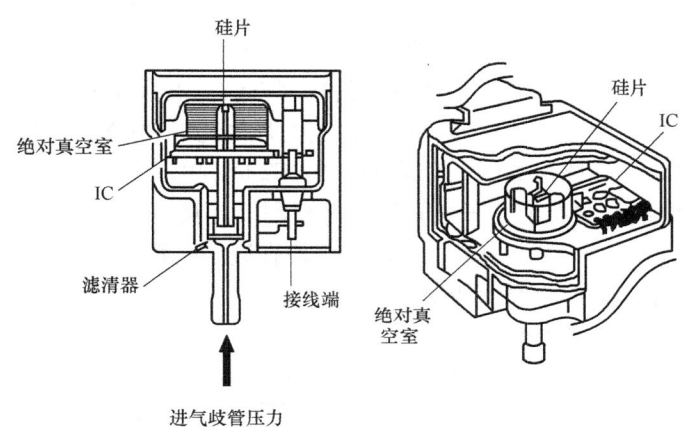

图2-43　进气歧管压力传感器

D型EFI系统通过进气歧管压力传感器计算发动机进气量,进气歧管压力的测定靠歧管压力传感器。进气歧管压力传感器由压力转换元件和放大转换元件输出信号的混合集成电路组成。压力转换元件是利用半导体的压电效应制成的硅(膜)片,硅(膜)片的一面是真空,另一面通过软管或直接接在进气歧管上产生进气管的负压进行工作的。在进气歧管的作用下,硅片将产生变形,使硅片的电阻值发生变化,从而使电桥电压变化。电桥电压值很小,在通过集成电路放大后输出,送到ECU的PIM端子,ECU的VCC为IC提供一个5V电源。由于歧管压力传感器结构和测量原理的需要,压力传感器安装在振动较小的车身处,用一根橡胶软管与进气歧管相连,将进气歧管的真空度传递给歧管压力传感器。进气歧管与ECU间的接线关系如图2-44所示。

(2) 工作原理　歧管压力转换元件是利用半导体的压阻效应制成的硅膜片,硅膜片的一面是真空室,另一面导入进气歧管压力。硅膜片为约3mm的正方形,如图2-44a所示,其中部经光刻腐蚀形成直径约2mm,厚50μm的薄膜,薄膜周围有四个应变电阻,以惠斯顿电桥方式连接。由于薄膜一侧是真空室,因此薄膜的另一侧即进气管内的绝对压力越高,硅膜片的变形越大,其应变与压力成正比,这样就可以利用惠斯顿电桥将硅膜片的变形变成电信号。因为输出的电信号很弱,所以需要用混合集成电路进行放大后输出。这样半导体压敏电阻式进气压力传感器输出的信号电压具有随进气歧管绝对压力的增大呈线性增大的特性,其对外电路如图2-44b所示。

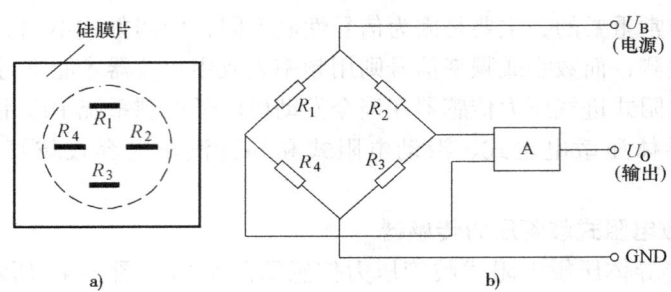

图 2-44 压敏电阻进气压力传感器工作原理
a) 硅膜片 b) 电路示意图

(3) 半导体压敏电阻式歧管压力传感器的检测方法 点火开关置于"OFF"位置,拔下进气歧管压力传感器的导线插接器。然后将点火开关置于"ON"位置,不起动发动机,用万用表电压挡测量导线插接器中电源端 VCC 和 E2 间的电压:

1) 传感器电源端子与接地端子之间的电压检测。连接电路 VCC 与 E2,如图 2-45 所示,其电压值应为 4.5~5.5V。如果有异常,应检查进气歧管压力传感器与 ECU 之间的线路是否接通,若断路应更换或修理线束。

2) 传感器输出电压检测。将点火开关置于"ON"(不起动发动机),拆下连接进气歧管压力传感器与进气歧管的真空软管,在 ECU 导线插接器侧,用医用注射器针头穿通导线,再用万用表的电压挡测量进气歧管压力传感器 PIM 与端子 E2 之间,在大气压力状态输出的电压,并记下这一电压值;然后用真空泵(真空枪)向进气歧管传感器内施加真空,从 13.3kPa(100mm/Hg)起,每次递增 13.3kPa,一直加到 66.7kPa,(500mmHg)为止,该电压应能随真空度增大而不断上升。将不同真空度下的输出电压与标准值相比较。如果不符,应更换进气歧管压力传感器。

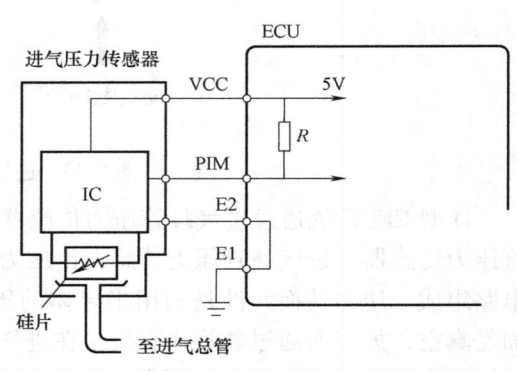

图 2-45 MAP 进气歧管压力传感器与 ECU 间的电路

2. 北京切诺基歧管压力传感器

(1) 结构 北京切诺基汽车歧管压力传感器的结构如图 2-46 所示:外部有外壳、三根引线、内部有膜片,有一滑动电阻和滑动臂,用于节气门后方真空度变化产生进气量信号,有一真空管通向节气门后方。

(2) 工作原理 用电阻式歧管绝对压力传感器与 ECU 的连线如图 2-47 所示。传感器与 ECU 有四根导线相连:ECU 向传感器提供电源为 3 号端子,电压为 4.8~5.1V;ECU 线端子为 12 号端子。ECU 信号端为 7 号端子,传感器端子为 4 号端子;另一根线是地线,ECU 端为 30 号端子,进气温度传感器为 44 号端子,传感器为 2 号端子,如图 2-47 所示。

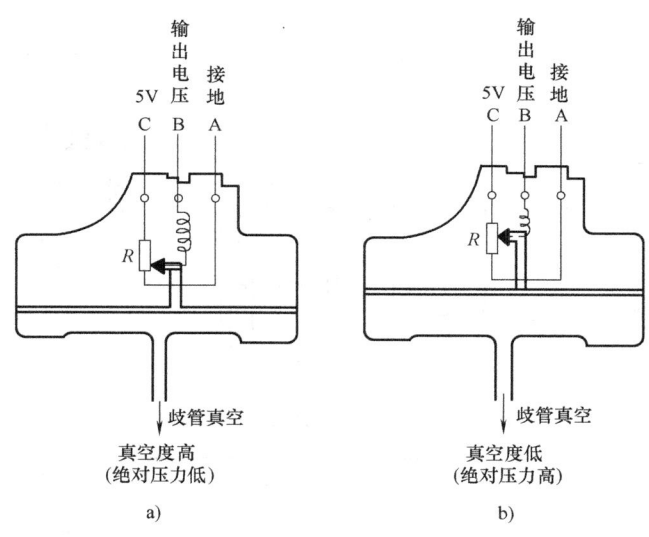

图 2-46 北京切诺基歧管压力传感器工作原理
a) 真空度高 (绝对压力信号低) b) 真空度低 (绝对压力信号高)

(3) 北京切诺基歧管压力传感器的检修方法 检修方法如图 2-48 所示：传感器真空度高 (绝对压力低)，传感器的电阻值小，传感器的输出电压 1.9~2.1V 的低电压信号；当节气门全开时，歧管真空度低 (绝对压力高) 传感器电阻大，传感器输出 3.9~4.8V 的高电压信号，检测数据见表 2-7。四根引线的歧管压力传感器 (图 2-48)，多了一根进气温度传感器线，该端子与地线间的电阻值在 20℃ 时应在 2kΩ 左右。测试传感器的接地情况用数字万用表的欧姆挡，从传感器的端子 1 处，测试其接地电阻，电阻值应为 0.5~1Ω。如果电阻值较大，多数为导线断路或 ECU 插接器连接不良，应予以修理或更换线束。

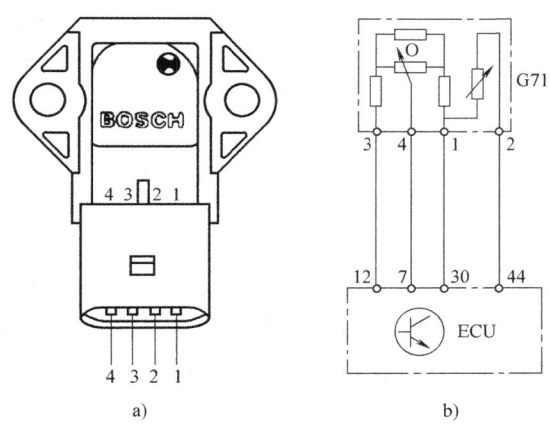

图 2-47 北京切诺基歧管压力传感器与 ECU 连线
a) MAP 外形 b) MAP 电路原理
1—搭铁端子 2—进气温度输出端子 3—电源 5V 端子
4—进气压力信号输出端子

表 2-7 歧管压力传感器的检测数据

标准真空度/kPa (mmHg)	13.3 (1000)	26.7 (200)	40.0 (300)	53.5 (400)	66.7 (500)
检测真空度/kPa (mmHg)	13.3 (1000)	26.7 (200)	40.0 (300)	53.5 (400)	66.7 (500)

3. 福特汽车电容式歧管压力传感器

(1) 结构 福特汽车电容式歧管压力传感器也是一个三根引线一根管的元件，如图 2-49 所示。

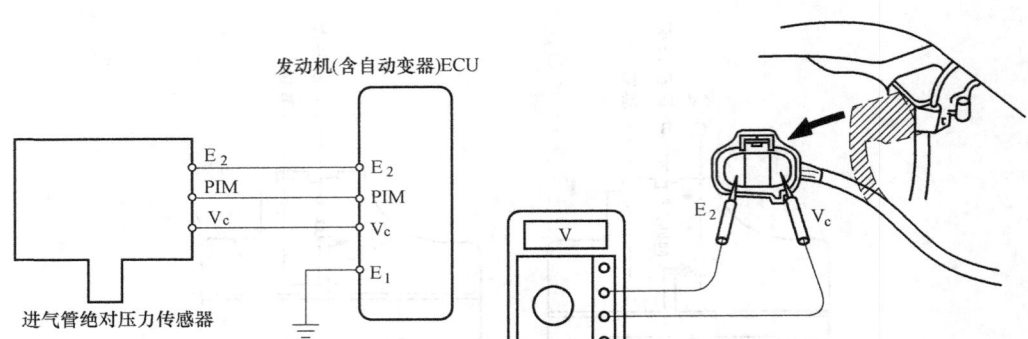

图 2-48　歧管压力传感器的检测

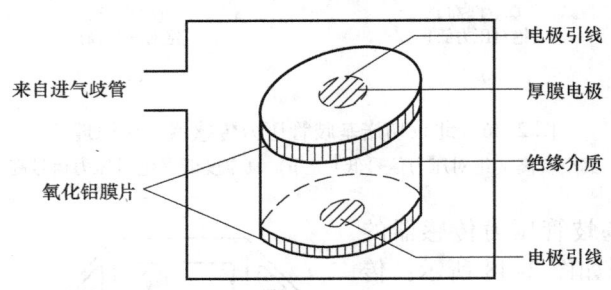

图 2-49　电容式歧管压力传感器结构示意

（2）工作原理　两块铝片靠近在一起,便产生电容作用,电容量的大小和铝片的面积成正比,和铝片之间的距离成反比。电容式歧管压力传感器是利用铝片之间的距离变化改变电容量的特性设计的。电容式歧管压力传感器是使氧化铝片和底板靠近排列,形成电容。将铝片用电加工方法将其挖空,仅剩很薄的一层,以便节气门后方真空度的微弱变化便能在传感器中显示出来。再将薄膜处作出引线,内部抽成真空,并用一个密封的外壳将其包围,用一橡胶软管把节气门后方和外壳接口连接在一起。发动机工作时,节气门后方真空度的变化,即可引起电容量（压力转换元件）的变化,该电容接到传感器混合集成电路的振荡器电路中,则传感器产生可变振荡频率的信号,其输出信号频率与进气歧管绝对压力成正比,其频率在 80～120Hz 间变化。微机控制装置根据输入信号频率便可感知进气歧管的绝对压力变化,以此即可进行进气量的检测。

2.5　温度传感器

为了判定发动机冷却液的温度状态、发动机的进气温度,电子控制系统及时地对喷油量进行修订,以适应发动机不同工况和发动机不同温度状态时空燃比修正的需要,满足发动机冷起动和降低尾气排放的要求,需要对发动机冷却液温度和发动机的进气温度进行及时而精确地检测,冷却液温度传感器和进气温度传感器就是起此作用的。

冷却液温度的测定有两个温度传感器：一个是连接到仪表的,它是供驾驶员观察发动机温度，防止发动机温度过高或过低，更主要是防止发动机开锅的（冷却液沸腾），一般和水温表连接的，也叫水温传感器；另一个温度传感器是连接到ECU的，如图2-50所示，为冷却液温度传感器，这个温度传感器是向ECU提供发动机冷却液温度高低，以便对喷油量作出修订，应该叫冷却液温度传感器。

电子控制汽油喷射发动机温度传感器按用途来分有冷却液温度传感器、水温传感器、进气温度传感器、燃油温度传感器、废气再循环温度传感器和蓄电池温度传感器等。

1. 发动机冷却液温度传感器

（1）发动机冷却液温度传感器的安装位置　水温传感器一般安装在缸体中部和水套相通，水温传感器一般为一根引线，由壳体搭铁构成回路；冷却液温度传感器一般安装在散热器上水管和发动机缸体连接处。冷却液温度传感器一般为两根引线，一根引线接入ECU，为5V信号线，另一根同样接到ECU，到ECU搭铁；现在有的汽车将冷却液温度传感器和水温传感器制成一体，如桑塔纳3000冷却液温度传感器，为四根引线的组合式冷却液温度传感器，安装位置同样是散热器上水管与缸体连接处，如图2-50a所示。

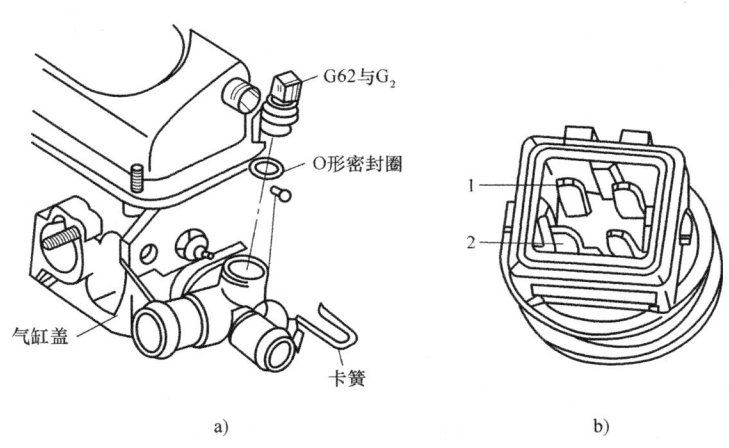

图2-50　桑塔纳2000冷却液温度传感器
a）冷却液温度传感器安装位置　b）冷却液温度传感器线束插头端子排列顺序
1—信号负极　2—信号正极

（2）发动机冷却液温度传感器的结构　发动机冷却液温度传感器的结构如图2-51所示，外部有两根引线，黄铜外壳，内有热敏电阻，用以感应冷却液的温度变化。

（3）发动机冷却液温度传感器的工作原理　发动机温度传感器是热敏电阻式。热敏电阻有PTC（正温度系数）传感器和NTC（负温系数）传感器两种。热敏电阻在温度变化时，其阻值具有随温度的变化而变化的特点。当温度升高，其阻值变小的温度传感器叫负温度系数传感器；当温度升高，其阻值变大的温度传感器叫正温度系数传感器。热敏电阻式温度传感器的响应特性比绕线电阻式温度传感器优良，因而被广泛应用于冷却液温度传感器和进气温度传感器上，这两种温度传感器都是负温度系数传感器。

（4）发动机冷却液温度传感器的检测　拔掉冷却液温度传感器的接线端子，打开点火开关。冷却液温度传感器与 ECU 间的连线如图 2-52 所示。用数字万用表电压挡测试，红表笔接插接器插头一侧的（THW）端子，黑表笔接发动机缸体，电压指示应为 5V；红表笔接插接器另一个端子（E1），黑表笔接发动机体，电压应指示为 0V。将数字万用表的电阻 2kΩ 挡接在冷却液温度传感器的两个接线端子上，测试冷却液温度传感器的电阻，在春秋两季（或温度 20℃ 左右）一般为 2kΩ 左右。如果气温是 0℃ 左右，则其电阻约为 4kΩ；温度升高，电阻变小，在不同温度下，检测的电阻值应符合冷却液温度传感器数据规律，如图 2-53 所示。

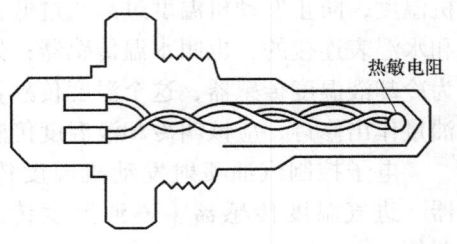

图 2-51　热敏电阻式冷却液温度传感器

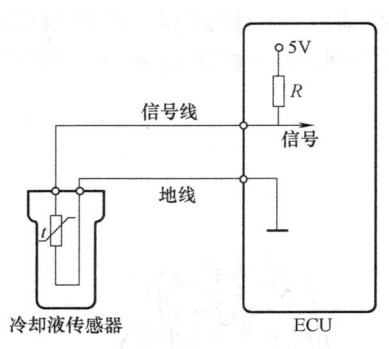

图 2-52　冷却液温度传感器的线路

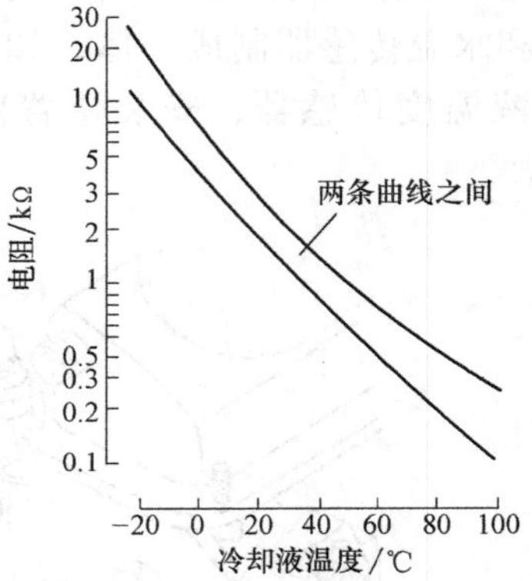

图 2-53　冷却液温度传感器的数据规律

(5) 发动机冷却液温度传感器故障诊断

1) 当发动机冷却液温度传感器的信号线发生断路故障时，如图 2-54a 所示，ECU 必然得到的是电压增大的信号。我们知道，在发动机温度低的情况下，冷却液才会产生高电位信号，所以，断路后会引起混合气过浓（油耗高）或发动机转速高（暖机）的故障现象，这时应检查信号线路。冷却液温度传感器的短路（搭铁）故障如图 2-54b 所示，冷却液温度传感器的搭铁故障会引起发动机起动困难。因为搭铁后信号等于是温度过高，因此在低温下起动，喷油量按高温控制，就减少喷油，致使发动机起动困难。

冷却液温度传感器的诊断方法：用诊断仪进行调码。冷却液温传感器发生断路和搭铁故障时会出现故障码，此时电阻值为无穷大（∞），信号电压为 5V，读数据流会显示发动机温度低（如果自诊断系统转入替代模式，则温度显示为 80℃）。如果出现 ECU 与冷却液温度传感器短路故障时，将使信号电压趋近 0V，会导致 ECU 读出温度过高，同样会出现故障码，用诊断仪调码可读出故障码。以上两个故障出现时，OBD-II 系统仅需一个行驶工况周期循环，即可检测到该故障码，存入 ECU，其故障码为 P0116，自诊断系统用 80℃ 的替代温度值作为 ECU 的控制喷油参数进行喷油控制。因此会产生发动机在冷车初次起动时，喷油量减少，混合气变稀，造成发动机起动困难的问题。

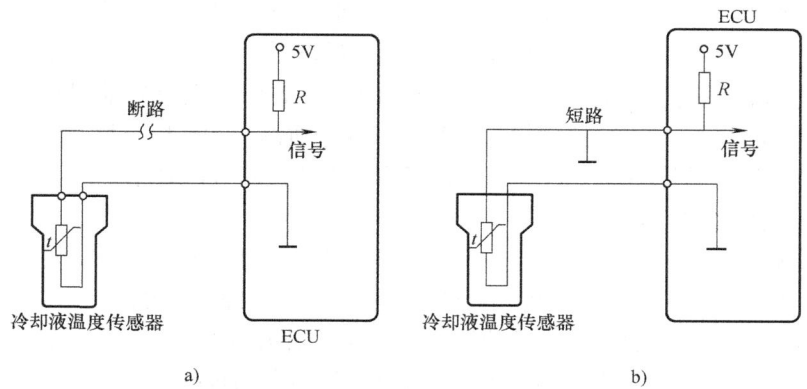

图 2-54 冷却液温度传感器故障
a)冷却液温度传感器断路故障 b)冷却液温度传感器短路（搭铁）故障

2)冷却液温度传感器与ECU间的导线或接线插头端子锈蚀引起的故障。当冷却液温度传感器的导线或接线插头端子锈蚀时，导线锈蚀将增加线路的电阻，相当于冷却液温度传感器电路串联了一个电阻，电阻增加，相当于冷却液温度低，ECU便多喷油，引起发动机油耗增加和暖机时间延长故障。

3)发动机冷却液温度传感器有水垢引起的故障。冷却液温度传感器是安装在发动机缸体与散热器上水管的连接处，直接和冷却液接触。如果发动机使用时间过长，冷却液温度传感器外表就会附着一层水垢，水垢的导热性差，在发动机初次起动时，虽然发动机温度已经升温到暖机结束的温度，由于水垢热传导性差的原因，引起暖机时间延长、CO排放增加的问题。现代发动机电子控制系统对这种故障可用读码的方法进行诊断。发动机散热使用冷却液的汽车不存在此问题。

2. 电控发动机进气温度传感器

(1) 电控发动机进气温度传感器的安装位置　电控发动机进气温度传感器的安装位置：丰田威驰1.4L安装在热线式空气流量传感器中；翼片式空气流量传感器式汽车发动机安装在空气流量传感器中进气口内部边缘；很多车将进气温度传感器和歧管压力传感器组合成一体安装。

(2) 电控发动机进气温度传感器的结构　电控发动机进气温度传感器外形与ECU间的连线如图2-55所示：进气温度传感器的结构同样和冷却液温度传感器一样，工作原理也相同。

(3) 电控发动机进气温度传感器的作用　电控发动机进气温度传感器的作用是将发动机工作时体积型进气量转换为质量型，从而调节喷油量。进入发动机的空气温度不同而空气的密度也不同，从而空气

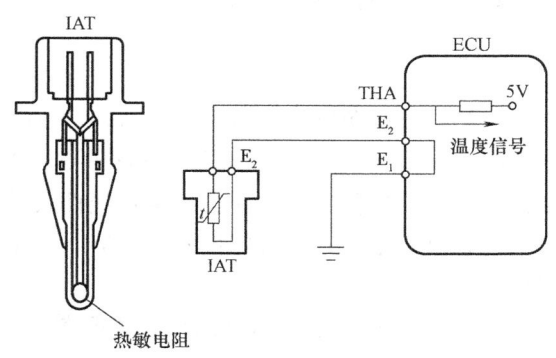

图 2-55 进气温度传感器外形与ECU间的连线图

质量也不同。空燃比是空气和燃油的质量之比，因此空气质量不同，喷油量也不同。空气温度高，密度小，空气质量也小，喷油也少；空气温度低，空气密度大，空气质量大，喷油量增加。进气温度传感器就是负责这种调节作用的。进气温度传感器对进气温度的调节是以环境温度20℃为标准进行控制的，20℃以上减少喷油，20℃以下增加喷油。

进气温度传感器的检测方法和冷却液温度传感器的检测方法基本相同。

3. 燃油温度传感器

（1）燃油温度传感器的安装位置　燃油温度传感器一般安装在V型发动机油压调节器一侧，如奥迪A6六缸V型发动机、日产六缸V型发动机都是如此。

（2）燃油温度传感器的作用　燃油温度传感器的作用是防止V型发动机热机起动困难而设置的温度传感器。V型发动机的燃油总管在V型发动机的两排气缸的凹部中间，汽车在正常行驶中，由于发动机散热风扇在发动机正常运行时，是连续运转状态，在冷却风扇吹拂下，燃油总管中的燃油及时得到了散热，所以燃油总管内的燃油温度不会很高（最高50℃左右）。当正常行驶的汽车停车，发动机熄火一段时间后，发动机的冷却风扇不再对燃油总管进行吹拂散热，但熄火后的发动机温度还处于90℃以上，发动机机体的热量仍然对燃油总管内的燃油温度存在辐射传递作用，引起燃油总管内燃油温度上升，可达到80~90℃。燃油温度的上升，使得燃油密度下降，起动时等于喷油量减少，混合气变稀，发动机热机起动困难。为此，在发动机燃油油压调节器的真空管中间串入一个VSV阀。发动机正常工作时，VSV阀将油压调节器膜片上方和节气门后方真空管接通，油压调节器使燃油系统保持正常工作压力，发动机保持正常空燃比喷油。如果发动机热机起动时，ECU控制VSV阀切断油压调节器膜片上方与节气门后方的通路，将油压调节器的膜片上方与大气接通，这样就将起动时的油压提高，从而解决了燃油密度下降、混合气变稀、发动机起动困难的问题。

燃油温度传感器的结构、工作原理、检修方法都和冷却液温度传感器相同。

另外，废气再循环温度传感器安装在废气再循环管路上，废气再循环温度传感器作用是测量废气再循环气体温度。当废气再循环阀开启后，所测温度上升，ECU便知道废气再循环系统开始工作。

2.6　节气门位置传感器

节气门位置传感器是以传递发动机工况信号为主的传感器，安装在节气门轴的一端，把节气门打开的角度转换成电压信号送到ECU，即为节气门打开的角度，反映的是发动机负荷的信号。节气门位置传感器分为开关量式节气门位置传感器（已淘汰）、有怠速触点线性节气门位置传感器、无怠速触点线性式节气门位置传感器（三端子）、综合式节气门位置传感器、组合式节气门位置传感器、直接型节气门位置传感器、控制单元式节气门位置传感器等。

1. 有怠速触点线性节气门位置传感器

（1）结构与工作原理　有怠速触点线性节气门位置传感器的外形如图2-56a所示；线性节气门位置传感器的输出电压波形曲线如图2-56b所示：这种节气门位置传感器广泛应

用于丰田雷克萨斯和丰田 4S 等车型上，该传感器可以完成急速工况信号、急加速工况信号、节气门开度变化信号和全负荷工况信号等，但全负荷信号是依靠滑动电阻的开大角度（电压值）进行控制的（没有 PSW 全负荷触点）。线性节气门位置传感器结构和内部接线原理如图 2-57 所示。线性节气门位置传感器采用线性电位计，由节气门轴带动电位计的滑动触点，在不同的节气门开度下，接入回路的电阻不同。发动机急速运转时，急速触点闭合，IDL 信号端子电压为 0V，VTA 信号端子与 V_{CC} 电源端子间电阻较大，传感器信号电压较低，为 0.6～0.9V。随着节气门开度的增加，电位计滑动触点在电阻膜上滑动，从而在该触点上得到与节气门开度成正比的线性电压输出，即 VTA 信号电压，如图 2-56b 所示。全负荷时 VTA 信号在 3.5～4.7V 间变化。ECU 根据 VTA 信号进行中等负荷空燃比控制、急加速工况控制（节气开大变化速率检测）、燃油停供控制（IDL 触点）、全负荷工况控制（节气门开大角度）等。

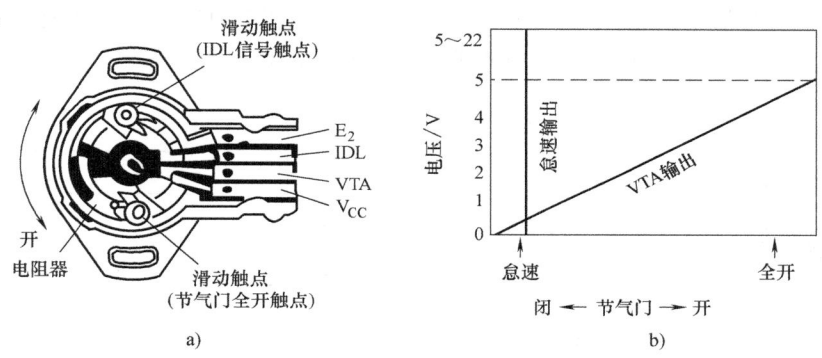

图 2-56　线性节气门位置传感器
a）线性节气门位置传感器外形　b）线性节气门位置传感器输出电压波形曲线

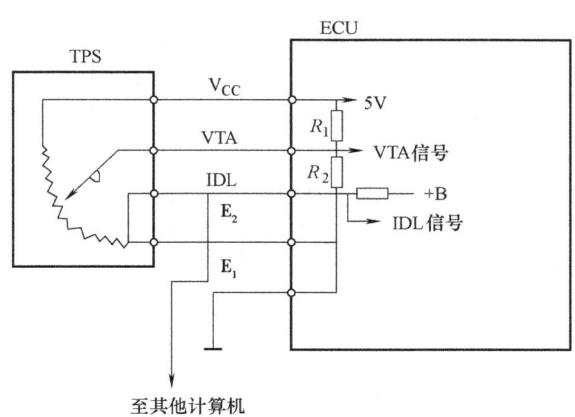

图 2-57　线性节气门位置传感器内部线路

（2）有急速触点线性节气门位置传感器的检测　线性节气门位置传感器在各种工况下的检测数据见表 2-8。

表2-8 线性节气门位置传感器的有关数据

节气门位置触点	全负荷（全开）/V	中等（部分开启）/V	急速（关闭）/V
IDL	+B	+B	0
VTA	3.5~4.5	0.9~3.5	0.6~0.09

2. 无急速触点线性节气门位置传感器

（1）结构和原理 无急速触点线性节气门位置传感器的突出特点是有三根引线。三根引线分别是5V电源线，中间为信号线VTA，另一根为地线。目前的线性节气门位置传感器无IDL急速触点。利用VTA小开度信号电压值判断急速运行工况，其电路如图2-58所示，其输出特性如图2-59所示。结构上没有急速触点、无PSW全负荷触点，其急速信号是靠急速时节气门所处位置的电压值作为急速控制信号的。全负荷信号是用节气门开大时线性节气门位置传感器的电压值来判断；电位计的变化速率可检测出急加速工况。中等负荷用VTA电压值信号，避免了开关量式节气门位置传感器的弊端。

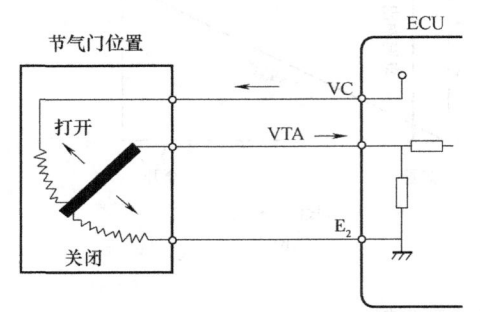

图2-58 节气门位置传感器线路　　图2-59 节气门位置传感器特性

（2）无急速触点线性节气门位置传感器的检测方法

1）用诊断仪读取故障码，如果有故障，则故障码为：P0122或P023。

2）用万用表电阻挡测试节气门开度：节气门全开，从全关到全开状态，分别检测节气门位置传感器的电阻，其阻值应符合表2-9所示。

表2-9 节气门位置传感器的有关数据

端　　子	节　气　门	电阻/kΩ
VC与E_2	—	2.5~5.9
VC与VTA	全关~全开	0.2~5.7
VC与VTA	全开	2.0~10.2

3. 综合型节气门位置传感器

综合型节气门位置传感器的内部结构和接线端子的功能如图2-60和图2-61所示，这种形式节气门位置传感器主要应用在日产汽车上。综合型节气门位置传感器由两部分组成，A、B、C三个端子相当于开关量式节气门位置传感器部分，完成急速、起动和全负荷工况控制；D、E、F三个端子相当于无触点节气门位置传感器的线性部分，完成中等负荷、急加速工况控制。综合型节气门位置传感器各针脚名称及含意如下：

A——急速接点信号，不踩加速踏板时为8～10V；踩加速踏板时为0V；

B——电源端子，8～10V；

C——全负荷端子，节气门全开为接通；

D——TPS搭铁；

E——VTA信号端子，0.5～8V，节气门位置信号；

F——TPS 5V电源。

综合型节气门位置传感器的检修按照以上结构进行检测即可。

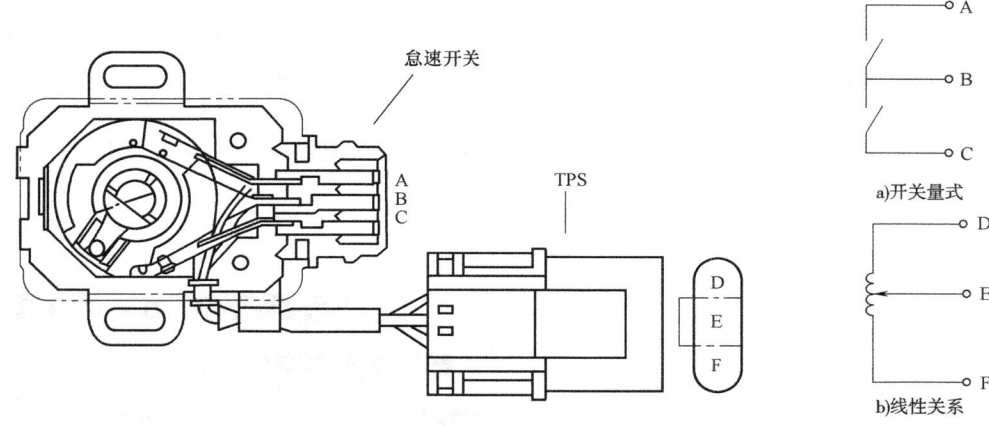

图2-60 综合型节位置传感器结构与工作原理图   图2-61 线性节气门部分

4. 组合型节气门位置传感器

（1）组合型节气门位置传感器结构和原理 组合型节气门位置传感器如图2-62所示，该节气门位置传感器是将几个工况信号功能部分组合在一起，来共同完成发动机的各种工况信号的。它由IDL触点完成急速工况信号；由滑动臂和A_{CC1}下边与滑动臂之间的引线对外输出中等负荷信号；由A_{CC1}与PSW端子向外输出全负荷信号；由A_{CC1}与A_{CC2}在节气门轴转动时，滑动臂的移动分别和A_{CC1}与A_{CC2}交替接通，根据其交替接通的变化频率来判断急加速工况还是缓踩加速踏板，交替变化频率快则为急加速工况；交替变化频率慢则为缓加油状态。组合型节气门位置传感器应用于丰田汽车上。

（2）组合型节气门位置传感器的检

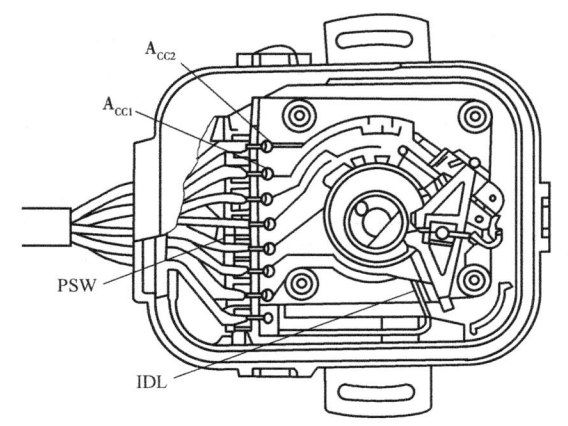

图2-62 组合型节气门位置传感器

测 依据其工作原理，结合开关量与线性节气门位置传感器的工作原理进行检测即可，只是要注意线性（中等负荷部分）的电阻用示波器或指针式万用表检测时，其信号的变化要为连续性，不能有时断时续现象。

5. 直接型节气门位置传感器

（1）直接型节气门位置传感器结构　直接型节气门位置传感器又叫数字式节气门位置传感器。因为这种节气门位置传感器向 ECU 输入的是二进制数字信号，ECU 可以直接使用，所以叫直接型节气门位置传感器。直接型节气门位置传感器的外形如图 2-63 所示，其工作原理如图 2-64 所示。直接型节气门位置传感器向 ECU 输入数字信号，ECU 就知道节气门开度在什么范围，特别适用于自动变速器换挡点控制的需要，所以用于自动变速器式的汽车。直接型节气门位置传感器安装在节气门轴一端，具有 IDL 端子、L_1、L_2、L_3 三个端子（三个滑动臂）和 E_2（接地端子）等端。IDL 为怠速触点，IDL 接通表示节气门处于关闭状态，L_1、L_2、L_3 根据接通状态产生二进制数字。ECU 据此可以判断节气门的开度范围，从而决定自动变速器的换挡时机。这种节气门位置传感器和组合式节气门位置传感器外形相近，只是滑动臂组合型由两个变为直接型的三个滑动触点，从而产生 L_1、L_2、L_3 三个二进制信号。

图 2-63　直接型节气门位置传感器

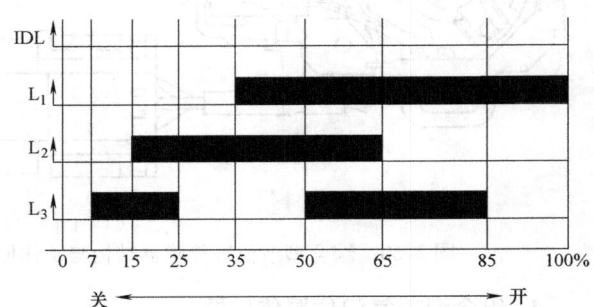

图 2-64　直接型节气门位置传感器产生数字信号原理

（2）直接型节气门位置传感器的工作原理　二进制在汽车电控中的通和断就是二进制的数字信号，以下各种信号之间的逻辑对应关系见表 2-10。

表 2-10　电子控制中各种产生二进制方式逻辑对应关系

二进制	电子控制中各种产生二进制方式逻辑对应关系			
1	通	高电位	灯亮	是
0	断	低电位	灯灭	非

二进制和十进制数字间的对应关系：　十进制　　二进制

0……………0

1……………1

2……………10

3……………11

4……………100

5……………101

```
6 ················ 110
7 ················ 111
8 ················ 1000
```

直接型节气门位置传感器三个滑动臂依次是个位、十位、百位。二进制的进位布阵右侧所有第一位数字均为1；右侧向左数所有第二位数字均为2；右侧向左数所有第三位数字均为4；右侧向左数所有第四位数字均为8，位数从左数至右，即形成了8-4-2-1，所以，安装直接型节气门位置传感器汽车故障码的计算方法为：左侧第一个灯亮表示8，第二个灯亮表示4，第三个灯亮表示2，第四个灯亮表示1，把亮灯所代表的数相加就是故障码。

从图2-64所示可以看出，根据触点所产生的二进制信号，ECU即可得出节气门所在位置。0、1、3、2、6、7、5、4分别表示节气门开度范围是0为0～7%、1为7～15%、3为15～25%、2为25～35%、6为35～50%、7为50～65%、5为65～85%、4为85～100%，既能满足发动机对各种工况的控制信号需求，又特别适用于自动变速换挡点规律特点的需要。如图2-65左纵坐标从下到上分别对应于节气门开度的换挡点数值，变速器输出轴转速下边横坐标是变速器输出轴转速换挡点所对应的变速器输出转速。

```
组成的十进制数              0 1 3 2 6 7 5 4
触点形成的二进制数制数       0 0 0 0 1 1 1 1
                            0 0 1 1 1 1 0 0
                            0 1 1 0 0 1 1 0
```

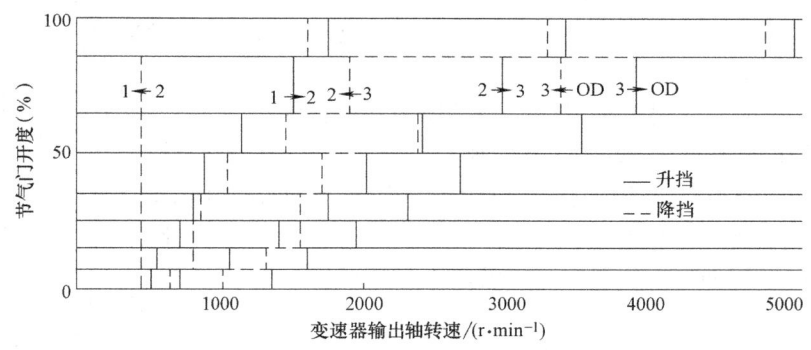

图2-65 直接型节气门位置传感器产生换挡点信号规律原理

6. 控制单元式节气门位置传感器

（1）控制单元式节气门位置传感器的结构与原理　控制单元式节气门位置传感器应用于桑塔纳3000GSi轿车和捷达等大众车系的发动机上，组件名称叫J338。这种节气门位置传感器为节气门直动式，其单设有怠速触点作为怠速工况和起动信号控制触点，并设有线性怠速电位计，ECU（大众车系叫J220）依此电位计的电压值为依据控制节气门开度即怠速的高低。区分怠速电位计的方法是将节气门扇齿转动时，跟随转动的滑臂为怠速电位计；当节气门轴开度增加（全程范围转动节气门轴），跟随转动的滑动臂为节气门位置传感器。该节气门控制单元式节气门体怠速的高低由节气门控制单元上的直流电动机来控制。当J220发出的控制电流力矩和扇齿弹簧反力矩相平衡时，J220便将节气门打开一定的角度作为怠速控制值。节气门控制单元式节气门位置感器的外形如图2-66所示，J338

内部线路连接和 J220 间端子的线路连接如图 2-67 所示：

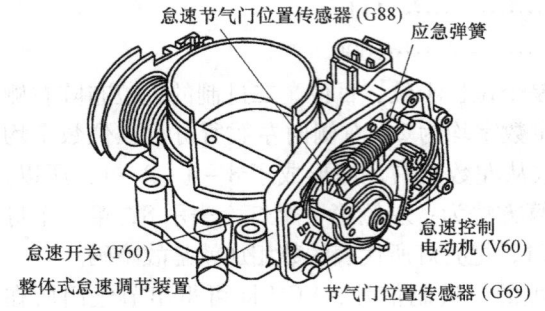 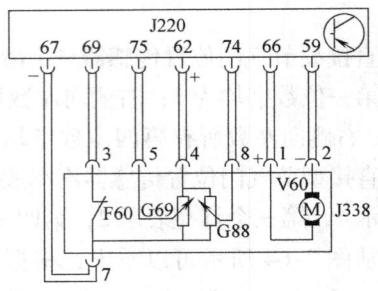

图 2-66　控制单元式节气门位置传感器　　　图 2-67　节气门控制单元式节气门位置线路

（2）桑塔纳 3000GSi 型轿车节气门位置控制组件 J338 的检修　控制单元式节气门位置传感器的接线插接器插座端子排列顺序如图 2-68 所示：下排为 1、3、5、7；上排为 2、4、6（6 为空端子）、8。

控制单元式节气门位置传感器的检测需要注意以下几点：

①节气门控制组件为一整体结构，壳体一般不允许打开；

②怠速参数的基本设定已由制造厂设定在控制单元中，不需要人工调整；

③拆装或更换节气门控制组件后，必须用专用检测设备 V.A.G 1551 或 V.A.G 1552 进行检测。

重新进行一次设定，进行基本设定时，如有下列情况，发动机怠速仍不能正常工作：

　a. 节气门轴因油泥沉积等原因而转动不灵活；
　b. 节气门拉索调整不当；
　c. 蓄电池电压过低（低于 11V）；
　d. 节气门控制组件线束或插接器接触不良。

具体检修步骤如下：

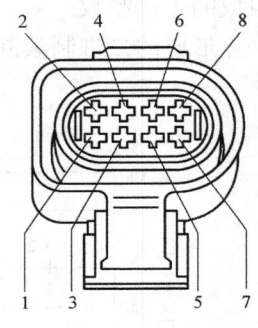

图 2-68　控制组件 J338 线束插头
1—怠速电动机正极端子　2—怠速电机负极端子　3—怠速开关信号端子　4—节气门位置传感器 G69 和怠速节气位置　5—节气门位置传感器 G69 信　6—备用端子　7—搭铁端子　8—怠速节气门位置传感器 G88 信号端子

1）检查怠速开关 F60。拔下节气门控制组件 8 端子插头，用数字万用表电阻挡检修步骤如下：检查端子插头，端子 3 与 7 之间的电阻应少于 0.5～1Ω。检查电源电压，打开点火开关，电源电压至少不低于 10V。将数字万用表的两只表笔用导线连接到 J338 单元的 3 号与 7 号端子上，检查怠速开关的电阻值。当节气门关闭时，怠速点的电阻应当小于 1Ω。然后慢慢打开节气门，电阻值应当为无穷大。如果电阻值不符合规定，需更换 J338 组件。

用数字万用表电阻挡检测导线有无断路故障时，两只表笔分别连接控制组件插头上端子 3 与电控单元插接器插孔 69、控制组件插头上端子 7 与电控单元插接器插孔 67，导线电阻应当小于 1.5Ω。如果电阻值为无穷大，说明该导线断路，应检修。注意数字万用表内电池电压不足时，检测小阻值电阻数据时有时不准确。

2）检测导线有无短路故障。在上述检测中，如果怠速触点电阻不正常而导线良好，说明怠速触点接触不良，应更换节气门控制组件。

3）检查怠速节气门电位计 G88 和节气门电位计 G69。拔下节气门控制组件 8 端子插头，用万用表检测端子 4 与 7 之间怠速节气门电位计和节气门电位计的电源电压，接通点火开关时，电源电压至少应为 4.5V。

断开点火开关，拔下节气门控制组件 J338 插接器插头和电控单元 J220 插接器插头，用万用表检测控制组件上各端子与电控单元插头上各插孔之间有无短路或断路故障，如果有短路或断路故障，应更换导线或线束。

4）检查怠速控制电机 V60。断开点火开关，拔下节气门控制组件线束插头，将万用表拨到电阻挡，两只表笔分别连接节气门控制组件 J338 插座上 1、2 端子，检测怠速控制电机绕组电阻值应为 3~200Ω。如果阻值不符合规定，说明电机有故障，需要更换节气门控制组件。

7. 节气门位置传感器（TPS）的功能

将节气门位置传感器的功能进行总结见表 2-11。

表 2-11 节气门位置传感器（TPS）的功能

序号	功　　能	作　　用
1	反映节气门开度大小的功能	ECU 供给一个 5V 的电压，TPS 输出一个 0~5V 的电压（切诺基 8V），是一个随动渐变的电压信号，该信号电压与节气门开度成正比
2	怠速控制功能	在怠速时，怠速触点闭合，ECU 据此判断为发动机是怠速状态，供给少而浓的混合气
3	起步控制功能	在汽车起步时，为了防止发动机起步负荷增加而熄火，增加一次起步喷油，提高发动机的输出功率，避免因起步负荷增加而使发动机熄火
4	急加速控制功能	ECU 根据节气门开度的变化速率来判断是否为急加速状态，在急加速时，节气门电压变化速率变化大，依此判断为急加速。急加速时喷油器增加异步喷射，实现加速额外供油的目的（丰田佳美是根据 V_{CC1}、V_{CC2} 的通断变化快慢来判断急加速工况的）
5	急减速停供功能	ECU 根据节气门位置传感器的怠速触点处于闭合状态，可判断发动机处于怠速工况。而在怠速触点闭合后的瞬间，汽车车速又很高，据此 ECU 判断发动机处于减速停供状态，即执行减速停供功能
6	断油清缸功能	电喷发动机在出现溢油状态时，发动机难以起动，驾驶员将加速踏板踩到 80% 以上时，ECU 根据节气门开度和发动机转速（起动机带动发动机的转速在 400r/min 以下时），在以上两个信号的作用下，ECU 即执行断油清缸功能。停供后电控系统就不喷油或者少喷油，新鲜空气流过缸内时，将燃油蒸气带走，即达到了清缸功能
7	点火提前角修正功能	影响点火提前角主要有两大因素：即发动机转速和发动机负荷。节气门的开度即是发动机的负荷，ECU 根据节气门开度进行点火提前角的修正
8	自动变速器自动换挡控制功能	自动变速器换挡的两个主要参数是汽车车速和发动机负荷。节气门开度即为发动机的负荷，因此自动变速器的换挡点就是利用节气门开度来控制换挡时机的

(续)

序号	功能	作用
9	全负荷空燃比加浓功能	在开关量等节气门位置传感器中设有 PSW（全负荷）触点，当节气门开至最大时（开关量式节气门位置传感器节气门开到 50%），PSW 触点闭合（有的汽车用开大节气门的方法来实现），ECU 据此执行全负荷（功率空燃比）的加浓功能
10	在 D 型歧管压力传感器损坏时的替代功能	一些 D 型电子控制汽油喷射发动机，当歧管压力传感器损坏时，用节气门位置传感器代替歧管压力传感器进行工作
11	直接用作检测发动机进气量	有的汽车既无空气流量传感器，又无歧管压力传感器，用节气门位置传感器进行空气进气量检测工作
12	发动机在全负荷时实现最大的输出功率的控制功能	为使发动机在全负荷时达到最大的输出功率的控制功能，汽车行驶中，在超越其他车辆时，如果开着空调，空调必然消耗一部分发动机动力，这时 ECU 将关闭空调，从而使汽车全部功率用于超车

2.7 氧传感器

氧传感器在国外也被称作看门狗（意思是氧传感器像狗一样对空燃比起到监控的作用）。主氧传感器（也叫前氧传感器）安装在排气管上（三元催化转化器前边），辅助氧传感器（也叫后氧传感器）安装在三元催化转化器后边。

氧传感器的分类见表 2-12。

表 2-12 氧传感器的分类

分类	区别	特点	优缺点
按氧传感器的引线分类	一根引线式	一根引线为信号线，氧传感器外壳在排气管上搭铁，组成信号回路	信号不好
	两根引线式	一根引线为信号线，另一根线为信号线搭铁回路	信号比一根好
	三根引线式	其中一根引线为信号线，氧传感器在排气管上搭铁构成信号回路；另两根引线为氧传感器加热火线和加热线搭铁回路线	信号差投入工作快
	四根引线式	两根引线为信号和回路线；另两根为加热线的火线和回路线	信号好投入工作快
	六根引线式	两根为信号和回路线；两根为加热线和接地线；还有两根为氧泵线	性能最佳
按作用分类	主氧传感器	实行闭环控制，实现最佳空燃比的要求	闭环控制
	辅助氧传感器	监测三元催化转化器的工作状态	功能增加
	宽带氧传感器	控制的空燃比范围大，空燃比探测精度高	测精度高
按构成材料分类	氧化锆式氧传感器	应用较普遍	性能良好
	二氧化钛式氧传感器	应用不太多	一般
按安装数量分类	安装一只氧传感器	直列发动机，未装三元催化转化器的汽车	性能差
	安装两只氧传感器	直列发动机，安装了三元催化转化器的汽车	较好
	安装四只氧传感器	V 型发动机，且装了三元催化转化器的汽车	较好

氧传感器安装数量的说明：

1）仅安装一只氧传感器的发动机：用于直列式没有安装三元催化转化器进行监测的老式发动机。

2）安装两只氧传感器的发动机：

①用于直列式发动机，有三元催化转化器监测的直列式发动机，如图2-69所示；

②用于V型发动机，没有安装三元催化转化器的发动机。

③安装四只氧传感器的发动机：用于V型发动机，而且安装了三元催化转化器监测器的发动机，如图2-70所示。

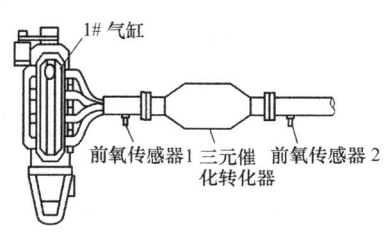

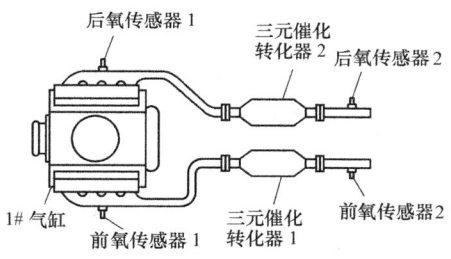

图2-69 带三元催化转化器的直列式发动机　　　图2-70 带三元催化转化器的V型发动机

目前常用的氧传感器有三种：氧化锆式氧传感器、二氧化钛式氧传感器和空燃比氧传感器（宽带氧传感器）。

1. 氧化锆式氧传感器

（1）氧化锆式氧传感器的构造　现代发动机上普遍采用加热型的氧化锆式氧传感器，其构造如图2-71所示。氧化锆式氧传感器装有陶瓷锆管、陶瓷加热元件，利用陶瓷支承管、碟形弹簧装在传感器壳体内，氧传感器内各种零件都由金属护套固定和居中。金属护套除了支承碟形弹簧外，还保护传感器内部不被污染，锆管内电极通过陶瓷锆管上的接触元件和电缆相连。锆管外通过金属密封环与传感器壳体连接，加热元件通过夹紧接头和电缆连接，加热型氧传感器的电缆有四根引出线。另外，为了防止废气中燃烧沉积物落在传感器陶瓷锆管上，在凸入排气管废气流中的壳体的末端套装有耐热的金属保护管。金属管上开有通气孔，可让废气通过，同时有效地防止废气中固态物质

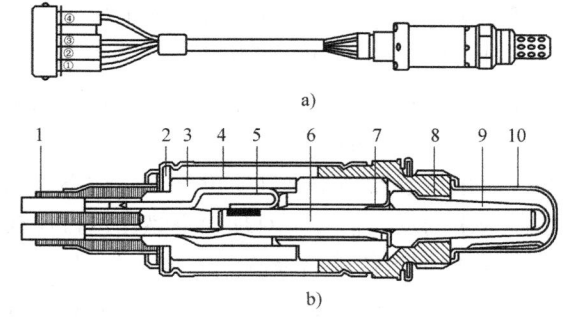

图2-71 加热型氧传感器（氧化锆式）
a）氧传感器外形　b）氧传感器结构
1—连接电缆　2—碟形弹簧　3—陶瓷支承管　4—金属护套
5—加热元件的夹紧接头　6—陶瓷加热元件　7—接触元件
8—传感器壳体　9—传感器陶瓷管　10—保护管

的机械撞击和改变工况时的热冲击。一般加热型氧传感器保护管上通气孔相对较少，目的是减小废气对传感器的冷却作用。

（2）氧化锆式氧传感器的工作原理　氧化锆式氧传感器的工作原理如图2-72所示，

氧传感器是按固态电解质的氧浓差电池原理制成的，其核心元件是二氧化锆（ZrO_2）陶瓷材料，其被制成试管状，常称为陶瓷锆管。在陶瓷锆管内、外表面上都涂有一薄层透气的多孔铂（Pt），起催化作用，用于接触构成两个电极。由于陶瓷锆管凸入排气管的排气流中，发动机工作时，陶瓷锆管的内表面与大气（外界空气）相通，外表面被排气管中排出的废气包围，两边的氧浓度相差悬殊。在温度300℃以上时，锆管内、外表面上存在着氧浓差，氧发生电离，内表面（大气侧氧浓度高）带负电，形成一个微电池。内表面带正电，成为正极；外表面带负电，成为负极。在锆管两电极间产生电位差便是氧传感器输出的混合气浓度信号电压，电压高低取决于锆管内表面与外表面之间的氧

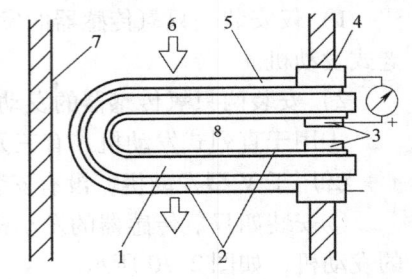

图2-72 氧传感器工作原理简图
1—陶瓷锆管 2—铂电极 3、4—电极引线
5—陶瓷防护层（多孔） 6—排气
7—排气管 8—大气

浓度差。由于大气中的含氧量比较稳定，所以实质上取决于排气中的氧含量。当混合气稀时，排气中含氧较多，两侧的浓度差小，只产生很小的电压，约0.1V；当混合气浓时，空气少油多，排气中含氧较少，两侧浓度差急剧增大，两侧电极间的电压便突然增大为0.9V。氧传感器相当于一个混合器浓稀开关。信号电压高时，ECU判定为浓混合气，ECU便将喷油量向低的方向调节；当信号电压低时，ECU便判定为稀混合气，ECU便将喷油量向浓的方向调节。控制空燃比保持在理论空燃比14.7∶1很窄的一个范围内。

氧传感器有三种温度：一是最低工作温度，即当温度低于300℃时，氧传感器几乎不产生电动势，这时氧传感器几乎不产生电信号，当温度升高到300℃时，氧传感器在氧浓度差的作用下才能产生相应的电压信号；二是氧传感器的最佳工作温度是600℃左右，为了尽快让氧传感器进行工作，现在普遍采用加热型氧传感器，加热型氧传感器与不加热型氧传感器的区别在于，其基本结构和工作原理大体相同，加热型氧传感器增加了一个陶瓷加热元件，在发动机起动通电后，可在20~30s内迅速将氧传感器锆管加热到工作温度，以便让氧传感器尽快投入工作；三是最高限制温度，氧传感器的工作温度不得超过930℃。

为了获得三元催化转化器所要求的空燃比，必须十分精确地控制喷油量，这种情况单凭空气流量传感器测得进气质量信号是达不到控制精度的。必须借助安装在排气管中的氧传感器送来的反馈信号，对理论空燃比进行反馈控制才能很好地实现，其控制过程为：发动机ECU根据氧传感器检测到的输入信号，对喷油量进行修正，是在一定的周期内反复加浓（增加喷油量）和减稀（减少喷油量），逐渐使其平均值达到理论空燃比。其空燃比、氧传感器信号、ECU判定、反馈修正控制如图2-73所示。

氧传感器实施反馈控制的条件为：采用氧传感器进行反馈控制即闭环控制期间，原则上供给的混合气是在理论空燃比附近。但在有些工况条件下是不适宜的，如发动机起动时以及刚起动暖机时，由于发动机冷却液温度低，这时需要极浓或浓的混合气，如此时按反馈控制供给稀混合气，将使混合气变成理论空燃比，发动机可能会不能起动或引起发动机熄火。发动机在大负荷、高速运转时需要功率空燃比，如进行反馈控制，供给的混合气也是在理论空燃比附近，则发动机运转不良，造成发动机动力不足，不能保证汽车功率空燃比条件下行驶，所以有些工况应停止反馈控制，即进入开环控制状态。一般在以下情况下

反馈控制应停止：

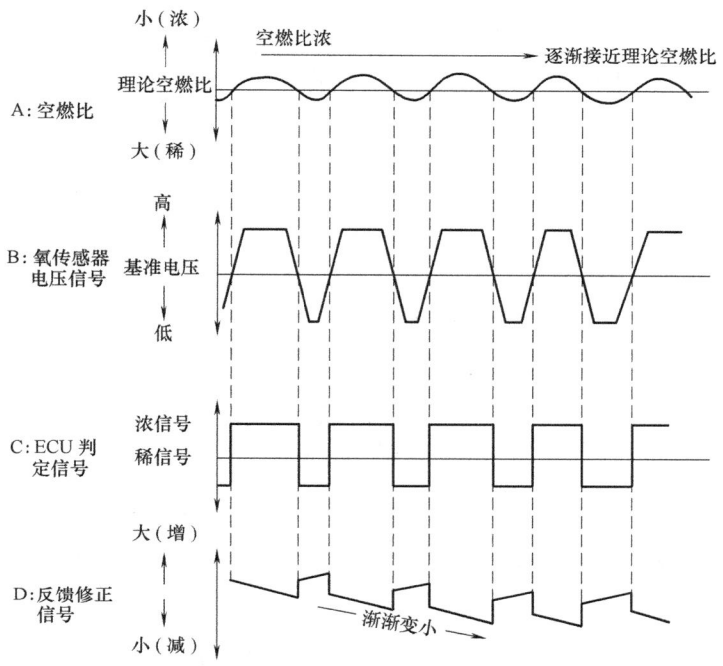

图 2-73 氧传感器反馈修正控制过程

1）发动机起动时；
2）起动后燃油增量时（即暖机工况）；
3）冷却液温度使燃油增量修正时；
4）节气门全开（大负荷、高转速）时；
5）加、减速燃油量修正时；
6）燃油中断停供时；
7）从氧传感器送来的空燃比过稀，信号持续时间大于规定值（如10s以上）时；
8）从氧传感器送来的空燃比过浓，信号持续时间大于规定值（如4s以上）时；
9）氧传感器温度在300℃（或200℃）以下时，不会产生电信号，即在低温时氧传感器不能正确检测空燃比，反馈控制也不会发生作用。以上为一般说法，各种发动机的反馈控制作用参与时机可能有所不同。

（3）氧化锆式氧传感器的检修

1）氧传感器与 ECU 间的连接电路。图 2-74a 为单线氧传感器电路；图 2-74b 为带加热器的氧传感器电路；图 2-75 为带加热器的双氧传感器电路。

2）氧传感器的电路检查。

①用数字万用表的电压挡，测加热线的电源端，应为蓄电池电压。如果没有电压，应按电路图进一步检查。以车型诊断手册为准，如果电阻无穷大，说明加热电阻内部断路。前、后氧传感器工作电路检查应按图 2-75 进行。

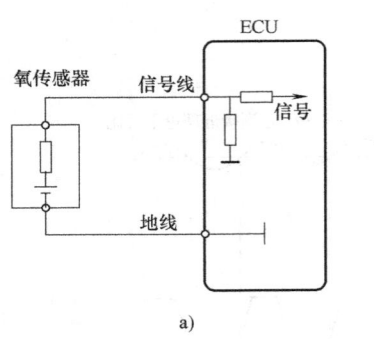 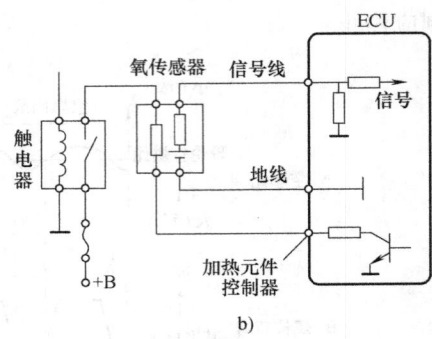

图 2-74 氧传感器与 ECU 间的连接电路
a) 单线氧传感器　b) 带加热器的氧传感器

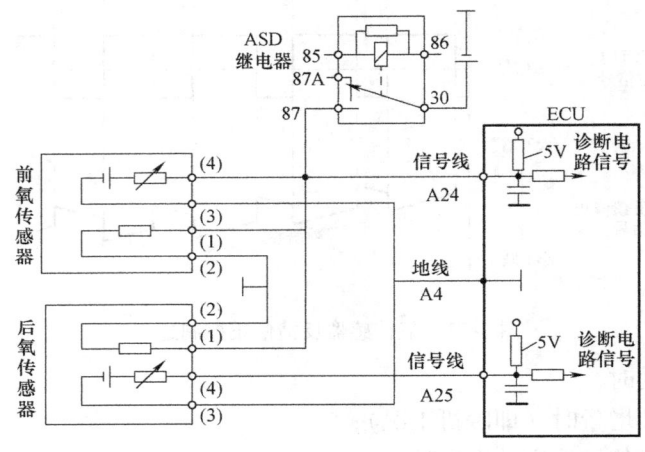

图 2-75　双氧传感器（带加热元件）与 ECU 的电路连接原理图

②用诊断仪诊断，加热电路断路会出现故障码，如丰田车故障码为 21。

3) 氧传感器输出信号检测，装好氧传感器的导线插接器，起动发动机，使氧传感器达到工作温度（一般在 300℃ 以上），维持中速运转。此时用电压表检测氧传感器信号端子的输出电压，其输出电压在 0.45V 左右变化（氧传感器的输出电压一般为 0.2~0.9V）。若节气门打开过程中，输出电压没有变化，说明氧传感器工作不良。稀混合气时，则氧传感器的输出电压应下降，约为 0.1~0.3V；浓混合气时，则氧传感器的输出电压应增大，约为 0.8~1.0V。在混合气浓度变化时，如氧传感器输出电压不能相应变化，说明氧传感器有故障。检查氧传感器的信号变动次数，一般每 10s 不应少于 8 次；大众车系每 10s，信号变动应在 10~12 次。

2. 二氧化钛式氧传感器

二氧化钛式氧传感器是利用二氧化钛（TiO_2）材料的电阻随排气中氧含量的变化而变化的特性构成的，故又称为电阻型氧传感器。二氧化钛是在室温下具有很高电阻的半导体，但当排气中氧含量少（混合气浓），氧分子将脱离，使其晶体出现缺陷，便有更多的电子可用来传送电流，材料的电阻亦随之降低，此种现象与温度和氧含量有关。因此，欲将二氧化钛在 300~900℃ 的排气温度中连续使用，必须做温度补偿。如图 2-76 所示即为二氧化钛式氧传感器的结构，它具有两个二氧化钛元件，一个是具有多孔性用来感测排气中的氧含量的二氧化钛陶瓷，另一个则为实心二氧化钛陶瓷用来加热调节、补偿温度误差。该传感器外端以具有孔槽的金属管作为防护套，一方面让废气可进出，另一方面防止里面二氧化钛元件受到外物冲击。传感器的接线端以橡胶作为密封材料，防止外界气体渗入。它一般安装于排气管或尾管上，同时可借助于排气高温将传感器加热至适当的工作温度。二氧化钛式氧传感器的优点是结构简单、造价低廉、抗腐蚀污染能力强、经久耐用、可靠性高。二氧化钛式氧传感器的工作电路如图 2-77 所示。二氧化钛式氧传感器与氧化锆式氧传感器的区别：氧化锆式氧传感器螺纹直径为 18mm，二氧化钛式氧传感器的螺纹直径为 14mm；氧化锆氧传锆传感器自己产生电压信号，二氧化钛式氧传感器是由 ECU 提供的 1V 电源电压。

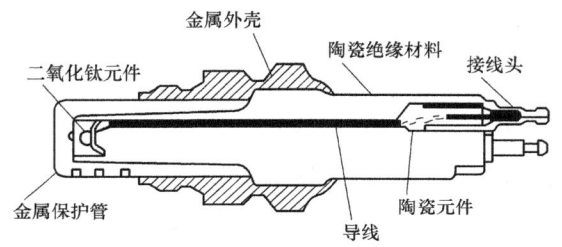

图 2-76　二氧化钛氧传感器结构图

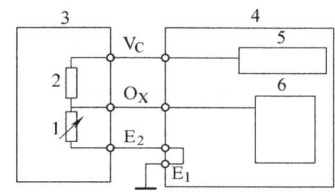

图 2-77　二氧化钛氧传感器的工作电路
1—二氧化钛元件　2—加热元件
3—二氧化钛传感器　4—ECU
5—稳压电源　6—CPU

3. 空燃比氧传感器（宽带氧传感器）

氧传感器在理论空燃比附近，输出电压常会急剧变化。一旦超出其控制范围，其反应性能降低，信号电压变化微弱。当发动机需要稀混合气或浓混合气控制时，这种传感器就无法胜任了。空燃比氧传感器和氧传感器相同，空燃比（A/F）氧传感器也探测排气中的氧浓度，相比而言，空燃比氧传感器能检测空燃比范围大（$0.7<\alpha<4$），且探测的空燃比精度高，所以被称为宽型或宽带氧传感器。在空燃比传感器排放系统中，上游氧传感器采用空燃比氧传感器，下游氧传感器采用加热型的氧化锆式氧传感器。

（1）空燃比氧传感器的结构　以德国 BOSCH 公司生产的空燃比氧传感器为例，它是六线平面型氧化锆氧传感器，内有两组传感元件，读取氧含量方式与常规的氧化锆管一样。该种氧传感器选用层状陶瓷氧化锆，采用筛网印刷技术将电极、导电陶瓷层、绝缘介质和加热器都集成在一起，厚度仅有 1.5mm，其体积小、质量轻、不容易被污染。

（2）空燃比氧传感器的工作原理　氧化锆式氧传感器有一特性，就是氧离子移动时会造成电动势的产生。空燃比氧传感器采用反向方法，将电压施加于氧化锆组件上，造成氧离子的移动，据此可由发动机控制单元控制所想要的比例值。该传感器利用限流原理和氧浓差电池原理的结合，将传感器分成两部分：一部分为传感器的泵电池，另一部分为氧浓差电池，两部分传感器中间隔了一个扩散通道，如图 2-78a 所示。

感应室两侧的电极上面一侧的电极暴露在扩散通道的尾气中作为信号端，下面一侧电极暴露在参考空气中，作参考电极（搭铁）。在氧浓差效应作用下，参考信号电压 U_c 与传统氧传感器一样，会随废气中氧含量的变化而变化。ECU 通过改变泵送电流 I_P 大小和方向，使感应室的参考信号电压 U_c 输出保持在 0.45V，从而得到 I_P 与 α 值对应，如图 2-78b 所示。当混合气浓时，ECU 通过控制流往加压室上面一侧电极的电流 I_P 来限制加压室两侧电极的电压，改变氧离子的流向，从而调整扩散通道内的氧含量，使参考信号电压 U_c 维持在 0.45V。当混合气变浓时，废气中的氧含量低，信号电压 U_c 增加，于是 ECU 降低泵送电流 I_P，体现在控制电压甚至为负电压值，以降低扩散通道内的氧含量，使之与废气的含氧量接近，信号电压降低，趋近于 0.45V；当混合气变稀时，则 ECU 提高泵送电流 I_P，体现在控制电压较高或为正电压值，以增加扩散通道内的氧含量，使之与废气的含氧量接近，信号电压增加，趋近于 0.45V。

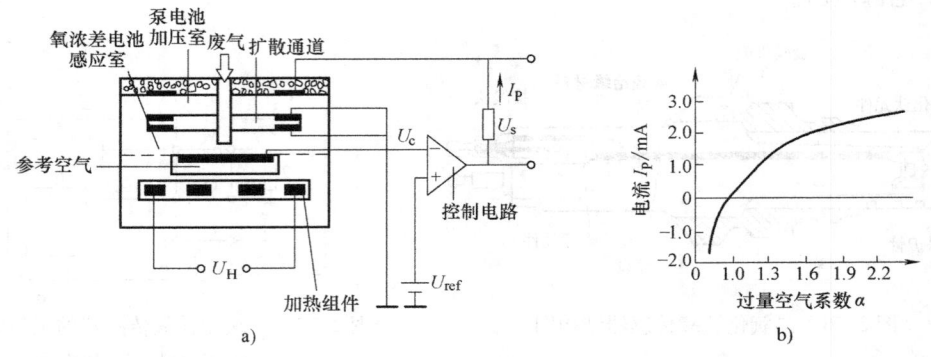

图 2-78 空燃比氧传感器工作原理及特性
a）空燃比氧传感器的结构与工作原理 b）泵送电流与过量空气系数的关系

和有些氧传感器相同，空燃比氧传感器上也配有加热器，在排气温度低时用来保持探测性能。但是，空燃比氧传感器的加热器比氧传感器的加热器消耗大得多的电流，故其 10s 内即进入工作温度范围内。

空燃比氧传感器与氧传感器的不同点：

1）工作温度。空燃比氧传感器的工作温度接近 650℃，比氧传感器的工作温度 300℃ 高得多。

2）泵送电流。空燃比氧传感器的泵送电流与废气中的氧含量成正比，且泵送电流的方向也随空燃比的变化而变化。当空燃比小于 14.7∶1 时，泵送电流方向为负向；当空燃比大于 14.7∶1 时，泵送电流的方向为正方向。

3）空燃比氧传感器的检查。空燃比氧传感器产生的是电流信号，并且电流方向和大小是变化的。由于空燃比氧传感器内部有集成电路，就不能直接用万用表或示波器检测该传感器的信号。检测空燃比氧传感器的唯一办法是使用专用诊断仪，通过随车诊断系统进行检测。

在随车诊断过程中应注意：急开急闭节气门一直是测试氧传感器信号变化情况的有效方法之一。节气门突然打开，喷油系统还没来得及反应，大量的空气瞬间进入气缸，使混合气变稀，氧传感器输出低电压信号，随即喷油系统根据节气门位置（TPS）传感器的输入信号，迅速增加喷油量，就像老式车的加速泵一样。喷油量增加后，节气门突然关闭，进气受阻，这时氧传感器输出高电压信号。但空燃比传感器与氧传感器相反，在采用节气门急开急关的方法测试时，混合气先是浓，然后再是稀。因为对于安装空燃比氧传感器的车辆，发动机采用直动节气门，也就是说由计算机决定节气门何时开何时关。所以，当加速踏板踏到底时，加速踏板位置（APP）传感器向 ECU 发出一个节气门动作请求信号。ECU 在打开节气门时，有时将空燃比调整为最大功率所需空燃比，即过量空气系数为 0.8（空燃比为 12：1）。松开加速踏板时 ECU 将空燃比调整为稀，即过量空气系数为 1.22（空燃比为 18：1），这正是实现燃油精确控制的关键之一，是达到严格控制排放所必需的。对于新的排放标准来说，ECU 根据节气门的变化再作反应是不行的。线控节气门系统有预先设置的延时打开与关闭的功能，急开急关节气门不再是一种有效的测试方法。对这些采用线控节气门的车，测试其空燃比传感器的反应时间则必须用丙烷瓶以及真空泄漏的方法，以制造混合气浓稀的变化，读取空燃比传感器的数据流，判断其好坏。

根据氧传感器颜色判断氧传感器的故障：
1）浅灰色的顶尖，这是氧传感器的正常颜色。
2）白色顶尖，由于硅污染造成的，此时必须更换新的氧传感器。
3）棕色顶尖，由于铅污染中毒所致，应更换氧传感器。
4）黑色顶尖，由于混合气过浓引起积炭过多造成。在排除发动机积炭过多故障时，一般在稀混合气的情况下可以自动清除氧传感器上的积炭。

氧传感器的寿命为 5 年或 80000km。

2.8　爆燃传感器

汽油发动机利用火花塞跳火将混合气点燃，使火焰在缸内传播进行燃烧。火焰在传播途中，如果压力异常升高时，一些远离点火部位的混合气不等火焰传到，自己就着火燃烧，造成瞬时爆燃，这种现象称为爆燃。爆燃的主要危害有：一是噪声大；二是很可能使发动机损坏，特别在大负荷条件下，这种可能性更大。要消除爆燃，通常可以采用抗爆性能好的燃油、改进燃烧室的形状、加强冷却液循环、推迟点火时间等措施。尤其是推迟点火时间，对消除爆燃有显著的效果。

1. 爆燃与点火时刻的关系

爆燃与点火时刻有密切的关系。点火提前角越大，燃烧的最大压力也就越大，产生爆燃的可能性也就越大，如图 2-79B 点所示。试验证明：如果点火时刻适当，燃烧产生最大压力、活塞出现在上止点后 10～15°时为最佳点火时刻，这时发动机产生的功率最大，如图 2-79C 点所示。发动机发出最大转矩的点火时刻是在开始产生爆燃时刻的附近。传统的机械式、普通电子点火和微机控制式的点火控制，为了使其在最恶劣的条件下，也不产生爆燃，其点火时刻均设定在爆燃边缘附近，使其离开爆燃界限并存在较大的余量，其结果必然会造成发动机输出功率降低、燃油消耗量增加。

2. 爆燃控制系统

爆燃控制应使点火时刻达到接近爆燃而又不发生爆燃为最佳的点火时刻。传统的机械式分电器式点火，利用真空提前装置和离心式点火提前装置只能达到如图 2-80 所示的效果。虚线的线性状态和理想控制之间存在较大差距。

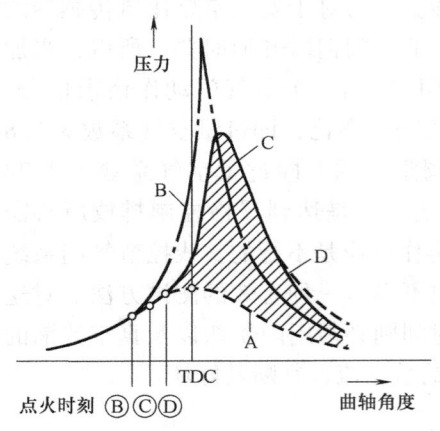

图 2-79 气缸压力与点火时刻的关系

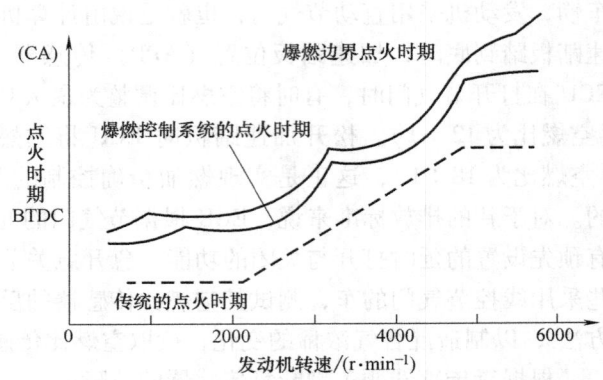

图 2-80 爆燃控制的点火提前角

发动机电子控制系统对点火时刻采用闭环控制，有效地遏制了发动机爆燃现象的产生，实现了最佳点火。爆燃传感器是实现这一控制的主要传感器，其作用是保证发动机点火处于最佳状态，防止爆燃产生，提高发动机的输出功率，降低燃油消耗以及发动机的噪声。

3. 爆燃传感器的分类

爆燃传感器的安装部位有两种：

一是安装在缸体侧压力大的一侧（面对发动机左侧），安装方便性和灵敏度都是较优的选择方案；二是安装于面对汽车发动机的右侧，主要是大众车系采用此安装方式。爆燃传感器的种类有磁致伸缩式（共振型）、压电式（共振型、非共振型）两种：

（1）磁致伸缩式爆燃传感器　磁致伸缩式爆燃传感器的结构如图 2-81 所示，内部有线圈，线圈内部有铁心，线圈外部有壳体，铁心一端有永久磁铁。当发动机正常工作时，永久磁铁在线圈的周围形成固定不变的磁力线。当发动机有爆燃时，即使发动机内产生很小的振动，铁心产生很小的移动，铁心的轴向移动，使得铁心一端形成气隙，减弱了导磁能力，磁力线减少，切割线圈，产生很小的感应电流；当发动机发生爆燃时，铁心产生较大的位移，气隙移动更大，切割磁力线产生的感应电流更强，当信号超出 ECU 设定检测门限值时，ECU 就判定为爆燃信号，特性如图 2-82 所示。

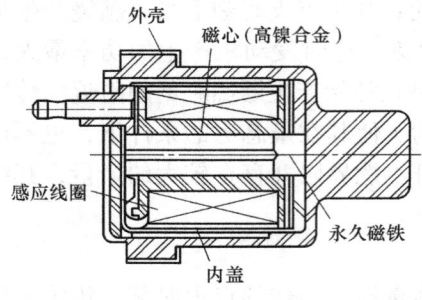

图 2-81 磁致伸缩式爆燃传感器

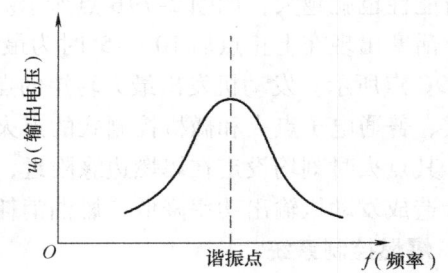

图 2-82 磁致伸缩式爆燃传感器输出信号特性

（2）非共振型压电式爆燃传感器　非共振型压电式爆燃传感器是以接收加速度信号的形式来判断是否有爆燃产生的。如图 2-83 所示为非共振型压电式爆燃传感器的结构原理图，它由两个压电原件同极性相向对接，配重将加速度变换成作用于压电元件上的压力，所用的配重由一根螺钉固定于壳体上，输出的电压由这两个压电元件的中央取出，构造简单，制造时不需要调整。发动机振动时，安装在发动机缸体上的爆燃传感器内部在配重的作用下，就会受到加速度惯性作用，产生压电信号，在爆燃发生时及其附近，此种传感器产生的输出电压不会很大，不像磁致伸缩式爆燃传感器在爆燃频率时及其附近，产生一个较高的输出电压，用以判断爆燃的产生。如图 2-84 所示为非共振型压电式爆燃传感器输出电压与输出频率的关系。必须将反映发动机振动频率的输出电压信号送至识别爆燃的滤波器中，以判别是否有爆燃产生。传感器的感测频率范围设计成由零至数十千赫兹，可检测具有很宽频带的发动机振动频率。用于不同发动机上时，只需将滤波器的过滤频率调整即可使用，而不需要更换传感器，此是非共振型爆燃传感器的突出优点。

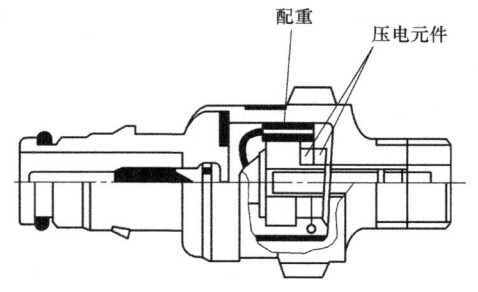

图 2-83　非共振型压电式爆燃传感器　　　　图 2-84　输出电压与频率间的关系

（3）共振型压电式爆燃传感器　这种形式的爆燃传感器是利用爆燃发生时发动机振动的频率与传感器的固有频率相符合，而产生共振现象，来检测是否有爆燃发生的。该传感器在爆燃时的输出电压比非共振（无爆燃）的输出电压高得多，因此无需使用滤波器，即可判别断有无爆燃发生。如图 2-85 所示为共振型爆燃传感器外形图。

压电元件紧密地贴合在振荡片上，振荡片则固定在传感器的基座上，振荡片随发动机的振动而振荡，波及压电元件，使其产生压电信号。当发动机爆燃时的振荡频率与振荡片的固有频率相符合时，振荡片产生共振，此时传感器产生最大的电压信号，如图 2-86 所示。爆燃传感器的种类较多，现在采用最多的是宽幅共振电压式传感器，其输出性如图 2-87 所示。虽然其输出的峰值较低，但可在较大的振荡范围内检测爆燃电压，当发动机发生轻微爆燃时，此传感器就可以输出较大的电压信号，使计算机及早检测到发动机爆燃的产生。由于宽幅共振式爆燃传感器具有感测频率范围较广的优点，因此，它适用于检测随转速变化而产生不同的爆燃频率的发动机，及

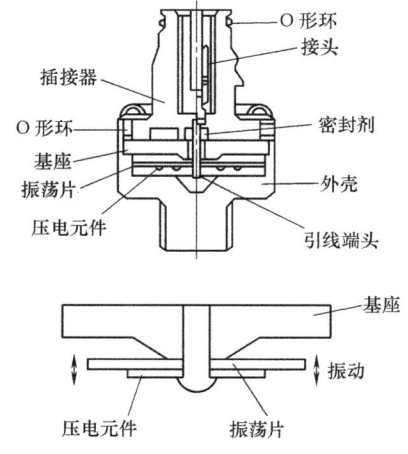

图 2-85　共振型爆燃传感器

不同发动机所具有的不同爆燃频率的需要。

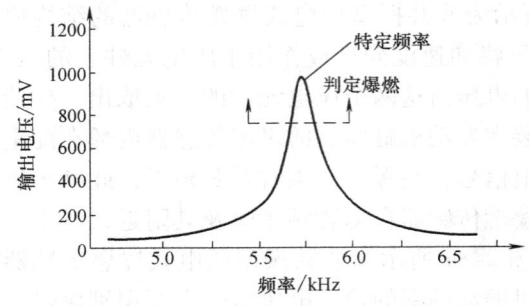

图 2-86 共振型爆燃传感器的输出电压与频率的关系　　图 2-87 宽幅共振式传感器的输出性

4. 爆燃的判断与点火时刻的控制

（1）爆燃传感器输出的信号　爆燃传感器的功能是将发动机的振动频率转换成电压信号，以检测发动机的爆燃强度，当发动机产生大于设定的爆燃强度时，爆燃传感器输出最大的电压信号，用以表示发动机异常振动的频率。

（2）爆燃传感器的输出信号波形　振动检出型爆燃传感器输出信号和发动机的振动输出频率一致，其电压幅值与输出频率有关。对于共振型而言，发动机爆燃（共振）时，输出电压最大；而对非共振型而言，发动机产生爆燃时，传感器输出电压无明显增大，爆燃是否发生是靠滤波器检出传感器输出信号中有关爆燃频率段来判别的。共振和非共振输出波形的比较如图 2-88 所示。爆燃传感器安装于发动机缸体上，由于发动机产生不同的振动频率而振动，并产生不同的电压信号，当发动机产生爆燃时，爆燃传感器的感应性能最好，产生最大的电压信号，如图 2-89 所示。

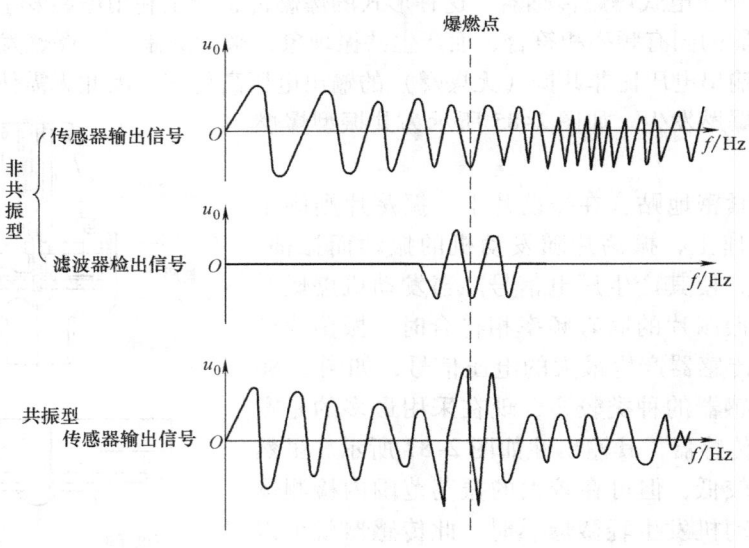

图 2-88 爆燃产生时机的确定原理

（3）爆燃传感器信号的采集　爆燃传感器信号的采集有两个主要方面。

1）爆燃传感器信号的产生时机。来自爆燃传感器的信号，含有各种不同的电压信号，首先要经过滤波电路，将爆燃信号与其他信号分离，只允许特定的范围频率的爆燃信号通过滤波电路，再将此信号的最大值与爆燃强度门限值进行比较，如果大于门限值，则将爆燃信号输入微机，表示发生爆燃，由微机进行处理。发动机振动强烈，为了只检测爆燃信号，它有一定的判别范围，如图2-90、图2-91所示：只限于辨别发动机点火后发生的振动，在这个范围内，爆燃传感器的信号才被输入比较电路，由微机进行控制处理。

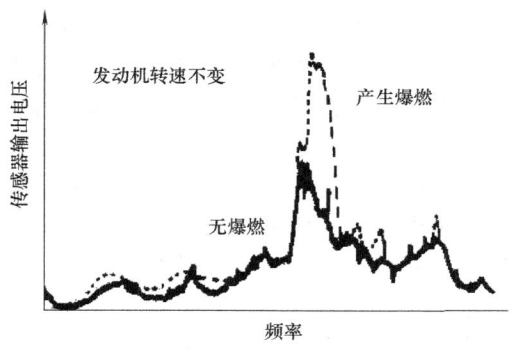

图2-89 爆燃传感器的检测频率与输出电压

2）爆燃传感器信号强度的判断。爆燃传感器的强度以超过门限值的次数计量，其次数越多，则爆燃强度越大；次数越少，爆燃强度越小，如图2-91所示。试验表明，当发动机的负荷低于一定值时，一般不出现爆燃。这时不宜采用控制爆燃的方法来调整点火提前角，可采用开环控制方法控制点火提前角。即此时微机不再检测爆燃传感器输入信号，只按ROM中存储的信息及有关传感器信号控制点火提前角的大小。显然，要判别在某一时刻究竟应采用开环控制还是采用闭环控制，可由微机对反映负荷的传感器送来的信号进行分析即可实现。

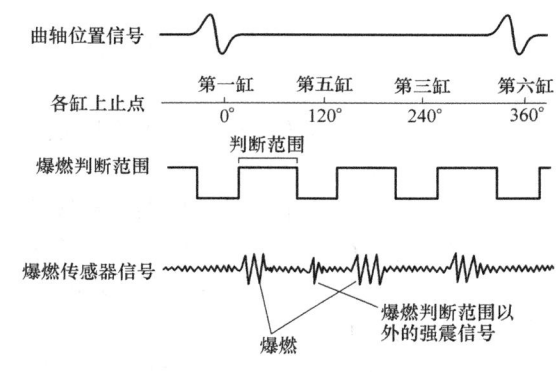

图2-90 爆燃判断的范围

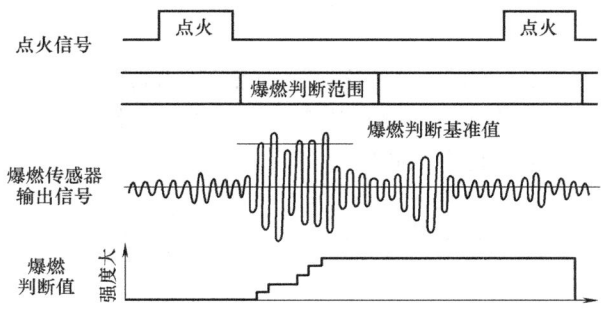

图2-91 爆燃强度的判别

（4）爆燃系统对爆燃的控制 当发动机产生爆燃时，微机通过爆燃传感器的输入信号和比较电路判别出发动机产生爆燃，并依据爆燃强度输入信号，由微机控制延迟点火提前角的大小。当爆燃现象消失时，则微机恢复正常的点火提前角的控制。

爆燃系统的控制原理：当微机进行闭环控制时，其实际点火提前角的控制如图2-92所示。当任何一缸产生爆燃时，微机立即减少一定的点火提前角，依据点火顺序下一缸再产生爆燃时，同样再减少一定的点火提前角，每次逐渐减少点火提前角。当发动机不再产生爆燃时，在一定的时间内，维持当前的点火提前角，在此期间内，若有爆燃发生也同样减少点火提前角；若无爆燃发生，则又逐渐增大点火提前角，一直到产生爆燃时，又恢复前述的反馈控制。为防止引线断裂、传感器失灵、检测电路发生故障等意外情况，系统内装有一个安全电路，以保护发动机。一旦出现这些情况，安全电路将点火时刻推迟，并且接通故障指示灯，警告驾驶员：爆燃系统出现了故障，并将故障码存入ECU中的RAM中，供维修人员检测使用。

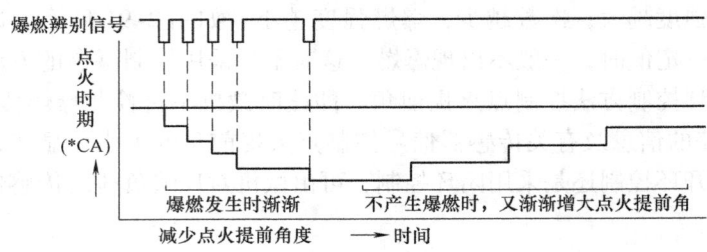

图2-92 爆燃闭环控制反馈控制原理图

5. 爆燃传感器故障的检修

（1）读取故障码的方法　当爆燃传感器发生断路和短路故障时，使用诊断仪读取故障码可以很快地诊断出爆燃传感器的故障。

（2）用数字万用表检查爆燃传感器　拔下爆燃传感器的导线插接器插头，拆下爆燃传感器，单端子的将数字万用表的表笔接在端子上（双接线端子的接其中一个端子，另一个表笔接另一个端子），另一个表笔接爆燃传感器的外壳，将万用表调整为交流电压挡的最低2V挡，用12～14的开口扳手敲爆燃传感器，应有1V左右的电压显示。

（3）模拟爆燃检查法　起动发动机在怠速运转，接好点火正时灯，点火正时灯对准点火正时记号，另一人用12～14的开口扳手大头敲击爆燃传感器的周围，曲轴带轮上正时刻线应向点火推迟的方向转动，说明爆燃传感器是好的，同时说明ECU对点火控制也是正常的。

（4）迅速开大加速踏板检查法　将发动机预热到正常温度（分电器点火式发动机），在怠速运转状态时突然开大节气门到全开状态，再放松加速踏板，连续进行三次，发动机不应有爆燃声发生，否则应推迟点火正时。

2.9　车速传感器和开关信号

2.9.1　车速传感器

车速传感器用来检测汽车的行驶速度。车速传感器还作为区分发动机是原地基本怠速还是汽车行驶时的负荷怠速的依据以及减速停供控制的参数。

车速传感器有两种：舌簧开关型和光电耦合式。

1. 舌簧开关型

舌簧开关型车速传感器安装在组合仪表内，结构如图 2-93 所示。磁铁由里程表的软轴驱动，相对于固定的舌簧开关，软轴转一圈，磁铁的极性变换四次，由于极性变换，使舌簧的触点打开或关闭，从而产生车速信号。

2. 光电耦合式

光电耦合式车速传感器安装在组合仪表内。由带切槽的转子和光电耦合器组成，如图 2-94 所示。带切槽的转子转动时，盘齿间断的遮挡发光二极管光源，使光敏晶体管的输出电压发生通断变化，软轴转一圈，输出 20 个脉冲，经分频后变成四个脉冲信号送到 ECU，作为车速信号。

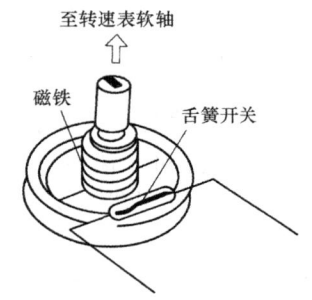

图 2-93　舌簧开关型车速传感器

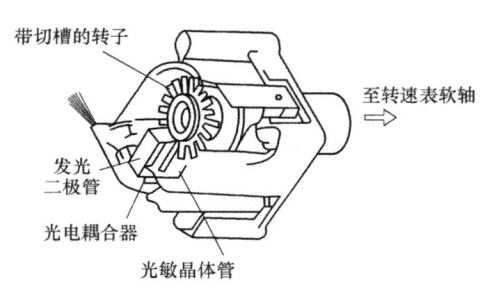

图 2-94　光电耦合式车速传感器

3. 车速传感器的检测

车速传感器检测时，将汽车后轮（驱动轮）一侧车轮支起，拔下车速传感器插接器的接线端子，用万用表频率挡或交流电压最低挡，将万用表的两个表笔接在车速表传感器一侧的两个接线端子上，变速器为空挡，转动支起的车轮，观察万用表的显示情况，如果有电压变化或频率信号输出，说明车速传感器是好的；如果没有以上显示，说明车速传感器是坏的。

2.9.2　开关信号

1. 起动信号

起动（STA）信号用来判断发动机是否处于起动状态。在起动时，进气歧管内混合气流速慢，发动机温度低，汽油雾化差，发动机起动困难。为了改善发动机的起动性能，在起动发动机时必须使混合气加浓。ECU 当检测到 STA 信号，确认发动机处于起动状态时，将自动增加喷油量。从图 2-95 可以看出，STA 信号和起动机的吸拉线圈电源连在一起，其控制方式有两种：图中 M/T 表示汽车为手动换挡方式，这条线是直接由点火开关 ST 到起动机的；图中 A/T 则表示这种汽车为自动变速的汽车，这种汽车设有空挡起动开关，当变速器处于空挡或停车挡，起动起动机时，空挡起动开关将起动电路接通，起动机起动控制线圈接通，能起动发动机；如果挂入的是行车挡，则该开关将起动电路切断，发动机将无法由起动机起动。

2. 空挡起动开关信号（NSW）

在装有自动变速器的汽车上，ECU用这个信号区别变速器是处于"P"或"N"（停车或空挡），还是处于"L""2""D"或"R"状态（行驶状态）。NSW信号主要用于怠速系统的控制，电路如图2-96所示。

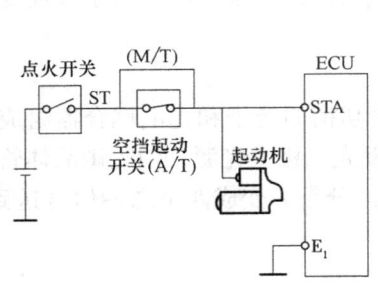

图2-95　起动信号电路　　　　图2-96　空挡起动开关信号

当点火开关在ST位置时，NSW端与蓄电池正极相连。若自动变速器处于"L""2""D"和"R"时，空挡开关断开，NSW端是高电位信号；若自动变速器处于"P"或"N"位时，空挡开关闭合，由于起动机的负载，产生低电压降，NSW端是低电位信号。

3. 空调信号（A/C）

空调（A/C）信号用来表示空调压缩机是否工作。空调信号与空调压缩机电磁离合器的电源接在一起，空调压缩机工作时，向微机输送高电位信号，微机根据A/C信号控制发动机怠速时的点火提前角、提高怠速转速等。

4. 动力转向开关信号

当汽车在行驶中转向时，由于转向动力来源于发动机，所以在转向时，增加了发动机的负荷，发动机进入负荷怠速，为防止发动机因增加负荷而熄火。电控单元接收到动力转向开关信号，即提高发动机转速，执行负荷怠速来控制转速。

复习题 二

一、判断题

1. 歧管压力式空气流量传感器是间接检测空气式传感器。　　　　　　　　（　　）
2. 卡门旋涡式空气流量传感器属于质量型空气流量传感器。　　　　　　　（　　）
3. 当涡流发生器的尺寸、斯特罗巴尔系数一定时，空气流速与涡流发生器的流速成正比。　　　　　　　　　　　　　　　　　　　　　　　　　　　　　　（　　）
4. 热线式和热膜式空气流量传感器属于体积型空气流量传感器。　　　　　（　　）
5. 压阻效应式进气歧管绝对压力传感器是利用压敏电阻构成的测量电桥，由进气歧管压力变化的原理制成的。　　　　　　　　　　　　　　　　　　　　　（　　）
6. 电磁感应式曲轴位置传感器是利用电磁感应原理制成的，本身不产生电压，需要外加电源。　　　　　　　　　　　　　　　　　　　　　　　　　　　　（　　）
7. 霍尔式传感器的输出电压信号近似于方波信号，并且电压高低与被测物体的转速无关，需要外加电源。   （   ）
8. 光电式曲轴位置传感器是利用半导体的压电效应原理制成的。   （   ）
9. 电喷系统中的冷却液温度传感器和进气温度传感器均采用了正温度系数热敏电阻。
                                                                （   ）
10. 氧化锆式氧传感器的工作状态与工作温度没有密切关系。   （   ）
11. 磁致伸缩式爆燃传感器主要由感应线圈、铁心、永久磁铁和传感器外壳组成，属于共振型爆燃传感器。   （   ）
12. 节气门位置传感器是工况传感器。   （   ）

二、单项选择题

1. 下列属于质量型空气流量传感器的是（   ）。
   A. 翼片式空气流量传感器　　　B. 热线式和热膜式空气流量传感器
   C. 卡门旋涡式空气流量传感器

2. 发动机转动时，霍尔式传感器输出信号的电压应为（   ）。
   A. 5V　　　　B. 0V　　　　C. 0～5V　　　　D. 4V

3. 发动机正常工作时，对喷油量起决定作用的是（   ）。
   A. 空气流量传感器　　　　　　B. 冷却液温度传感器
   C. 氧传感器　　　　　　　　　D. 节气门位置传感器

4. 本田 2JZ 发动机电磁感应式曲轴位置传感器装在（   ）。
   A. 曲轴带轮上　　　　　　　　B. 曲轴带轮之前
   C. 曲轴靠近飞轮处　　　　　　D. 分电器内

5. 负温度系数热敏电阻的阻值随温度的升高而（   ）。
   A. 升高　　　　B. 降低　　　　C. 不受影响　　　　D. 先高后低

6. 电容式进气歧管绝对压力传感器的电容量由于两极板间的距离增大而电容量（   ）。
   A. 增大　　　　B. 减小　　　　C. 不变　　　　D. 以上都对

7. 本田 2JZ 发动机的曲轴位置传感器产生两个 G 信号，G_1 和 G_2 信号相隔（   ）曲轴转角。
   A. 180°　　　　B. 90°　　　　C. 270°　　　　D. 360°

8. 本田 2JZ 发动机 N_e 信号是指发动机的（   ）信号。
   A. 凸轮轴转角　　B. 车速传感器　　C. 曲轴转角　　D. 空调开关

9. 氧化锆式氧传感器只有在（   ）以上的温度时才能正常工作。
   A. 90℃　　　　B. 300℃　　　　C. 815℃　　　　D. 500℃

10. 二氧化钛式氧传感器工作时，当废气中的氧浓度高时，二氧化钛的阻值（   ）。
    A. 增大　　　　B. 减小　　　　C. 不变

11. 单点喷射系统采用（   ）方式。
    A. 同时喷射　　B. 分组喷射　　C. 顺序喷射　　D. 上述都要不对

12. 二氧化钛式氧传感器工作电压是由（   ）提供。
    A. 蓄电池　　　　　　　　　　B. 自己产生电

C. ECU 提供的 5V 电　　　　　　D. ECU 提供的 1V 电

三、问答题

1. 汽车电子控制汽油喷射系统由哪些传感器组成？
2. 卡门旋涡式空气流量传感器靠什么感应空气流量的大小？试述超声波式和光电式空气流量传感器的主要结构特点。
3. 试说明热线式空气流量传感器的结构和工作原理，如何检测热线式空气流量传感器？
4. 节气门位置传感器有哪几种类型？各有什么特点？
5. 热敏电阻有几种类型？温度传感器一般采用哪种类型的热敏电阻？其阻值随温度是如何变化的？
6. 曲轴和凸轮轴位置传感器各有什么作用？常见的有哪几种？
7. 试说明霍尔式曲轴位置传感器的结构和工作原理。
8. 如何检测霍尔式曲轴位置传感器？
9. 氧传感器的作用是什么？按构成材料分有哪几种类型？简述氧化锆式氧传感器的工作原理。
10. 如何对氧化锆式氧传感器进行检测？
11. 爆燃传感器的作用是什么？检测爆燃传感器的方法有几种？
12. 开关信号的作用是什么？主要有哪几种开关信号？

模块 3

发动机电子控制单元

知识要点

- 电子控制汽油喷射发动机 ECU 的组成及功能；
- 汽油发动机电子控制系统电源电路类型及功能；
- 汽油发动机电子控制系统的工作过程。

技能要点

- 掌握 ECU 与各传感器、执行器的查线方法；
- 掌握发动机控制单元的主要功能。

电子控制单元又叫计算机、微机、ECU、ECM、电子控制单元组件 J220 等，它是发动机电子控制系统的一个综合电子控制装置。发动机电子控制装置的名称并不统一，各个汽车厂家采用不同的电子控制系统，即有不同的名称。即使是同一个汽车厂家，由于生产年代不同，所选用的系统不同，也有不同的名称。如美国通用汽车公司称发动机电子控制单元叫 ECM（电子控制组件）；而福特汽车公司起初称发动机电子控制单元为 MCU（微处理机控制装置），以后又称为 EEC（发动机电子控制装置）。

发动机电子控制单元（硬件）的作用是在电子控制器内存储各种程序和数据，将发动机传感器输入的各种信息进行接收、运算、分析、比较、逻辑判断、存储、记忆、警示以及完成安全保护功能、后备功能、发出控制指令的控制功能、自诊断功能等，将多种功能集于一体，并控制有关执行器动作，达到快速、准确、自动工作的目的。

1. 电子控制单元基本组成

电子控制单元主要由输入回路、微型计算机、输出回路组成，如图 3-1 所示。输入回路与传感器相连，负责信号的接收与处理；微型计算机主要对输入的信号进行分析、运算、判断等处理；输出回路是将微型计算机的控制指令转换成控制信号，输给发动机执行器。

2. ECU 电源电路

ECU 的工作电源电路有两种：一种是受点火开关控制的外接电源电路；另一种是不受

点火开关控制的常接电源电路。

(1) ECU 外接电源电路　蓄电池向 ECU 供电电压受点火开关控制的电路称为 ECU 工作电源电路。它主要由主继电器、点火开关等组成。目前根据有无步进电机，常用的 ECU 电源电路有以下两种形式。

1) 未装步进电机（怠速控制用怠速调节器）的电源电路。如图 3-2 所示，图中主继电器由点火开关控制，当点火开关接通 (ON) 时，电流流过主继电器

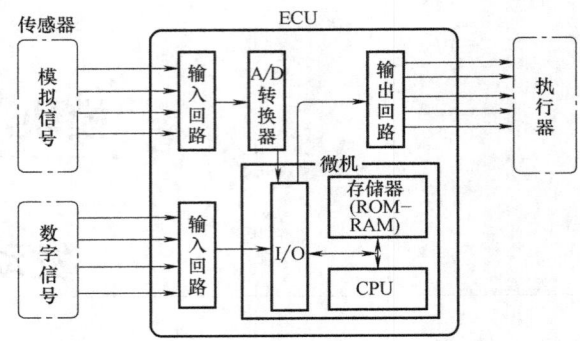

图 3-1　ECU 的基本组成

控制线圈，使主继电器触点闭合，接通蓄电池与 ECU 之间的电路。ECU 的 "+B" 和 "+B_1" 端获得蓄电池电压。ECU 的主要用电必须经该电路获得。当点火开关断开时，ECU 的 "+B" 和 "+B_1" 端则失去供电，ECU 停止工作。

2) 装有步进电机的电源电路。如图 3-3 所示，图中主继电器由 ECU 内部主继电器控制电路控制，以便点火开关断开时，ECU 能继续接通主继电器 2s，使步进电机回到初始位置，这样就可以保证装有步进电机的发动机，在起动时步进电机有一个固定的初始位置（这时步进电机将怠速进气量控制在最大）。

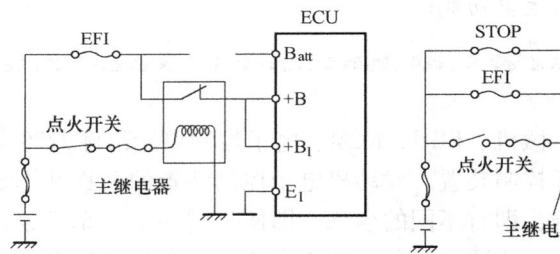

图 3-2　未装步进电机的电源电路

当点火开关接通时，蓄电池与 ECU 的 "IGSW" 端相通，ECU 通过内部的主继电器控制电路，控制 ECU 的 M-REL 端，将 EFI 主继电器线圈电路接通，使主继电器触点闭合，接通蓄电池与 ECU 的 "+B" 和 "+B_1" 端。当点火开关断开时，ECU 由内部主继电器控制电路通过 M-REL 端使 EFI 主继电器继续接通 2s，保证步进电机继续通电 2s，以便回到初始位置。

(2) ECU 常接电源电路　由图 3-3 中可以看出常接电源电路，即由蓄电池通过 EFI 熔断丝（或 STOP 熔断丝）始终和 ECU 的 "B_{att}"

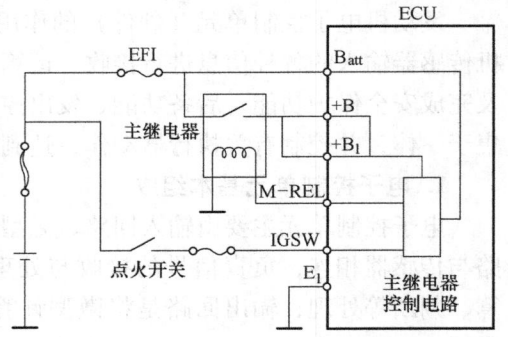

图 3-3　装有步进电机电源电路

端相连的一段线路，其是保证 ECU 中 RAM 存储器工作的常火线，该电路为 ECU 的备用

电源电路。当点火开关断开时，蓄电池始终保持与 ECU 的 "B$_{att}$" 端通电，不受点火开关的控制，以保证存储故障码、学习空燃比修正值、时钟的存储器能继续供电，以防丢失。

如图 3-4 中的 2 为 ECU 内部 5V 稳压电源，即蓄电池给予 ECU12V 电压后，经 ECU 内稳压电路处理后，将 12V 电压变为 5V 电压，作为部分传感器工作的电源，为电控系统信号的稳定性提供了保证。5V 电源主要是用于节气门位置传感器、冷却液温度传感器、进气温度传感器、燃油温度传感器、歧管压力传感器、霍尔式曲轴位置传感器、光电式曲轴位置传感器的工作电压等。

注意：电子控制汽油喷射发动机的电控系统有三种工作电源，一是蓄电池提供的 12V 电源；二是由 ECU 向传感器提供的 5V 电源；三是由传感器自己产生的信号电，如氧传感器的 0～1V 信号电、爆燃传感器工作产生的脉冲信号电、曲轴位置传感器（磁脉冲式）产生的脉冲信号电等。

3. 输入回路

从传感器传来的信号，部分首先进入输入回路。在输入回路里，对输入信号进行去杂波、降压和放大等处理。

（1）输入回路的功能

1）去除杂波功能。即将传感器送来的信号杂波经输入回路滤波后，将其毛刺（振荡波）滤除，如图 3-5 中第一行左侧波形中的杂波变为右侧的正弦波。

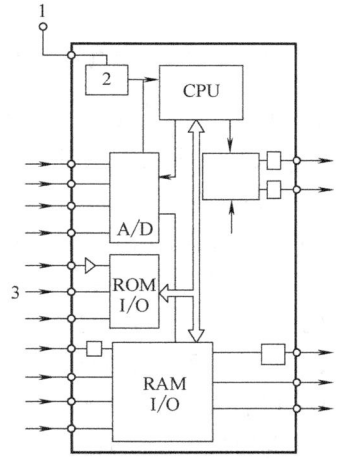

图 3-4　电子控制单元的基本构成

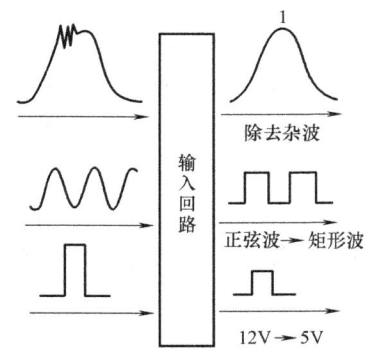

图 3-5　输入回路的功能

1—蓄电池正极　2—电源　3—传感器　CPU—中央处理器　A/D—模/数转换器　ROM—只读存储器　RAM—随机存储器

2）由正弦波变为矩形波。如图 3-5 所示：将输入回路第二行左侧正弦波变为右侧矩形波。

3）降压功能。如图 3-5 中第三行即蓄电池的 12V 电源，经稳压电源电路处理变为传感器工作的 5V 工作电源。

4）放大功能。磁脉冲式曲轴位置传感器输入 ECU 的信号，其信号强度幅值是随发动机的转速变化而变化的。当发动机的转速高时，输出电压信号幅值大；发动机转速低时，输出电压信号幅值低。特别是发动机在急速时，发动机转速低，输出信号电压幅值显得很弱，输入 ECU 后不能够被采用或直接丢失，不能满足 ECU 的需要。因此必须由输入回路的信号整形电路进行处理，将其信号进行放大，并将其波形变为整齐的矩形波。

（2）ECU 接收信号性质分类　传感器按传感器输入信号性质分为模拟信号和数字信号。

1）模拟信号。模拟信号表现为传感器产生的信号特性成线性电压变化状态，这种信号必须经 A/D 转换器处理，ECU 才能接收采用。由 ECU 提供 5V 电源，冷却液温度传感与 ECU 间的连线如图 3-6 所示；由传感器自身产生电信号的传感器与 ECU 间的连线如图 3-7 所示。

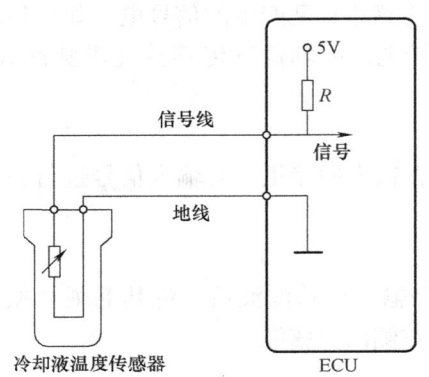
图 3-6　由 ECU 提供 5V 电源的传感器线路

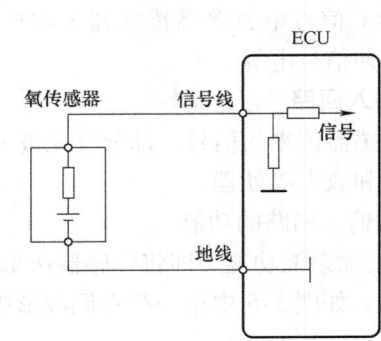
图 3-7　传感器自身产生电信号的传感器与 ECU 线路

2）数字信号。数字信号有频率信号（电容式歧管压力传感器）、表面弹性波式歧管压力传感器的信号、通断信号（光电式、卡门旋涡式空气流量传感器、光电式曲轴位置传感器）等，这些数字信号不经 A/D 处理，ECU 可直接读取使用。

（3）A/D 转换器（模数转换器）　从传感器输入的模拟信号如图 3-8a 所示，其中相当一部分传感器输入的信号都是模拟信号，如空气流量传感器、冷却液温度传感器、节气门位置传感器等，向 ECU 输入的都是变化缓慢的连续电压信号。这些信号进入输入回路，都是电压信号。这样的信号微机不能直接使用，需经过相应的 A/D 转换器处理，将模拟信号转换成数字信号后，微机才能使用，如图 3-8b 所示。从空气流量传感器输入的为 0~5V 的模拟电压信号，当输入电压与 A/D 转换器设定的量程相同时，则模拟信号经 A/D 转换器转换成数字信号后，才能被微机使用，如图 3-9 所示为模拟信号转换为数字信号的过程。有些传感器，如霍尔转速传感器送出的信号是矩形波信号，这些信号经输入回路进入后，是数字信号，可直接被微机使用。

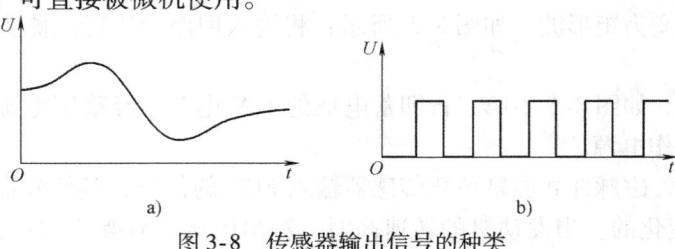
图 3-8　传感器输出信号的种类
a）模拟信号　b）数字信号

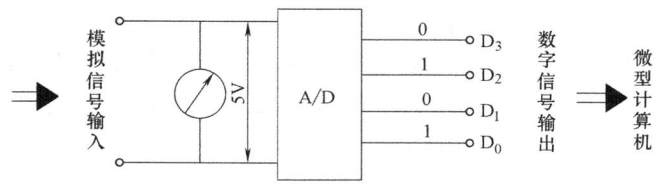

图 3-9 A/D 转换器工作过程示意图

4. 微机

微机（微型计算机）是发动机电子控制系统的神经中枢。它能根据需要，把各种传感器送来的信号，用内存程序（微机进行处理顺序）和数据进行运算处理，并把处理结果（如喷油器喷射脉宽信号、点火正时信号）送往输出回路，并发出指令，执行器进行工作。随着电子技术的突飞猛进，微型计算机技术发展变化很快，并不断地更新换代。最早采用的模拟计算机已趋淘汰，现在一般都采用数字计算机。

微机主要由中央处理器（CPU）、存储器和输入、输出口（I/O）等部分组成，如图 3-10 所示。

（1）中央处理器　中央处理器常称为 CPU，它是整个控制系统的核心，是微机的大脑。CPU 主要由进行算术、逻辑运算的运算器、暂时存储数据的寄存器、按照程序执行各装置之间信号传递及控制任务的控制器等构成。CPU 的工作是在时钟脉冲发生器的节拍下进行的。当微机通电后，脉冲发生器立即产生一连串的具有一定频率脉宽的电压脉冲，使计算机全部工作同步，按照统一的节拍操作，保证同一时间内完成一定的操作，实现控制系统各部分之间协调一致的工作。

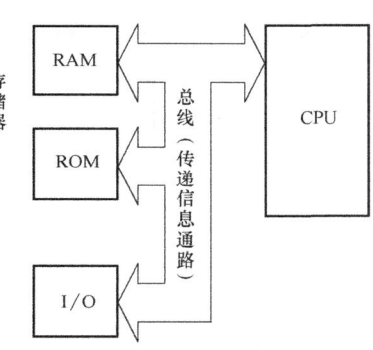

图 3-10 微型计算机的基本组成

（2）存储器　存储器的主要功能是存储信息资料。存储器一般分为两种：能随时写入也能读出的存储器叫随机存储器，简称 RAM；只能读出的存储器叫只读存储器，简称 ROM。

RAM 称为随机存储器，主要用来存储微机操作时的可变数据，如用来存储微机输入、输出数据和计算过程中产生的中间数据等，可随时调出或被新的数据代替（改写）。RAM 在计算机中起暂时存储信息作用，它有单独的工作电源，当电源切断时，所有存入 RAM 的数据均完全丢失。发动机运行中，存入 RAM 的有些数据，如故障码、空燃比学习修正系数等，为了能较长期的保存，防止点火开关关断时，由于电源被切断而造成数据丢失，一般 RAM 都通过专用的后备电源电路与蓄电池直接连接，使它不受点火开关的控制。当然，当后备电源专用电路断开或蓄电池上的火线或者搭铁线拔掉时（一般为 15~20S），存入 RAM 的数据、故障码会自动丢失，拆蓄电池搭铁线清除故障码就是这个原理。

ROM 称为只读存储器，用来存储固定数据，存放各种永久性的、一成不变的程序和永久性、半永久性的数据，如电子控制燃油喷射发动机系统中的一系列控制程序软件、喷油特性脉谱、点火控制特性脉谱、急速额定转速值、爆燃传感器控制门限值及其他特性数据等，这些信息资料一般都是在制造时由厂家一次性存入，发动机工作中无法改变其中的内容。即计算机工作时，新的数据不能存入 ROM；只有在需要时读出原始存入的数据资料。当电源切断时，存入 ROM 的信息不会丢失，通电后可以立即使用。这种存储器多是在制造厂大批量生产的。

（3）输入与输出口（I/O）　输入与输出口是 CPU 与输入装置（传感器）、输出装置（执行器）间进行信息交流的控制电路。根据 CPU 的命令，输入信号以所需要的频率通过 I/O 接口接收，输出信号则按发出控制信号的形式和要求通过 I/O 接口，以最佳的速度送出（或送入中间的存储器）。输入、输出装置，一般都通过 I/O 接口才能与微机连接，因此，I/O 接口是微机与外界进行信息交换的纽带。I/O 接口是微机系统不可缺少的部分，起着数据缓冲、电平匹配、时序匹配等多种功能。

（4）总线　总线是一束传递信息的内部连线。在微机系统中，中央处理器、存储器与 I/O 接口，通过传递信息的总线连接起来，它们之间的信息交换均要通过总线进行。总线按传递信息的类别可分为数据总线、地址总线与控制总线三种，如图 3-11 所示。

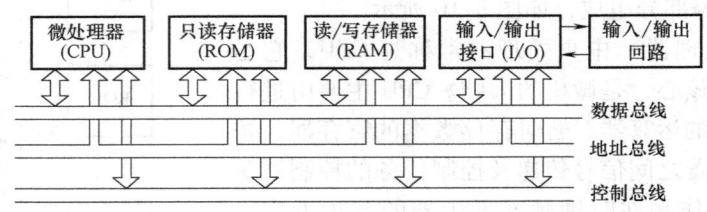

图 3-11　微机系统数据总线

1）数据总线：主要用于传递数据和指令。

2）地址总线：用于传递地址码。在微机总线上，各器件之间的通信，主要是靠地址码准确地进行联系。例如需要对存储器内某单元进行存储或读出数据时，必须先将该单元的地址码送到地址总线上，然后再送出写入或读出的指令，才能完成操作。

3）控制总线：CPU 可以通过它随时掌握各器件的状态，并根据需要随时向有关器件发出控制指令。

随着半导体集成工艺的发展，目前的微机，多把 CPU、一定容量的 RAM 和 ROM，以及 I/O 接口集成在一个芯片上，就是通常所讲的单片机，如图 3-12 所示。

5. 输出回路

输出回路为微机与执行器之间建立联系的一部分装置。它将微机发出的决策指令，转变成控制信号来驱动执行器工作。输出回路一般起着控制信号的生成和放大

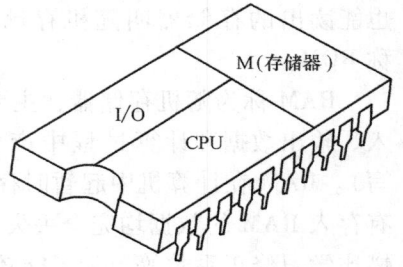

图 3-12　单片机外形

等功能。微机输出的是数字信号，而且输出的电流很小，用这种信号一般不能驱动执行器工作，需要输出电路将其转换成可以驱动执行器工作的控制信号，如喷油器驱动信号、点火控制信号、燃油泵控制信号等。图 3-13 为故障指示灯控制线路图，故障指示灯由 ECU 发出指令，控制其警示或输出故障码；图 3-14 为喷油器驱动原理示意图，在控制输出回路中，通过功率管（实际每个驱动电路有一个晶体管）的导通和截止，来控制喷油器喷油

和停止。ECU 除上述基本功能外，还把电源装置、电磁干扰保护装置、自检装置、后备系统等组装在一起，装在一个盒子里，结构十分紧凑，使 ECU 的工作相当可靠。随着发动机性能的不断提高，要求控制的对象不断增多，加之微机芯片的功能不断增强，ECU 的性能会更加先进，控制功能会越来越强。

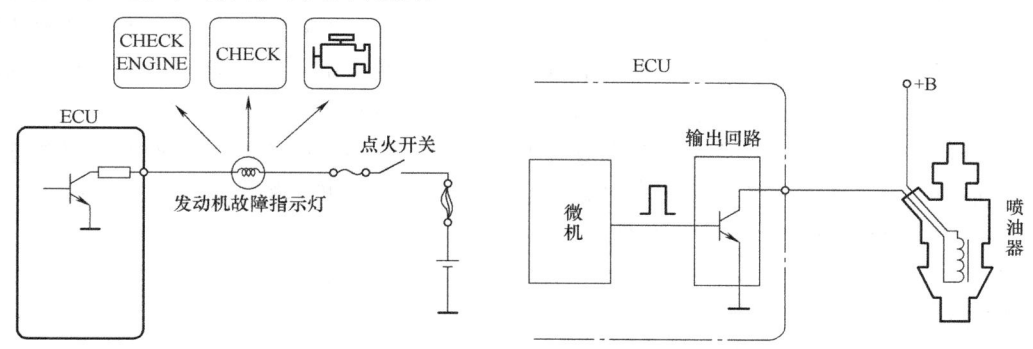

图 3-13　故障指示灯控制电路　　　　图 3-14　喷油器控制电路

6. 发动机电子控制系统的简要工作过程

发动机电子控制系统的工作过程比较复杂，为了使初学者能建立一个初步印象，将其贯穿起来进行简单介绍。

当打开点火开关，ECU 即进入自诊断过程。首先检查电子控制系统有没有故障。如果电子控制系统有故障，发动机起动后，故障指示灯将继续点亮；如果电子控制系统没有检测出故障，发动机开始运转后，故障指示灯将熄灭。在打开点火开关"ON"的同时，燃油泵开始运转 3~5s，后自动停止转动；如果起动起动机后，发动机开始运转，燃油泵将继续运转，以保证发动机工作中对燃油的需要。在自检正常的情况下，起动起动机时，起动信号 STA 送入 ECU，ECU 再根据发动机转速信号在 400r/min 以下，节气门位置传感器怠速触点又是闭合状态，ECU 从冷却液温度传感器又得到发动机温度又很低，电子控制器即发出发动机冷起动极浓的喷油指令，进入冷起动工况，ECU 以极浓的混合气喷油量进行喷射，便于发动机的初次起动。发动机起动后，ECU 根据冷却液温度传感器温度低的状态（60℃以下），立即进入暖机工况，发动机控制怠速控制装置处于快怠速状态。随着发动机温度的提高，进气量和喷油量逐渐减少，发动机转速逐渐降低，直至发动机温度上升到 60℃以上，暖机工况结束，进入基本怠速状态。发动机电子控制器进入正常工作状态，某些程序或参数从 ROM 中调取有关数据，进入 CPU 进行运算。这些程序随着驾驶员操纵加速踏板，使用节气门发出工况信息。发动机的不同状态，不同的传感器将以不同的工况信号送入 ECU。ECU 根据传感器工况不同来确定发动机的不同工况下的喷油量程序。怠速（IDL）触点闭合，判定为怠速工况，供给少而浓的混合气；中等负荷，根据发动机转速和发动机进气量决定基本喷油，供给稍稀的混合气；中等负荷氧传感器参与工作，为中等负荷实现最佳空燃比进行闭环控制；加大节气门开度到接近全开，ECU 再根据节气门 PSW 触点闭合或节气门开大角度决定为全负荷，按功率空燃比喷油；急加速工况时，ECU 根据节气门开度变化速率判定为加速工况，燃油喷射像化油器的加速泵一样，增加额外喷油，防止混合气变稀而加速反应迟缓；根据发动机转速和发动机负荷以及不同的汽车电子控制系统，结合原始点火提前角和基本点火提前角进行点火时刻控制，爆燃传感器对点火进行闭环控制，可实现最佳点火提前角的要求。如果汽车在行驶中发生了故障，自诊断系统立即将故障指示灯点亮，提醒驾驶员汽车发生了故障，需进行汽车维修，与此同时，将故障以故障码的形式存入 ECU 的 RAM 中。汽车维修人员对汽车进行修理时，用人工的方法或用诊断仪诊断的方法，可将故障码调出，这样汽车维修人员很快能确认汽车的故障点，大大提高了汽车故障判断的准确性和速度。顺便提及的是，进气温度传感器在发动机工作中，始终是参与工作的，针对进气温度对喷油量作出修订。

发动机工作时，微型计算机的运行速度是相当快的，如点火正时，每秒钟可以修正上百次，而且这些数据是在实验室得出的数据，因此其控制精度是相当高的。

7. 电子控制单元（ECU）的功能

电子控制单元（ECU）的作用很多，综上所述，共有 11 大功能，现将 ECU 的 11 大功能作简单介绍：

1）接收功能。即接收传感器送来的信号。

2）存储功能。即只读存储器和随机存储器的存储程序、数据、故障码的存储功能。

3）分析比较功能。即将闭环控制的标准、点火时刻脉谱等存入 ECU 中作为控制的参数，通过进行比较，作出适时的逻辑判断并进行调节，达到最理想工作状态。

4）逻辑判断功能。即根据检测数据通过比较作出判断，如发动机点火的判缸功能对点火顺序发出控制指令的功能。

5）记忆功能。即汽车发生故障时，将故障以故障码的形式存入 ECU、作为学习修订系数的存储功能叫记忆功能。

6）计算功能。即发动机 ECU 根据发动机转速和进气量决定基本空燃比的喷油量控制功能和点火时刻的计算等。

7）后备功能。也叫跛行回家功能，即电子控制系统一旦发生故障，自动起动备用系统集成电路，按设定的信号控制发动机转入强制运行状态，以防汽车停在路途中不能继续行驶的功能。

后备系统又叫后备功能，当发动机 ECU 内的处理器（CPU）出现故障时，备用系统将接通备用集成电路（IC），用固定的信号（ECU 把燃油喷射和点火正时控制在预定水平上），控制发动机进入强制运转，作为一种备用功能使车辆继续行驶，以便驾驶员将车辆开到汽车修理厂进行维修或开回家。备用系统只能维持基本功能，而不能让汽车达到最佳的工作状态，当控制系统遇到下列情况之一汽车不能行驶时，ECU 在点亮故障指示灯的同时，自动启用后备系统。

①当 ECU 中处理器（CPU）输入/输出（I/O）接口和存储器出现故障时；

②曲轴转角传感器电路断路或短路时；

③在速度控制系统中，当进气歧管压力传感器信号电路断路或短路时，ECU 接收不到进气空气流量信号，也就无法计算基本喷油脉宽，发动机即无法起动或失速，此时 ECU 输出的备用系统的喷油脉宽和点火信号是根据起动（STA）信号和怠速（IDL）触点状态（闭合或断开）选择起动、怠速和非怠速三种不同的工况预先设定的固定数值，替代正常控制时的最佳喷油脉宽和点火提前角。因此，后备系统只能简易控制，维持 ECU 的基本

功能，使车辆能够行驶，而不能保持正常的最佳性能状态，故不能长期在后备功能状态下行驶，应及时去修理厂进行修理。备用系统中预先设定的固定数值，因发动机型号不同而异。

8）安全保护功能。当汽车电子控制系统某些传感器或线路一旦发生故障，将危及发动机的安全，电子控制系统将采取一些保险措施。

某些传感器或者线路出现故障时，如果ECU继续按故障数据进行控制，使发动机进行工作，可能使发动机或其他部件也出现问题，甚至损坏。为防止出现不良后果，当ECU诊断出故障后，除将故障以故障码的形式存入ECU、报警（故障指示灯点亮）外，安全保护功能立即启用安全保护功能。ECU不再使用已经发生故障的传感器及其电路信号，而采用存储器中预先存入的代替值，使控制系统继续工作，确保汽车仍能行驶。对于个别重要的信号发生故障可能危及发动机安全时，如发动机连续3~5次不点火，则ECU立即采取强制措施，切断燃油供给，停止发动机运转，保护三元催化反应器，同样停止发动机工作，确保发动机的安全运行。因此安全保护功能具有十分重要的作用。

下面将部分发动机产生故障的情况及安全保护措施举例说明如下：

①冷却液温度传感器信号及电路故障、进气温度传感器信号及电路故障。当冷却液温度传感器和进气温度传感器发生断路或短路故障时，ECU检测到低于-50℃或高于139℃的温度信号（不同车型发动机温度范围不同）将引起空燃比过小或过大（混合气过浓或过稀），结果导致发动机失速或运转粗暴。此时安全保护功能将自动采用一个固定温度值进行控制，一般是冷却液温度传感器用80℃、进气温度传感器用30℃控制发动机的工作，防止发动机混合气过浓或过稀。

②点火确认信号故障。如果点火系统出现了故障造成不能正常点火，ECU在连续3~5次得不到点火监视信号后（偶然一次不算），立即采取强制措施，使喷油器停止喷油。如果喷油器继续喷油，大量的未燃混合气就被吸入气缸，而后排入三元催化反应器，使三元催化反应器的温度升高至超出允许温度范围，缩短三元催化反应器的使用寿命，为防止这种情况的发生，ECU的安全保护系统会立即切断燃油的喷射，使发动机停止运转。

③节气门位置传感器（线性）信号电路故障。当线性节气门位置传感器产生断路或短路故障时，ECU检测到节气门处于全开或完全关闭状态信号时，安全保护功能立即将采用替代值用节气门开度为0°或25°控制发动机工作。

④爆燃传感器及其线路出现故障。当爆燃传感器及其线路出现短路或断路故障时，或ECU内部爆燃控制系统出现故障时，无论是否真的出现爆燃，点火提前角控制将无法由爆燃控制系统控制执行，将导致发动机的损坏，这时发动机电子控制系统将点火提前角控制在一个固定的适当点火提前角上。

⑤曲轴位置传感器电路故障。由于G信号用于识别气缸和确定曲轴位置，当出现断路或短路故障时，发动机无法控制，发动机无法起动。

⑥空气流量传感器信号电路故障。如果空气流量传感器信号电路出现断路或短路故障时，就不能检测进气量，也无法计算基本喷油时间，将引起发动机不能起动或失速。安全保护功能将由起动信号和急速触点确定的固定值（标准值）控制喷油时间和点火正时，

保证发动机能够运转,但性能下降。

⑦进气歧管压力传感器线路故障。当进气歧管压力传感器信号电路有断路或短路故障时,也不能计算基本喷油时间,将导致发动机不能起动或失速。安全保护功能将立即发挥作用,进入备用状态或采用标准值(250mmHg)以保证发动机运转。安全保护主要由ECU内的软件完成。当发动机出现故障时,ECU立即发出警告,故障指示灯点亮,并将故障码存入ECU中,同时其安全保护功能立即发挥作用,它依靠存储器内的数据,使发动机继续工作或停机。

9)提示警告功能。即发动机电子控制系统的自诊断系统,如果发现电子控制系统有故障,将故障指示灯点亮,提醒驾驶员汽车发生了故障,应及时修车。

10)失效替代功能。即电子控制系统如果某个传感器损坏后用另一传感器代替的功能,如有的汽车歧管压力传感器损坏后,用节气门位置传感器代替歧管压力传感器工作。

11)自诊断功能。即当汽车发生故障时,电子控制系统将故障以故障码的形式存入ECU,并将冻结祯数据流提供给维修人员用以判断故障部位和提供技术参数的功能。

复习题 三

一、判断题

1. 现代电子控制汽油发动机的电脑都叫 ECU。( )
2. 装有步进电机的电子控制器点火开关关闭时,ECU 马上停止工作。( )
3. 故障码存储在电子控制器的只读存储器 ROM 中。( )
4. 传感器的信号 ECU 可直接使用。( )
5. ECU 输入回路有将 12V 电变为 5V 电、将模拟信号变为数字信号、正弦波变为矩形波、除去杂波和放大五大功能。( )

二、选择题

1. 下列( )不是 ECU 总线的组成部分。
　　A. 地址线　　　B. 数据线　　　C. 导线　　　D. 控制线
2. 大众车系的电子控制器是( )。
　　A. J220　　　B. ECU　　　C. ECM　　　D. J338
3. 不属于汽车电子控制系统的电源是( )。
　　A. 220V 电　　　B. 12V　　　C. ECU 输出的 5V 电
　　D. 氧传感器或爆燃传感器自身产生的电压
4. 电子控制器的记忆功能是指( )。
　　A. 故障码的存储功能　　　B. 学习修正系数的存储功能
　　C. 自诊断功能　　　D. 处理功能
5. ECU 对执行器控制的是( )。
　　A. 火线　　　B. 地线　　　C. 信号线　　　D. 高压线

三、问答题

1. 发动机 ECU 主要由哪几部分组成？各部分有什么作用？
2. 简述发动机 ECU 的工作过程。
3. ECU 有哪两个存储器？各有什么特点？
4. 为什么拆蓄电池搭铁线能清除故障码？

模块 4

燃油喷射控制系统

 知识要点

- 电子控制汽油喷射发动机燃油系统的组成及功能；
- 电子控制燃油泵的控制过程；
- 电子控制喷油器驱动方式。

 技能要点

- 掌握电子控制燃油泵的技术要点；
- 了解电子控制燃油泵的工作过程；
- 掌握电子控制燃油泵的控制电路；
- 学会电子控制汽车的油压测定。

4.1 燃油喷射系统的组成

燃油系统主要由油箱、燃油泵、燃油滤清器、燃油导轨、油压调节器、喷油器和燃油脉动减振器等组成。

1. 油箱

油箱用于储存燃油，它的一个重要的结构是油箱盖。直接通风式油箱盖已不再使用，取而代之的是密封式油箱盖，其内部装有压力、真空释放阀，可防止油箱的损坏。当油箱内压力增大到一定数值时，释放阀就会打开，避免油箱的爆炸或变形；如果真空增大（由于发动机工作中油箱燃油的减少和油泵泵油产生的负压），释放阀也会打开，防止油箱的内凹变形。

2. 电动燃油泵

（1）电动燃油泵的结构　电动燃油泵的外形如图 4-1 所示，电动燃油泵的安装形式有两种，一种是内置的，装在油箱内；一种是外置式，装在油箱外部（现已淘汰）。电动燃油泵根据其结构不同可分为滚柱泵、齿轮泵、涡轮泵和侧槽泵等。电动燃油泵是永磁直流电动机,这一点应引起注意,因为永磁电机改变通电方向,如反转电动燃油泵则不能泵油。

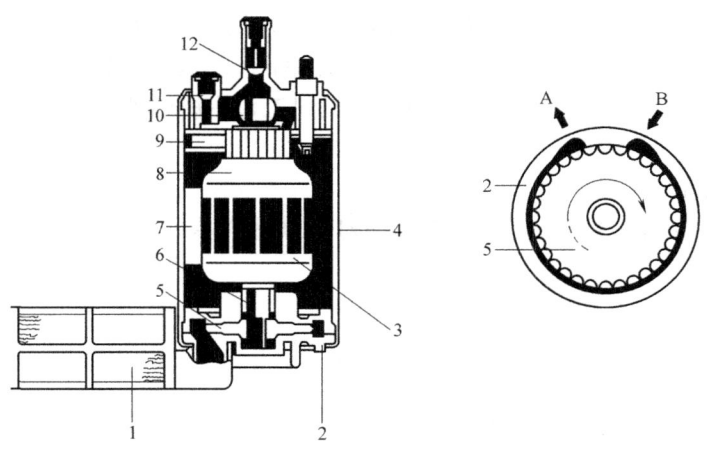

图 4-1 电动燃油泵的结构

1—滤网　2—泵体　3—永磁电机　4—外壳　5—泵轮　6—轴承　7—磁极　8—转子　9—电刷
10—轴　11—安全阀(限压阀)　12—单向阀　A—出口　B—进口

正常情况下,电线插头不会插错,但是在临时接线时,就要注意燃油泵上接线端子有"+"、"-"接线端子之别。电动燃油泵上的单向阀12,是用于发动机工作停机后让燃油系统保持残压的,以便发动机再次迅速起动。电动燃油泵上的安全阀11是防止燃油系统堵塞后(如燃油滤清器长期使用未及时更换滤芯造成堵塞),使燃油泵不运转或转动过慢而烧坏燃油泵。当以上情况出现时,限压阀使用燃油旁路,起到保护燃油泵不会因此而烧坏的作用。

电动燃油泵入口处的滤网是发动机对燃油系统的第一道过滤装置,因此常常容易堵塞,应引起维修人员的注意。

(2) 电子燃油泵的控制

1) 安全的需要。如早期翼片式空气流量传感器中装有一个微型开关(如图 4-2 所示,该线路油泵只有一种转速),起动起动机或发动机工作中,计量板一转动,油泵开关触点即闭合,油泵继电器将油泵接通,油泵即开始工作。一旦汽车撞车失火,油管损坏,电动燃油泵继续工作时,使危险性大增。为此,设置了这种控制方式,当汽车发生事故后,发动机一停止了转动,空气流量传感器计量板复位,油泵开关触点即断开,燃油泵也就停止了工作,防止撞车失火而引起更严重的事故发生。该线路有一点不足,即燃油系统有泄漏时,系统油压低,需多起动几次起动机才能着车,所以后期的汽车取消了空气流量传感器的油泵开关,改为其他控制方法。

有的汽车在燃油泵控制电路中设置了一个撞车继电器。汽车一旦发后碰撞,继电器立即切断电动燃油泵的控制电路,同样是防止撞车失火后,造成更大火灾。

2) 适应发动机不同转速下燃油消耗量不同的需要。如果将电动燃油泵设定在一种转转速,以适应发动机低转速的需要,则会造成发动机高转速时燃油供不应求;如果只适应发动机高转速时的需要,则发动机低转速时将造成油压调节器大量回油,浪费电力消耗;

为此将燃油泵电路设计成高、低两种转速电路。

3) 节省电能的需要。

4) 建立残压的需要。现在的燃油泵控制电路设计是：点火开关处于"ON"，燃油泵即开始运转 3~5s，以建立系统油压，便于发动机的起动。起动发动机时，如果 ECU 接到发动机转速信号，燃油泵继续运转，以满足发动机工作中燃油消耗的需要；如果接不到发动机转速信号，燃油泵即停止运转。

(3) 电动燃油泵的控制电路

1) 电动燃油泵开关控制式电路。L 型 EFI 系统燃油泵工作继电器开关控制式电路如图 4-2 所示。

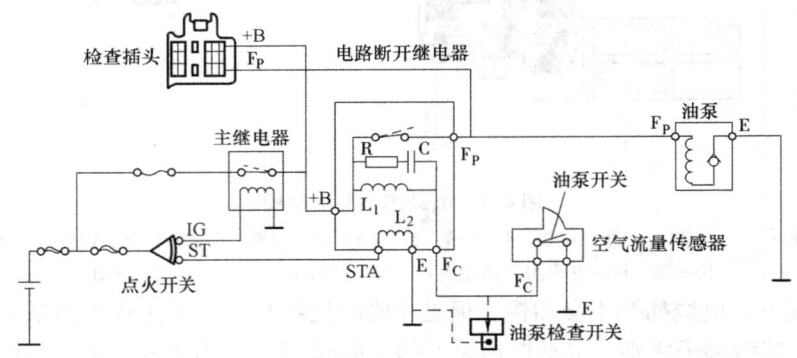

图 4-2　电动燃油泵控制电路（L 型 EFI 系统，不分高、低转）

在 L 型 EFI 系统中，燃油泵开关安装在翼片式空气流量传感器内部。发动机起动或工作时，点火开关的起动（ST）端接通，主继电器首先接通电源电路。燃油泵开关继电器（图中为电路断开继电器）内线圈 L_2 通电，电路断开继电器触点闭合，电源向燃油泵电动机供电，油泵开始工作。发动机起动后，吸入的空气推动翼片式空气流量传感器的计量翼片转动，空气流量传感器内的油泵开关接通，继电器线圈 L_1 通电。这时即使起动端（ST）断开，其继电器触点仍是接通状态。当发动机由于某种原因停止转动时，空气流量传感器内的开关断开，电路断开继电器线圈 L_1 断电，继电器触点断开，燃油泵停止工作。

图中燃油泵控制电路的检查插头即发动机诊断座，该插座如果将 +B 和 F_P 用一个跨接线跨接时，明显可以看出是将电路断开继电器进行了短路。用此方法可以检查电路断开继电器的好坏。如果打开点火开关，不跨接线时燃油泵不转，而跨接线后燃油泵开始转动，说明电路断开继电器有故障。

图中的燃油泵检查开关是用于检查空气流量传感器的燃油泵开关工作状态的。打开点火开关在起动挡，起动发动机，燃油泵不能转动时，如果用一个跨接线将燃油泵检查开关连接，燃油泵即可以转动，说明空气流量传感器中的燃油泵开关工作不良。

2) D 型 EFI 系统燃油泵控制电路。D 型 EFI 系统以及一些采用卡门旋涡空气流量传感器的发动机，其燃油泵控制电路如图 4-3 所示。发动机起动时，点火开关的起动（ST）端接通，主继电器首先接通电源电路。继电器线圈 L_2 通电，在 L_1 与 L_2 两条线同时通电的情况下，电路断开继电器触点闭合，燃油泵通电工作。发动机运转时，发动机转速信号（N_e）输入 ECU，ECU 内的晶体管 VT 导通，继电器线圈 L_1 通电。因此，只要发动机运转，继电器触点总是闭合的。ECU通过发动机转速信号，来检测发动机运转状态。如果发动机停止转动，晶体管VT截止，电路断开继电器线圈L_1断电，其触点断开，燃油泵停止工作。

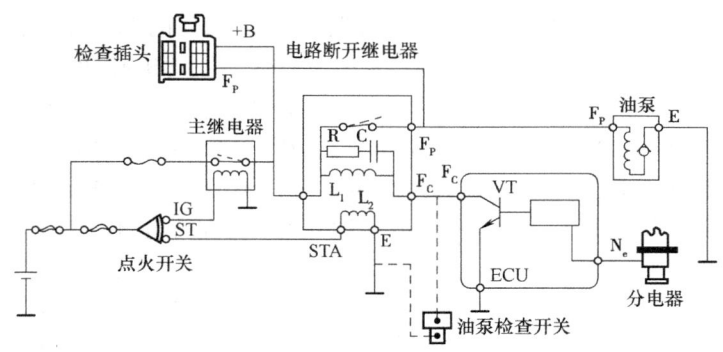

图4-3　D型燃油泵控制电路（不分高、低转速）

3）燃油泵转速控制电路。发动机在低速或小负荷下工作时，燃油消耗量相对较小，此时燃油泵低速转动，可减少油泵的磨损、噪声以及不必要的电能消耗；发动机在高速或大负荷时，此时燃油泵需高速转动，以满足发动机高转速燃油消耗量大的需要。一般燃油泵分为两种方式控制油泵转速。

①燃油泵串联电阻器控制式。如图4-4所示为燃油泵串联电阻器控制燃油泵转速电路，在燃油泵控制电路中增设了一个降压电阻与燃油泵串联。发动机工作时，ECU根据发动机转速，对燃油泵控制电路进行控制。发动机转速低时，串入降压电阻，燃油泵工作电压低，从而降低燃油泵转速；发动机转速高时，将降压电阻接入旁路，燃油泵电压高，从而提高燃油泵的转速。

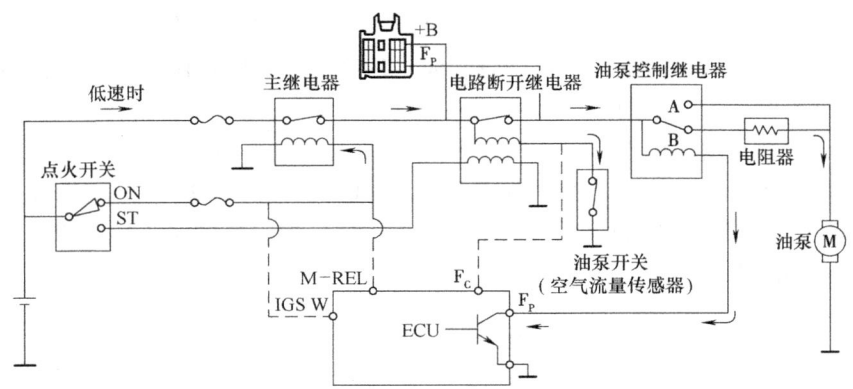

图4-4　电阻器式燃油泵控制电路（有高、低转速）

发动机在低速或中小负荷下工作时，燃油泵控制电路将继电器触点闭合，电阻器串联于燃油泵电路中，蓄电池经电阻降压，部分电压作用在燃油泵上，燃油泵低速运转。当发动机处于高转速大负荷时，ECU接收到发动机转速信号，使燃油泵ECU中的晶体管导通，燃油泵控制继电器线圈通电，吸动燃油泵继电器触点，使其常闭触点由B改为和A接通。此时电阻器断开，燃油泵电动机直接和蓄电池电源接通，蓄电池全电压加在了燃油泵上，燃油泵处于高转速状态运转。

②专设油泵 ECU 控制式燃油泵转速电路。专设燃油泵 ECU 控制式燃油泵转速电路，如图 4-5 所示。当发动机处于起动或高转速、大负荷下工作时，发动机 ECU 向燃油泵 ECU 的 FPC 端输出一个高电位信号（5V），此时燃油泵 ECU 的 F_P 端向油泵电机提供较高的 12V 电压（相当于蓄电池电压），使燃油泵高速旋转。发动机起动后，在怠速或小负荷时，发动机 ECU 向燃油泵 ECU 的 FPC 端输出一个低电位信号（相当于 2.5V），此时燃油泵 ECU 的 FPC 端向油泵电机提供一个低电压（约 9V），使燃油泵低速运转。

当发动机转速低于最低转速（如 120r/min）时，燃油泵 ECU 断开燃油泵电路，使燃油泵停止工作，所以此时即使点火开关处于接通状态，燃油泵也不工作。

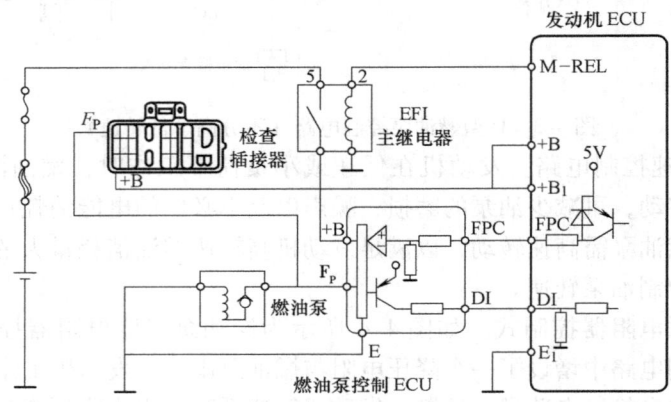

图 4-5　专设燃油泵 ECU 控制电路式

4）微型计算机直接控制燃油泵工作电压式油泵转速控制电路。随着发动机功率的增大，燃油泵的泵油量也增大，因此导致燃油泵消耗电功率和油泵的噪声都比较大。为了尽可能减少电能消耗和噪声污染，近年来研制成一种微型计算机直接控制式燃油泵电路，由微型计算机直接控制燃油泵的工作。

如图 4-6 所示，发动机工作中，ECU 根据燃油消耗量、回油量、供油装置的温度等，通过内部的控制回路 IC、控制功率晶体管 VT 进行高频率（约 20KHz）的导通和截止，控制 A 点的平均压降值，使燃油泵保持在所需要的工作电压。燃油泵工作电压与发动机负荷成正比变化，如图 4-7 所示。

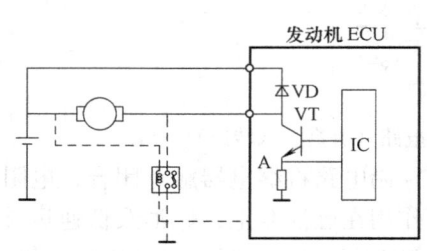

图 4-6　油泵工作电压控制电路（微机直接控制）

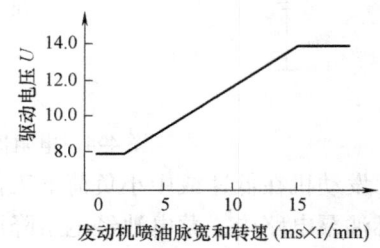

图 4-7　油泵工作电压特性

图中二极管为反馈二极管，在功率晶体管 VT 工作中截止的瞬间，电动燃油泵自感电动势反馈电流经过二极管构成回路，此时不仅可以平缓工作电流，减少了对晶体管的冲击，而且可以节省电功率。采用这种方式可省电 40%，油泵噪声也降低很多。在微机直接控制方式中，有的还装有燃油泵继电器。

3. 电磁喷油器

（1）结构　电磁喷油器的全称为电磁式燃油喷射器，是燃油喷射的执行元件，其功用是根据 ECU 的指令控制燃油喷射量。电控燃油喷射系统全部采用电磁式电子控制喷油器。其结构如图 4-8 所示，主要由针阀、喷油轴针、燃油分配管、电磁线圈、电插头和滤网等组成。

（2）喷油器的工作原理　喷油器不工作时，复位弹簧通过衔铁使针阀紧压在阀座上，防止滴油。当电磁线圈通电时，产生电磁吸力，将衔铁吸起，并带动针阀离开阀座，复位弹簧被压，燃油系统内的压力油由轴针与喷口的环隙从喷口中喷出。当电磁线圈断电时，电磁吸力消失，复位弹簧迅速将针阀关闭，喷油器停止喷油。

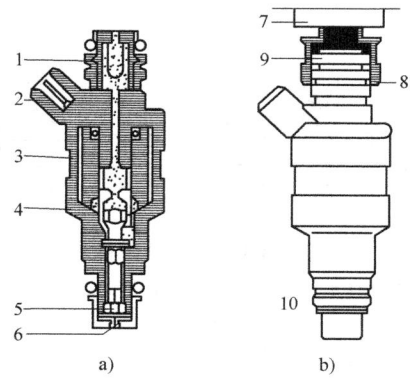

图 4-8　电磁喷油器
a) 喷油器结构　b) 喷油器外形
1—滤网　2—电插头　3—电磁线圈　4—衔铁
5—针阀　6—喷油轴针　7—燃油分配管
8—O 形密封圈　9—上密封圈　10—下密封圈

（3）喷油器的分类　喷油器按不同的分类原则，喷油器可以分为单点式、多点式、压力喷射式、电磁控制式、电压驱动式和电流驱动式等，详细的分类以及特点见表 4-1。

表 4-1　喷油器的分类

类　别	分　类	特　点
以安装数量分	单点式	一般是一台发动机安装一只喷油器，有的汽车安装两只喷油器，也属于单点式
	多点式	多点式汽油喷射系统的显著特点是有几个缸就有几个喷油器
按喷油方式分	压力喷射式	常用于机械式汽油喷射系统，其喷油器喷油口的打开是在一定的燃油压力作用下将喷油口打开的
	电磁控制式	喷油口的打开是通过喷油器内的电磁线圈通电产生电磁吸力将喷油器喷口打开的
按喷油器的喷口形式分	阀片式	结构特点见图 4-9
	球阀式	结构特点见图 4-10a
	轴针式	结构特点见图 4-10b
按喷油器线圈电阻值分	高阻值喷油器	一般是电压驱动式，阻值为 14~17Ω，通常为 15Ω 左右
	低阻值喷油器	阻值常为 3Ω 左右，带电阻为电压驱动；不带电阻为电流驱动
按喷油器的驱动方式分	电压驱动式	所谓电压驱动式是指喷油器的驱动电压是不变的
	电流驱动式	所谓电流驱动式是指喷油器的驱动电流是变动的

下面详细介绍电压驱动式和电流驱动式，喷油器的结构不同，驱动方式也不同，喷油器接驱动方式可分为电压驱动式和电流驱动式。

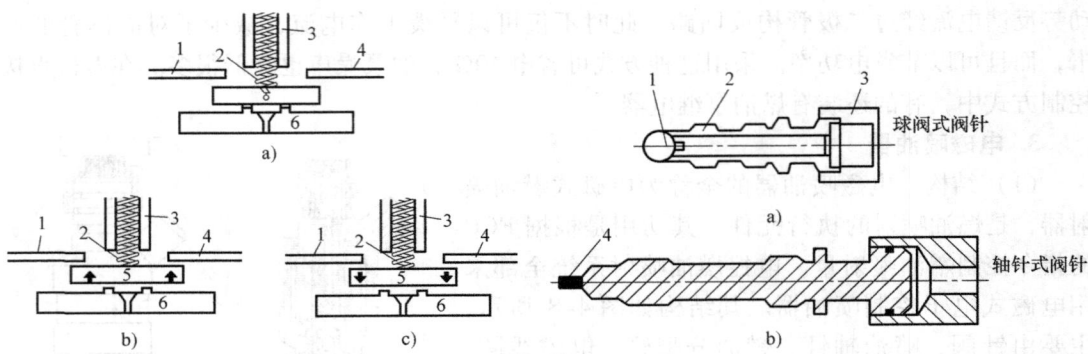

图 4-9 阀片式喷油器
a) 阀片静止在阀座上　b) 阀片抬离阀座直至抵住挡片
　　c) 阀片离开挡座
1—挡圈　2—弹簧　3—铁心　4—挡圈
5—阀片　6—阀座

图 4-10 喷油器阀杆形式
a) 球阀式喷油器　b) 轴针式喷油器
1—钢球　2—导杆　3—衔铁　4—轴针

1）电压驱动式。电压驱动式喷油器的驱动电压是不变的。可适用于低阻值喷油器，又可适用于高电阻喷油器，如图 4-11 所示。

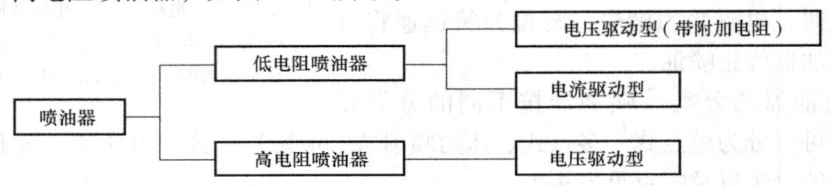

图 4-11 喷油器的驱动方式

喷油器电压驱动回路如图 4-12a 所示。

电压驱动式喷油器与低电阻喷油器配合使用时，在驱动回路中加入附加电阻，这是因为在低电阻喷油器中减少了电磁线圈的电阻和匝数，减少了电感，其优点是喷油器本身响应特性好。但由于电磁线圈电阻的减少会使电流增加，加速电磁线圈的发热而损坏，为此在回路中设置附加电阻。但由于在回路中加入了附加电阻，回路阻抗大，导致流过喷油器的电流减小，喷油器产生的电磁力降低，从动态范围看，针阀开启滞后时间较长。电压驱动方式与高电阻喷油器配合使用时，使回路更为简单，如图 4-12b 所示。

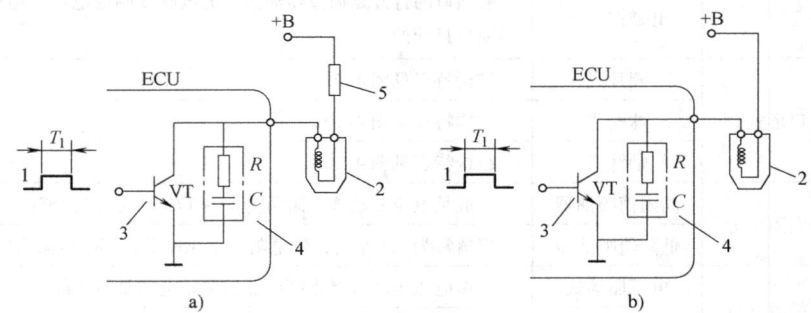

图 4-12 喷油器电压驱动回路
a) 采用低电阻喷油器的电压驱动回路　b) 采用高电阻喷油器时的电压驱动回路
1—输入脉冲　2—喷油器　3—功率晶体管　4—消弧回路　5—附加电阻

2）电流驱动式。电流驱动式，喷油器的驱动电流是变动的，开始使用较大的电流，使喷油器的电磁线圈产生较大的吸力，迅速将喷油器喷口打开，喷油器喷口打开后，再用较小的电流使喷油器保持打开状态。这样做的目的是使喷油器打开迅速，而打开后用较小的电流处于保持状态，可以节省电能。

喷油器的电流驱动回路如图4-13所示。电流驱动方式回路中没有附加电阻，低电阻喷油器直接与电源相接，因而回路阻抗小，触发脉冲接通后，电磁线圈电流上升快，针阀能快速打开，从动态范围看是相当有利的，缩短了无效喷射时间。在回路中，增加了电流控制回路，当脉冲电流使电磁线圈电路接通后，它能控制回路中的工作电流。控制回路根据计算机输出的脉冲信号使功率晶体管VT_1导通时，能及时接通喷油器电磁线圈电路。由于开始阶段晶体管VT_1处于饱和导通状态，回路阻抗小，喷油器电磁线圈的电流在极短的时间内很快上升，保证了针阀以最快的速度升起。当针阀升到全开位置时，其电磁线圈的电流达到最大，一般称为电峰值电流，用I_P表示，如图4-14所示。图4-13中A点电压达到设定值时（此时恰好针阀升至全开且稳定的位置），电流控制回路使晶体管VT_1在喷油期间以约20Hz的频率交替导通和截止，使针阀在全开位置时，通过喷油器电磁线圈的电流降至较小的保持电流I_h。一般保持电流平均值在1~2A，该电流足以能维持针阀在全开位置。由于电流控制回路的作用，限制住针阀全开时的电流值，可以达到防止电磁线圈发热以及减小功率损耗等效果。

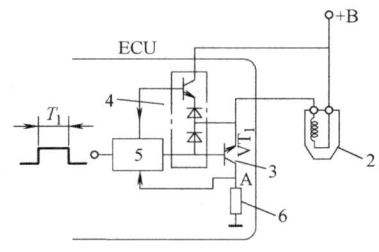

图4-13 喷油器电流驱动回路
T_1—输入脉冲 2—喷油器 3—VT_1功率晶体管 4—消弧回路
5—电流控制回路 6—电流控制电阻（反馈电阻）

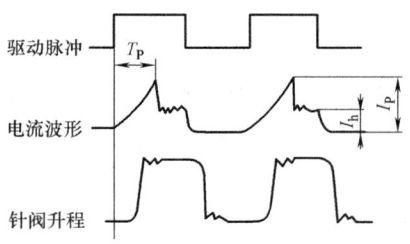

图4-14 电流驱动回路产生的电流波形
I_P—峰值电流 T_P—峰值电流到达时间晶体管
I_h—保持电流

4. 燃油压力调节器

（1）燃油压力调节器结构与功能　燃油压力调节器的结构如图4-15所示，主要由弹簧、膜片和壳体等组成。燃油压力调节器的主要功能：使燃油系统油压（燃油总管的油压）保持在厂家规定值，一般是0.25~0.30MPa，并使进气歧管与燃油总管的压差保持一个恒定值250kPa，这样，从喷油器喷出的燃油量便唯一地取决于喷油器的开启值。因为发动机在工作时，在燃油压力一定的情况下，节气门的开度不一样时，燃油喷射量不同。节气门开度小时，喷油器的喷油量除受燃油压力因素影响外，节气门后方还有一定的吸力（负压），喷油就多，混合气就浓；当节气门开大时，燃油系统的压力不变，但是节气门的开大，节气门后方负压对喷油的吸力量减小了，喷油量减少，因而混合气变稀。也就是说，在燃油压力不变的情况下，节气门开度不同，空燃比会发生变化。为此，在油压调节器上安装了一个真空管，一端通节气门后方，另一端通油压调节器膜片上方。在节气门开度小时,节气门后方的真空度通过真空管作用在油压调节器弹簧上,使发动机低速时喷油压力降低,即防止了节气门开度小时混合气变浓的问题,因而供油总管及压力调节器燃油室的油压保持在恒定的油压值上。

弹簧的弹力设定为250kPa,当进气歧管真空度为零时,燃油压力保持在250kPa。当进气歧管真空度变化时,会影响到膜片弹簧弹力,改变燃油压力。急速时燃油压力的调整值约为196kPa,节气门全开时约为245kPa,如图4-16所示。

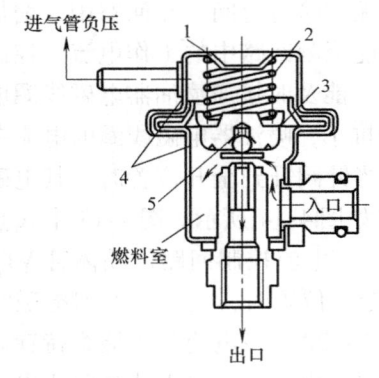

图4-15 燃油压力调节器的结构
1—弹簧室 2—弹簧 3—膜片 4—壳体 5—阀

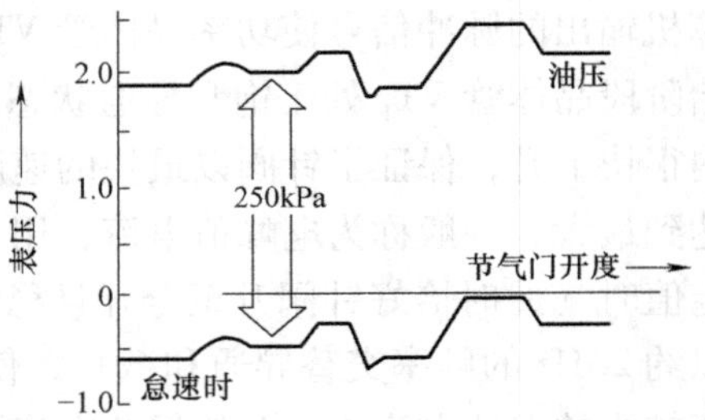

图4-16 燃油总管与歧管压差为恒定值

当发动机起动后,进气歧管产生真空,急速真空为400mmHg(压力为-54kPa),故急速时的燃油压力调整值为196kPa。节气门全开时,真空约为40mmHg(压力表为-5kPa),故燃油压力调整值为245kPa。

急速时燃油压力 = 250kPa - 54kPa = 196kPa;节气门全开时燃油压力 = 250kPa - 5kPa = 245kPa。

(2)燃油压力调节器的安装位置 燃油压力调节器的安装位置有两种,一种是安装在燃油总管上,如图4-17所示,大多数汽车都采用这种安装方式。这种安装方式是双管路,有回油管,还有从油压调节器到位于节气门后方的真空软管。

另一种安装方式是油压调节器装在油箱中,如图4-18所示。装在油箱中的燃油压力调节器,燃油压力控制在一个恒定的压力值。这种燃油压力调节器燃油系统属于单管路,即是无回油管的燃油压力调节器位于油箱内。其内部结构如图4-19所示,因为无热的燃油返回油箱,使燃油蒸发量相对减少。为保证喷油器适当喷油,发动机ECU根据进气歧管真空度的变化,计算每

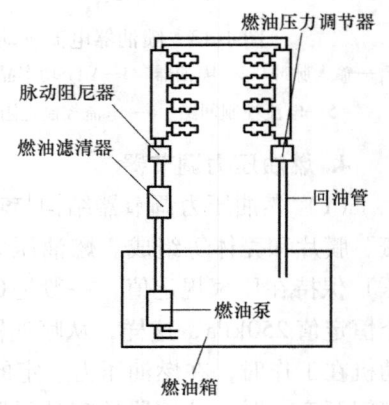

图4-17 燃油压力调节器的安装位置

次喷射时间内的燃油喷射量,以消除无真空管对喷油量的影响。这种无回油管的燃油供给系统的燃油压力为301~347kPa,比第一种燃油压力调节系统的油压高。

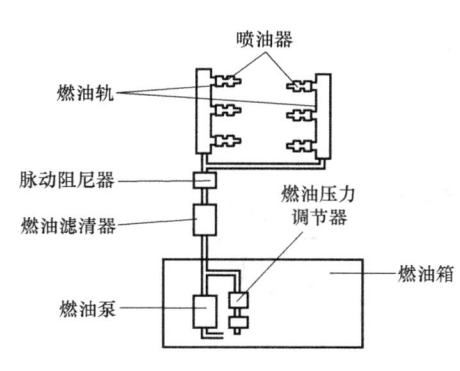
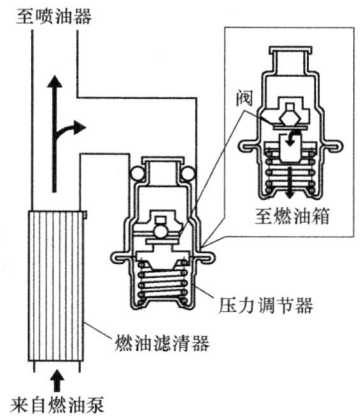

图 4-18　第二种燃油压力调节器的安装位置　　图 4-19　第二种燃油压力调节器的内部结构

5. 燃油压力脉动减振器

当喷油器喷射燃油时，在输送燃油管道内会产生燃油压力脉动，燃油压力脉动减振器是使燃油压力脉动衰减，以减弱燃油输送管道中燃油的压力波动，防止由于油压不同，引起喷油量不同，影响空燃比的变化。早期的汽油喷射系统中，燃油压力脉动减振器安装在燃油管道上，位于油箱至燃油压力调节器之间。近期的电子控制汽油喷射系统，一般将燃油压力脉动减振器安装在燃油总管（油架）上，或者设置在电动燃油泵上。功能相同，只是安装部位不同而已。燃油压力脉动减振器通常是在 250kPa 的压力下使用，但是由于喷油器工作时会产生压力脉动，所以它的常用工作范围在 300kPa 左右。如图 4-20a 所示为燃油压力脉动减振器的工作实例。由图 4-20b 可以看出，由于安装了燃油压力脉动减振器，喷油器完成喷射动作之后，减振器上游压力迅速衰减。

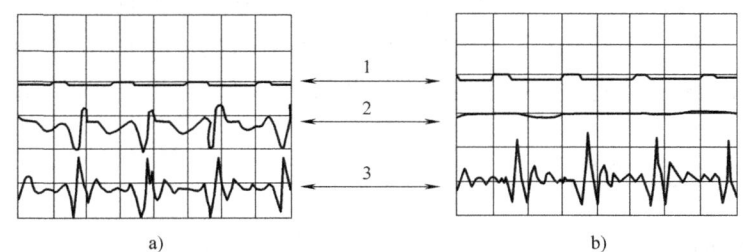

图 4-20　燃油压力脉动减振器的效果
a）未装减振器　b）安装减振器后
1—喷油器脉冲信号　2—减振器上游压力　3—减振器下游压力

6. 燃油系统的油压测试

虽然燃油系统有油压调节器的调节，但是燃油系统的油压在不同的发动机状态下，是不同的。概括起来有五种油压，测试方法如下。

按图 4-21 所示将油压表安装在燃油总管前部燃油管路中，然后进行测试。

测试前首先要释放燃油系统油压，释放油压有两种方法：

一是将电动燃油泵的接线插接器断开或将油泵熔断丝拆掉，使发动机运转至熄火，再起动起动机 3~5 次。第二种方法是用棉纱或棉布将扳手和要拆的油管接头包好，慢慢拧松油管螺钉，将系统的油压泄掉，然后装上油压表进行油压测试。

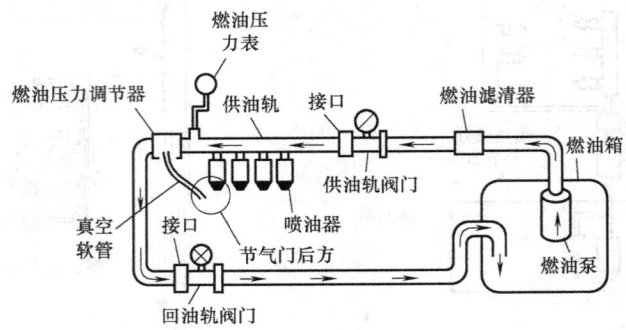

图 4-21　燃油系统的油压测试

五种油压的测试方法：

1）初始油压　即打开点火开关，不起动发动机，观察油压表的指示值，油压一般在 300kPa，这时的油压叫初始油压。

2）怠速油压　起动发动机，让发动机在怠速状态下运转，观察油压表的指示值应为 250kPa，这时油压下降是因为油压调节器的真空管产生吸力的作用。

3）工作油压　发动机在运转状态下，慢慢踩下加速踏板，直至节气门全开，观察油压指示值，油压应从 250kPa 逐渐上升至 300kPa，这就是燃油系统的工作油压。

4）堵转油压　发动机在运转中，在油压表的后部将阀关闭，切断其回油箱的通路，这时观察油压表的指示值，油压应上升至初始油压的 2~3 倍，该油压就是堵转油压，这一测试主要是测试安全阀的工作状态。

5）残压　发动机运转中，然后将发动机熄火，观察油压表的指示油压，发动机熄火后 30min 油压不得低于 0.15MPa。否则说明燃油系统有泄漏，应查明原因并排除。

再次对燃油系统进行泄压，拆下油压表，装回燃油管路，检查不得有漏油现象。

4.2　燃油喷射的控制

电子控制汽油喷射式发动机所需要的燃油是靠喷油器喷射提供的。电控汽油喷射发动机，通过直接或间接方式对空气流量进行检测后，将进入发动机的空气量与发动机的转速相结合，决定发动机的基本喷油量，再根据发动机的工况和工作状态加以修订，以通电时间长短（即喷油脉宽）的方式进行控制，并利用氧传感器进行闭环控制，实现燃油最佳空燃比控制。单点式汽油喷射系统是由装在进气歧管节气门体上方的 1~2 个喷油器进行喷射，使喷射的汽油和空气形成可燃混合气，由进气总管分配到各个气缸中去；多点式电子控制汽油喷射则在每个气缸的进气歧管进气门前方安装一个喷油器，将汽油喷射在进气歧管中，形成可燃混合气，在发动机进气门打开时进入气缸。

对于多点式电子控制燃油喷射系统，除采用机械式 K 系统和机电结合式 KE 系统发动机为连续喷射外，其余多点式燃油喷射系统多为间歇式汽油喷射。

1. 喷油器的控制

（1）喷油器的基本控制电路和工作情况　间歇性喷油器由微机进行控制，其控制电路如图 4-22 所示。发动机工作时，微机根据传感器的各种信号，经 ECU 计算后适时发出控制指令，使 ECU 中的功率晶体管导通，喷油器通电，当电磁吸力超过针阀弹簧弹力和燃油压力合力时，喷油器磁芯被吸动，阀针随即离开阀座，喷油阀口被打开，喷油器开始喷油。当大功率晶体管截止时，则喷油器电磁阀电路被切断，电磁吸力消失，弹簧弹力又使针阀返回阀座上，使阀门关闭，喷油器停止喷油。喷油器的喷油量，取决于针阀行程、喷口面积、喷射环境压力与燃油压力等因素。这些因素一旦确定，则喷油量就由针阀的通电时间，即电磁线圈的通电时间来决定。

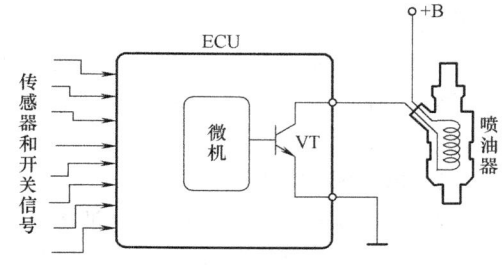

图 4-22　燃油喷油器控制电路

（2）喷油器针阀的工作特性　喷油器针阀的工作特性如图 4-23 所示。由于喷油针阀特性和电磁线圈的磁滞性以及磁路效率的影响，任何喷油器，在触发脉冲加到电磁线圈后，从脉冲开始，到针阀呈最大开启状态需要一定时间 T_o，称为开阀时间。从脉冲消失到针阀落座也需要一定时间 T_c，称为关阀时间。由图可见，喷油针阀的升起和落座与脉宽并不吻合。同时还可看出开阀时间 T_o 比关闭时间长，T_o 与 T_c 的时间差是不喷油的时间，为无效喷油时间。喷油开阀时间 T_o 除受喷油器本身的机械特性、磁滞性影响外，还受蓄电池电压的影响也较大，而关闭时间 T_c 受蓄电池电压的影响很小。

（3）喷油器的喷射量特性　喷油器的喷射量特性反映喷油器的实际供油情况。所谓喷油器的喷射量特性是指喷油器的动态喷射量 q 随喷油器电磁线圈通电时间 T_i 的变化规律，如图 4-24 所示，其反映出喷油器通电脉冲宽度与每次喷油量之间的变化关系。

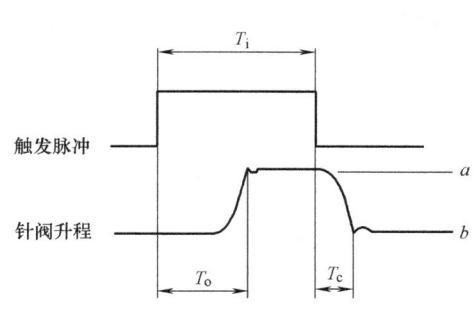

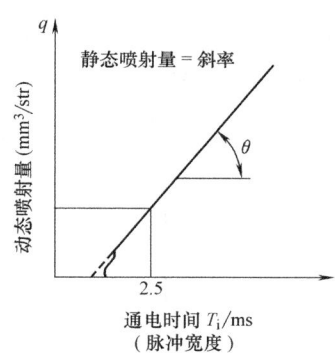

图 4-23　触发脉冲和针阀工作特性
　　T_c—关阀时间　a—针阀全开位置　b—针阀全关位置
　　T_i—通电时间（脉宽）　T_o—开阀时间

图 4-24　喷油器喷射量特性

一般情况下喷油器的喷射量特性，常用静态喷射量 Q 和动态喷射量 q 来表示。

所谓静态喷射量 Q 是指喷油器在规定压力下，使针阀保持在最大行程位置，单位时间内喷射的油量，单位是 cm^3/min，图 4-24 中的斜率表示的就是静态喷射量 Q。

所谓动态喷射量 q 是指某一通电时间 T_i 时的喷油量 mm^3。一般以通电时间 2.5ms 时的每一针阀行程的燃油喷射量来表示,单位为 mm^3/str(毫米^3/行程)。在图 4-24 所示的特性图中,在线性段的某一范围内,相对任意通电时间 T_i 的动态喷射量 q 为静态喷射量 Q 与有效喷射时间"$T_i - (T_o - T_c)$"的乘积。

由于动态喷射量是喷油器某一通电时间 T_i 的喷油量,所以喷油器按照喷油针阀工作特性工作。发动机工作时,喷油器每通电一次,喷油器按照针阀工作特性重复一次喷油。

2. 喷油时刻控制

喷油时刻就是喷油时各缸喷油器何时喷油,对于多点间歇性(或间断性)喷射发动机,按照喷油时刻可分为同步喷射和非同步(或称异步)喷射两种。同步喷射与发动机旋转同步,是在固定的曲轴转角位置进行喷射,喷油时间和曲轴转角有关。异步喷射与曲轴旋转角度无关,如急加速时的临时性喷射。另外采用卡门旋涡空气流量传感器的发动机,其喷油的开启时间与其涡流频率同步。

在同步喷射发动机中,又分为同时喷射、分组喷射和顺序喷射三种基本形式。它们对喷油正时的要求各不相同。

(1) 同时喷射　早期生产的间歇性燃油喷射发动机多是同时喷射。其喷油器的控制电路和控制程序都较简单,其控制电路如图 4-25 所示。所有的喷油器并联连接。根据曲轴位置传感器送入的基准信号,发出喷油器控制信号,控制功率晶体管的导通和截止,从而控制各喷油器同时接通和切断,使各缸喷油器同时喷油和断油。通常曲轴每转一圈,各缸喷油器同时喷射一次。如图 4-26 所示为一发动机喷油器的控制波形。由于在发动机的一个工作循环中喷油两次,因此有的称这种喷射方式为同时双次喷射。两次喷射的燃油在进气门打开时进入气缸,由于这种喷射方式是所有各缸喷油器同时喷射,所以喷油正时与发动机进气、压缩、做功的工作循环无关,如图 4-27 所示。但这种喷射方式不需要气缸判别信号,而且喷射驱动回路通用性好,其电路结构与软件都较简单,因此目前这种喷射方式还占有一定的地位。

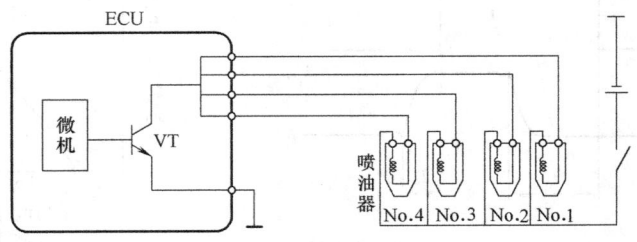

图 4-25　同时喷射电路

(2) 分组喷射　分组喷射一般是把所有气缸的喷油器分成 2~3 组。四缸发动机一般把喷油器分成两组,将一、四缸分一组,将二、三缸分为一组。六缸发动机一般分成两组或三组,分为两组则一、五、三缸为一组,六、二、四缸为一组。分成三组是将一、五缸为一组,三、六缸为一组,二、四缸为一组。分组控制的特点是喷油器共火线,按组搭铁。微机分组控制喷油器,两组喷油器轮流交替喷射。分组喷射的控制电路如图 4-28 所示,每一工作循环中,各喷油器各喷油1~2次。一般多是发动机每转一圈,只有一组喷油。分组喷射的特点是:控制复杂但混合气的分配好,对有害气体排放较同时喷射要好。因为控制较容易实现,应用较普遍。

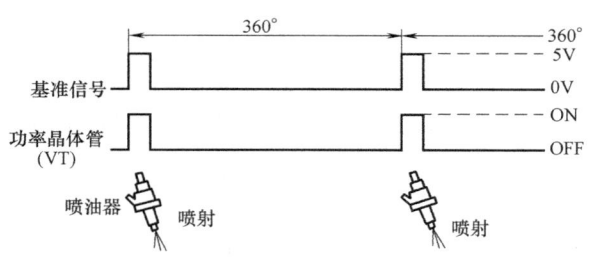

图 4-26 同时喷射波形

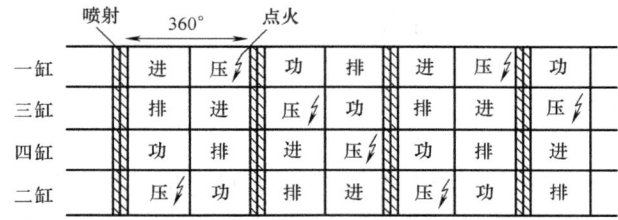

图 4-27 同时喷射正时情况

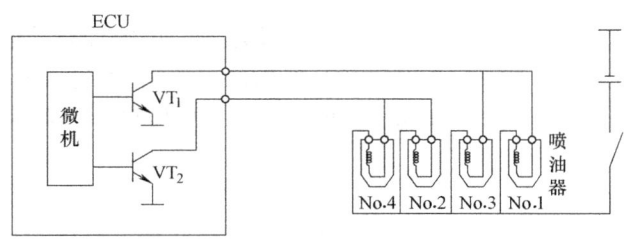

图 4-28 分组喷射电路

(3) 顺序喷射 顺序喷射也叫独立喷射。曲轴每转两周,各缸喷油器都轮流喷射一次,并且像点火系统一样,按照点火顺序依次进行喷射。顺序喷射的电路如图 4-29 所示:各缸喷油器分别由微机进行控制,驱动回路数与气缸数相等。顺序喷射方式由于要知道向哪一缸喷射,因此应具备判别信号(常叫判缸信号)。采用顺序喷射控制时,应具有正时和缸序两个控制功能。微机工作时,通过曲轴位置传感器输入的基准信号,可以知道活塞在上止点前的位置,再通过判缸信号相配合,可以判定向上止点运行的是哪一缸,同时应分清该缸是压缩行程还是排气行程。因此当微机根据判缸信号、曲轴位置信号,确知该缸是排气行程且活塞处于排气行程上止点前喷油位置时,此时微机发出喷油控制信号,接通喷油器电磁线圈电路,该缸即开始喷射。北京切诺基发动机在各缸排气行程上止点前64°开始喷射,其四缸发动机的喷油顺序是 1 – 3 – 4 – 2,六缸发动机的喷油顺序是 1-5-3-6-2-4。

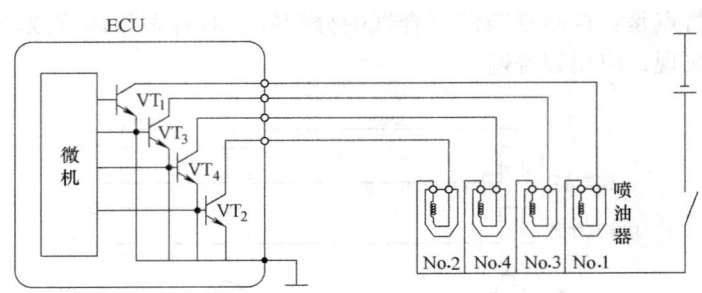

图 4-29　顺序喷射控制电路

由于顺序喷射可以设立在最佳的时间喷油，对混合气的形成十分有利，有助于提高燃油经济性和降低有害气体排放等。顺序喷射方式的控制系统的电路结构及软件都较复杂，但随着电子技术的发展，此问题也得到较好的解决。

4.3　燃油喷射量的控制

喷油量控制即喷油器喷射通电时间的控制，其目的是使发动机可燃混合气的空燃比符合工况需要。喷油量的控制实际上是由微机根据发动机运行工况及影响因素，输出控制信号进行控制的。微机控制喷射通电时间的对策、措施和方式，各厂家可能不一样，现仅就常见的基本做法介绍如下。

汽油喷射量控制大体可分为两种：一是发动机起动时的喷油量控制，它不是根据吸入的空气质量计算得出的；二是发动机起动后运行时的燃油喷射量控制，它是根据发动机吸入的空气质量和工况计算得出的。现就发动机起动工况和起动后喷油量的控制方法作以说明。

1. 起动工况的喷油量控制

由于起动工况发动机初次起动，发动机温度低、转速低、汽油不易雾化，仅靠正常喷油不能满足发动机冷车起动的要求，因此需要极浓的混合气，而在正常温度则不需要极浓的混合气，还由于发动机起动时转速波动大，吸入的空气量较少，空气流量传感器不能精确地检测，所以起动时一般不根据吸入的空气质量计算喷油量。一般对发动机的起动工况处理方式是各缸连续喷射。

2. 起动后同步喷射量的控制

汽油喷射通电时间是以一个进气行程中填充气缸的空气质量为基准计算的。一个进气行程中填充气缸的空气质量，微机可以利用空气流量传感器、歧管压力传感器进行计量，再通过进气温度传感器、大气压力传感器进行修正，结合发动机转速等输入信号计算得出。计算实际喷射时间（脉宽），要考虑发动机的动力性、经济性、响应性及排放净化等因素，即按照目标空燃比而决定的。

对于某一发动机的喷油量来说，在喷油器供油压力与进气歧管的压力在一定的情况下，喷油器每次喷油量仅与喷油脉宽成正比。所以在实际工作中，每次燃烧所需要的燃油量，是通过控制喷油器的开启时间（喷油脉宽）来实现的。

如果把起动时的特殊情况除外，按照目标空燃比决定的汽油喷射通电时间可用下式来计算，即：

$$T = T_p \times F_c + T_u \quad (\text{ms})$$

式中　T——汽油喷射通电时间（ms）；

　　　T_p——基本喷射时间（ms），它是实现既定空燃比喷油量的通电时间；

　　　T_u——喷油器无效喷油时间（ms）；

　　　F_c——基本喷射时间修正系数。它是考虑空燃比变化等情况时的修正系数，其与下式中的各项因素有关，即：

$$F_c = g(FET, FAD, FO, FL, FH)$$

式中　FET——与发动机温度相关的修正系数；

　　　FAD——加减速运行时的修正系数；

　　　FO——理论空燃比反馈修正系数；

　　　FL——学习控制产生的修正系数；

　　　FH——大负荷、高转速运转时的修正系数。

（1）基本喷射时间 T_p　在标准大气状态即293K（20℃）、101kPa（760mmHg）为基准计算出的基本喷射时间，所以用 T_p 表示。而实际大气条件变化时，如进气温度和大气压力变化时，还要考虑进气温度传感器输入的信号和大气压力传感器输入信号，才能计算出进气质量。

（2）进气温度变化时的修正　因为空气密度与温度密切相关，冷空气的密度比热空气的密度大，因此，在体积型空气流量计条件下，吸入发动机的空气流量随空气温度的变化而变化。为了避免混合气随温度升高而逐渐加浓，计算机将根据进气温度对进气进行修正。该修正值的公式可写成：

$$\sqrt{\frac{293}{273+t}}$$

其中，t 表示进气温度（℃），该修正值常用图4-30表示。图中设定进气温度20℃为基准，低于20℃增加喷油时间，高于20℃减少喷油时间。

（3）大气压力变化时的修正　因为汽车在高原地区行驶时海拔高度增加，大气压力低使空气密度降低，经空气流量计进入的质量流量就降低，为了避免混合气浓度和油耗高，应根据大气压力传感器输入信号对大气压力进行修正。图中以大气压760mmHg（101kPa）为基准，低于该值适当减少喷油时间；高于该值适当增加喷油时间。一般把图4-30所示特性制成脉谱图，预先存储在存储器ROM中，计算机可根据进气温度、大气压力传感器的输入信号，确定修正值，计算出基本喷油时间 T_p。另外，当采用热线式或热膜空气流量传感器时，它们是质量型流量计时，在

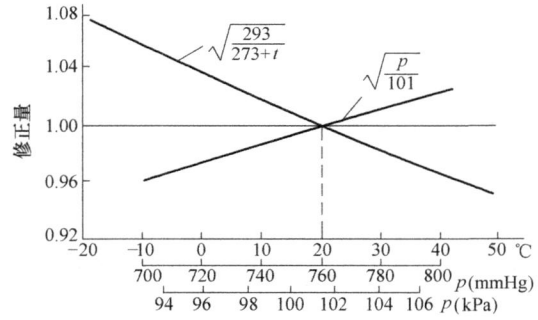

图4-30　进气温度和大气压力修正脉谱

计算喷油时间 T_p 时,不需要像体积型气流量传感器那样必须进行进气温度和大气压力的修正。

4.4 发动机各工况对燃油喷射量的控制

电子控制发动机燃油喷射量的控制技术是一种模拟技术,电子控制汽油喷射发动机也有化油器式发动机的工况,只是控制更精确、工况更齐全、自动化程度更高。电子控制系统用传感器传输工况信息,ECU 根据工况发出工况喷油指令(喷油脉宽 ms),由喷油器进行喷射。发动机各工况所需要的喷油量,是根据发动机动力性、经济性、排放性、发动机加速平顺性等要求在试验室经多次试验的最佳数据程序存入 ECU,然后作为计算和发出指令的依据,另外还有氧传感器实行闭环控制,因此电子控制发动机的各项性能指标接近最佳状态。现将电子控制发动机各工况传感器及作用(燃油喷射控制部分)作如下介绍。

1. 怠速工况

怠速需要少而浓的混合气,"少"是指混合气的数量少;"浓"是指混合气的成分为浓混合气。怠速分为基本怠速、暖机怠速、负荷怠速三种。基本怠速是发动机对外不输出动力时在原地空转情况下的怠速。发动机转速低、温度正常,发动机转速越低越好,但又不能熄火,因此,此时需要的是少而浓的混全气。基本怠速时发挥作用的传感器以及其作用详见表 4-2。

表 4-2 基本怠速时起作用的传感器及其作用

传 感 器		作 用
空气流量传感器(歧管压力传感器)		决定基本喷油量;只给发动机提供基本喷油量
发动机转速传感器信号		
发动机转速传感器信号		ECU 以实行怠速闭环控制的标准怠速值(750±50r/min)为标准,实行闭环控制,维持怠速最低转速,达到省油节能的效果
节气门位置传感器		ECU 根据 IDL 怠速触点的闭合或其电压值判定为怠速工况,为发动机提供少而浓的混合气
冷却液温度传感器		在怠速工况下,ECU 以 60℃为标准,60℃以上为基本怠速;60℃以下为暖机怠速,其目标怠速值为 1200r/min,从而加速暖机
进气温度传感器		对进气温度作出空燃比修正
负荷怠速	车速传感器信号	区分车辆是行驶还是原地基本怠速,有车速信号,负荷增加,系统将发动机转速设定较基本怠速提高 50r/min
	空调传感器信号	开空调时(在基本怠速的基础上要增加制冷、风扇旋转负荷),系统将发动机转速提高 150 r/min
	动力转向信号	动力转向信号表示汽车行驶时,转动转向盘,驱动转向轮偏转而使负荷增加

(续)

传 感 器	作 用
说明	1. 当蓄电池电压过低，需进行充电时，发动机 ECU 将提高发动机转速，由发电机对蓄电池进行充电，系统自动提升发动机目标急速 50r/min 2. 当发动机增加任何额外负荷，发动机都将执行相应的负荷急速，提高发动机转速以防止发动机因负荷增加而造成发动机熄火 3. 打开前照灯，为补偿电力消耗，发动机急速设定值将提升 50r/min

基本怠速目标值 750±50r/min，该数据存储在 ECU 的 ROM 中。

2. 起动工况

起动工况需要极浓的混合气。通过急速触点闭合信号、STA 起动信号、冷却液温度 60℃ 以下信号，可以制定为起动工况，发动机按极浓程序控制喷油。

起动工况时起作用的传感器及其作用详见表 4-3。

表 4-3 起动工况时起作用的传感器及其作用

传 感 器	作 用
节气门位置传感器	ECU 据判定为急速工况
发动机转速信号	发动机转速 400r/min 以下，确认为起动工况
冷却液温度传感器	冷却液温度以 60℃ 为界限值，60℃ 以上是正常起动，喷油量正常；60℃ 以下是冷机起动，增加喷油量，提供极浓混合气
STA 起动信号	起动工况，无法测出发动机进气量，ECU 接到此信号，即执行极浓喷油量程序

3. 中等负荷

中等负荷是发动机的常用工况，需要稀混合气，即经济空燃比。

中等负荷时起作用的传感器及其作用见表 4-4。

表 4-4 中等负荷时起作用的传感器及其作用

传 感 器	作 用
空气流量传感器（或歧管压力传感器）	两种传感器决定基本喷油量，即经济空燃比
发动机转速信号	
节气门位置传感器	节气门开度反映的是发动机的负荷，随着节气门的开大，将增加喷油量
进气温度传感器	根据进气温度在开环时对空燃比作出修正
氧传感器	氧传感器在中等负荷时执行闭环控制，使空燃比达到最佳，与三元催化转化器配合，减少有害气体的排放

4. 全负荷工况

全负荷工况是需要发动机输出最大功率的工况，需要功率空燃比。全负荷工况起作用的传感器及其作用详见表 4-5。

表 4-5　全负荷工况时的起作用传感器及其作用

传感器	作用
空气流量传感器（或歧管压力传感器）	两种传感器决定基本喷油量，相当于中等负荷喷油量
发动机转速信号	
节气门位置传感器	ECU 根据节气门位置传感器的 PSW（全负荷能点）的闭合或者节气门开大角度，确认发动机是全负荷工况，在中等负荷的基础上，增加额外喷油量，从而按功率空燃比程序喷油

5. 急加速工况

急加速时由于节气门突然开大，空气大量进入气缸，而燃油喷射量没迅速跟上，造成混合气变稀，有时发动机转速不但不会上升反而会有所下降，为获得良好的动力性和响应性，需要额外增加汽油喷射量，即进行异步喷射。

急加速时起作用的传感器及其作用详见表 4-6。

表 4-6　急加速时起作用的传感器及其作用

传感器	作用
空气流量传感器（或歧管压力传感器）	两种传感器决定基本喷油量，相当于中等负荷喷油
发动机转速信号	
节气门位置传感器	ECU 依据节气门位置传感器的节气门开大时的变化速率来判定是否为急加速。变化速率快为急加速；变化速率慢为缓加油，急加速进行异步喷油，达到额外增加喷油的要求

以上五种工况为电子控制发动机模拟化器发动机的五大工况；下面介绍电子控制发动机的扩展工况。

6. 发动机转速超速断油控制

发动机在工作中的实际转速当超出发动机的最高限定转速值时，ECU 将进行限速断油控制。一般以额定转速 ±80r/min 为控制值，当实际转速高于额定转速值 80r/min 时，ECU 即发出断油指令，停止喷油；当实际转速低于 80r/min 时，ECU 恢复供油，其控制情况如图 4-31 所示。

7. 发动机减速停供控制

执行减速停供工况是由发动机的转速传感器信号和发动机 ECU 中存储的最高转速控制值实行闭环控制。当汽车在高速行驶中驾驶员突然松开加速踏板，发动机在行驶，节气门已经关闭（怠速触点闭合），这时汽车不需要发动机再输出动力驱动汽车前进，ECU 根据怠速触点闭合信号和车速高的两个信号判定为减速停供工况，再根据冷却液温度传感器的温度控制停止喷油和恢复供油的时机。一般是发动机温度低，不易着车，早恢复供油；发动机温度高易着车，晚恢复供油。日产汽车减速停供如图 4-32 所示。

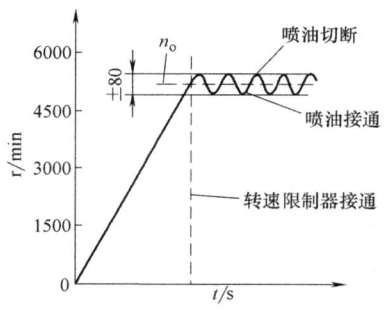

图 4-31　发动机转速断油控制

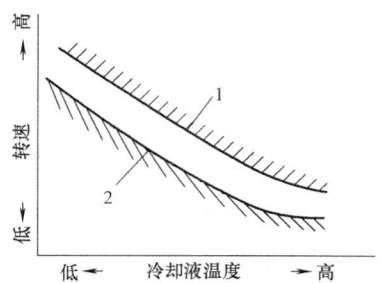

图 4-32　发动机减速停供控制示意图
1—停止供油　2—恢复供油

复 习 题 四

一、判断题

1. 电动燃油泵限压阀的作用在发动机熄火时保持燃油油路中的油压。　　　　（　　）
2. 电动燃油泵是一种由小型交流电动机驱动的燃油泵。　　　　　　　　　　（　　）
3. 不同车型采用的燃油泵控制电路是不同的。　　　　　　　　　　　　　　（　　）
4. 目前大多数电动燃油泵是安装在油箱内部的。　　　　　　　　　　　　　（　　）
5. 电动燃油泵中的单向阀起到一种保护作用，当油压过高时能自动控制减压。
　　　　　　　　　　　　　　　　　　　　　　　　　　　　　　　　　　（　　）
6. 燃油压力调节器的作用之一是使燃油分配管内压力与进气歧管的压力差保持不变，不受节气门开度影响。　　　　　　　　　　　　　　　　　　　　　　　　（　　）
7. 电动燃油泵不工作时，单向阀关闭以使油管内保持一定的残余压力。　　　（　　）
8. 电动燃油泵的压力波动比滚柱式电动燃油泵大。　　　　　　　　　　　　（　　）
9. 电动燃油泵只有在发动机起动时才工作。　　　　　　　　　　　　　　　（　　）
10. 电动燃油泵在油箱无油情况下，汽车可以长时间行驶。　　　　　　　　（　　）
11. 在电控燃油喷射系统中，喷油量控制是最基本也是最重要的控制内容。　（　　）
12. 电喷发动机在起动时必须踩下加速踏板，然后再起动。　　　　　　　　（　　）
13. 电流驱动电路只适用于低阻喷油器。　　　　　　　　　　　　　　　　（　　）
14. 发动机起动时喷油量控制和发动机起动后喷油量控制的控制模式完全相同。
　　　　　　　　　　　　　　　　　　　　　　　　　　　　　　　　　　（　　）
15. 喷油器的实际喷油时间比 ECU 发出喷油指令时刻要晚。　　　　　　　（　　）
16. 发动机起动后的各工况下，ECU 只确定基本喷油时间，不需要对其修正。（　　）
17. 喷油器一旦断电，喷油立即停止。　　　　　　　　　　　　　　　　　（　　）
18. 同时喷油正时控制即所有气缸的喷油器由 ECU 控制同时喷油和断油。　（　　）
19. 在采用电流驱动的喷油器控制电路中，无附加电阻，直接与蓄电池连接。（　　）
20. 在电压驱动电路中低阻喷油器能直接与蓄电池连接。　　　　　　　　　（　　）
21. 蓄电池电压越高，喷油器的开阀时间越短。　　　　　　　　　　　　　（　　）

22. 蓄电池电压对喷油器的关闭时间影响很大。　　　　　　　　　　　　（　　）
23. 通常情况下，喷油器的关闭时间比开阀时间要长。　　　　　　　　（　　）

二、单项选择题

1. 关于内装式电动汽油泵的优点，下列说法中不正确的是（　　　）。
   A. 不易产生气阻　　　　　　　　　　B. 有利于冷却
   C. 有利于减少噪声　　　　　　　　　D. 便于 ECU 控制
2. 若汽油喷射系统的汽油压力过高是因为（　　　）。
   A. 电动汽油泵的电刷接触不良　　　　B. 回油管堵塞
   C. 燃油压力调节器密封不严　　　　　D. 以上都正确
3. 进行燃油压力检测时，按正确的工序应该首先（　　　）。
   A. 从蓄电池上拆下搭铁线
   B. 将燃油压力表连接到电动燃油喷射系统的回油管上
   C. 在将燃油压力表连接到电喷系统上以前，首先将管中的压力油卸掉
   D. 用跨接线把检查插接器的端子 +B 和 FP 连接起来
4. 当节气门开大时，燃油分配管内油压（　　　）。
   A. 不变　　　　B. 降低　　　　C. 升高　　　　D. 先降低再升高
5. 发动机关闭后，（　　　）使汽油喷射管路中保持残余压力。
   A. 喷油器　　　　　　　　　　　　　B. 汽油滤清器
   C. 电动汽油泵出口处的单向阀　　　　D. 回油管

三、问答题

1. 燃油供给系统由哪些部件组成？燃油压力调节器有什么作用？
2. 常见电动燃油泵的控制电路有几种？试分别进行电路分析。
3. 检查燃油供给系统时，有哪些注意事项？
4. 简述电动燃油泵的检查过程。
5. 燃油系统油压的检查方法是什么？
6. 什么是高阻喷油器？什么是低阻喷油器？
7. 什么是喷油器电压驱动电路？什么是喷油器电流驱动电路？它们各有什么特点？
8. 喷油量的控制有几种？如何进行控制？

模块 5

怠速控制系统

 知识要点

- 电控汽油喷射发动机的怠速进气通道的两种控制方式；
- 怠速调节器的类型及其结构与作用。

 技能要点

- 了解怠速控制系统是如何实现对进气量的控制；
- 学会辨别基本怠速、暖机怠速和负荷怠速三种工况；
- 掌握不同车型怠速控制装置的检修方法。

5.1 旁通气道式怠速调节器

怠速是电子控制汽油喷射发动机执行器的重要控制内容。怠速转速过高，会增加燃油的消耗量。汽车在交通密度大的道路上行驶时，约有 30% 的燃油消耗在怠速阶段，因此对怠速转速应尽量降到最低。但考虑到减少有害气体的排放，怠速转速又不能过低。另外，怠速控制应考虑所有怠速使用条件，如冷车加温运转与电器负荷、空调、动力转向等情况，它们都会引起怠速转速的变化，造成怠速不稳甚至导致发动机熄火等现象。通常发动机输出动力时，其转速是由驾驶员通过加速踏板改变节气门的开度而决定的，而负荷怠速和暖机怠速是 ECU 通过调节发动机的进气量来实现自动调节。但在怠速行车时，驾驶员的脚已离开加速踏板，驾驶员不可能对发动机的进气量进行随机调节。为此，在电子控制发动机上，都设有不同形式的怠速转速控制装置。怠速控制的功用：一是实现发动机起动后的快怠速（暖机过程）；二是自动维持发动机怠速在目标转速下稳定运转（基本怠速）。微机对怠速控制的内容包括：起动后暖机控制、负荷变化控制和减速时的控制等。怠速转速的控制实质是对发动机怠速进气量的控制。

怠速进气量的控制方式随车型而有所区别。对电控汽油喷射发动机来说，大体可分为两种类型：一是直接控制节气门的初始开度，即节气门直动式，如图 5-1a 所示；二是控制旁通气道的截面积,如图5-1b所示,这两种都是通过改变空气道进气量的方法来调节怠速高低的。旁通气道式是较为常见的一种,现将其控制方式、应用车型和控制功能进行介绍。

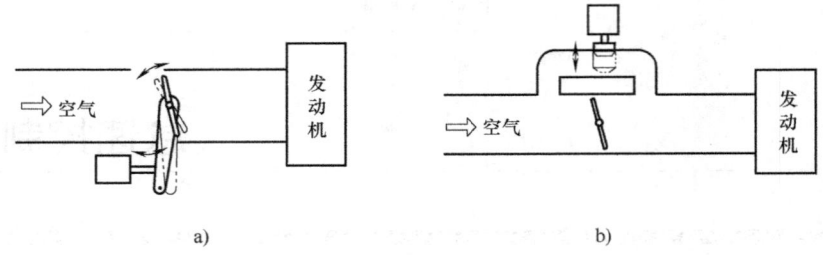

图 5-1 两种怠速控制方式的工作原理
a) 节气门直动式 b) 旁通气道式

旁通气道式怠速控制是在节气门的旁通气道内设置一个控制阀门。在开大旁通气道截面积时,旁通空气量增加,则怠速转速升高;反之,则怠速转速下降。有的车型在节气门体上设置旁通气道,有的通过其他管路设置旁通气道。怠速控制方式有调整螺钉式和旋转滑阀式两种。调整螺钉式主要应用于丰田发动机、奥迪100的2.2E机械式汽油喷射发动机,可对基本怠速进行人工调节。现详细介绍旋转滑阀式怠速调节器。

1. 旋转滑阀式怠速调节器

旋转滑阀式怠速调节器有三种类型,一种是旋转滑阀式,其定子是永久磁铁,转子是线圈,可以调节磁场强度控制怠速转速;另一种是旋转电磁阀式,其转子是永久磁铁,而定子是线圈,通过调节磁场强度,实现怠速转速控制;第三种是单线圈控制滑阀式。

(1) 旋转滑阀式怠速调节器 旋转滑阀式怠速调节器用于日产蓝鸟轿车上,可控制基本怠速、暖机怠速和负荷怠速。其由永久磁铁、电枢(转子)、旋转滑阀、旋转复位弹簧、电刷和电路插接器等组成,如图5-2所示。旋转滑阀固装在电枢轴上,与电枢轴一起旋转用以控制流过旁通气道的空气量。永久磁铁固装在外壳上,其间形成磁场。电枢位于永久磁铁磁场中,电枢铁心上绕有两组绕向相反圈数相同的线圈L_1和L_2。当线圈L_1通电时,电枢带动旋转滑阀顺时针方向偏转,旁通气道截面关小,怠速转速降低;当线圈L_2通电时,电枢带动旋转滑阀逆时针方向偏转,旁通气道截面开大,旁通空气量增大,怠速转速提高。L_1和L_2一端和滑环相连,经电刷引出线与ECU相连,如图5-3所示:电枢轴上的滑环类似于起动机上的换向器结构,它由三片滑片组成,其上各有一电刷与之接触。电枢绕组L_1和L_2的两端分别焊接在相应的滑片上。当点火开关旋至"ON"时,旋转滑阀怠速调节器电路插头

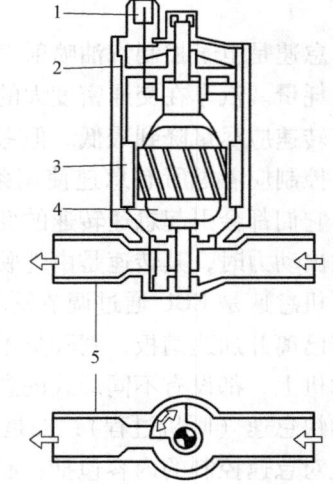

图 5-2 旋转滑阀式怠速空气调节器
1—电线接头 2—外壳 3—永久磁铁
4—电枢 5—怠速调节器旁通空气道

"2"上即有 12V 蓄电池电压。电枢绕组 L_1 和 L_2 上是否通电,则由计算机中控制 L_1 和 L_2 搭铁的晶体管 VT_2 和 VT_1 的通断状态所决定。占空比控制信号和两个晶体管基极之间有反相器,故晶体管 VT_1 和 VT_2 集电极输出相位相反,致使电枢上交替产生方向相反的电磁转矩。由于电磁转矩交变的频率较高(约 250Hz),且电枢转动具有一定的惯性,所以旋转滑阀将根据控制信号的占空比变化摆转到一定的角度后而稳定。

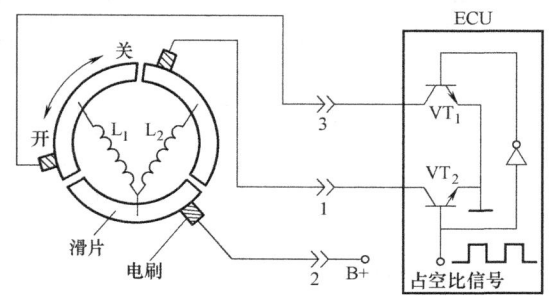

图 5-3 旋转滑阀式怠速调节器的电路图

占空比是电磁自动化控制新技术,通过占空比的变化,改变脉冲电流大小,改变电磁转矩,实现旋转或轴向位移,达到控制目标。此处是为了改变扭转力矩,控制怠速空气通道截面,达到自动控制怠速转速的目的。占空比控制在电控发动机怠速控制中占有非常重要的地位,现将其应用范围列表于 5-1。

表 5-1 占空比在怠速控制中的应用

占空比作用方式	占空比应用范围
轴向位移作用式	占空比电磁阀式怠速调节器
	丰田汽车真空怠速调节器
径向扭转作用式	旋转滑阀式怠速调节器
	旋转电磁阀式怠速调节器
	单线圈旋转滑阀式怠速调节器

一个脉冲由通电时间和断电时间组成。通电时间为高电位,断电时间为低电位。通常把通电和断电一个周期作为 100%,通电所占的百分比叫占空比。如图 5-4 所示,占空比有三种情况:占空比大于 50%,L_1 线圈平均通电时间长,其合成电磁转矩使电枢带动旋转滑阀顺时针方向偏转,旁通空气道截面关小,怠速转速降低;占空比等于 50%,两者产生的电磁转矩相抵消,L_1 和 L_2 线圈的平均通电和断电时间相等,旋转滑阀停留在一定位置不动;占空比小于 50%,L_1 线圈的平均通电时间小于 L_2 的平均通电时间,旁通空气道截面增大,怠速转速上升。旋转滑阀如此根据控制脉冲信号的占空比偏转。占空比的变化范围为 18%(旋转滑阀关闭)至 82%(旋转滑阀打开)之间,旋转滑阀的偏转限定在 90°之内。旋转滑阀式怠速调节器的检修有两项内容,一是检查插接器插头中间是否有 12V 电源,二是检查线圈电阻值,其阻值一般是 10Ω。

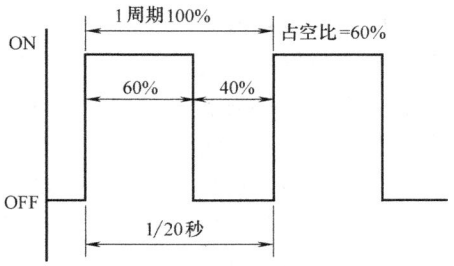

图 5-4 脉冲占空比图

占空比有三种类型,见表 5-2。

表 5-2　占空比有三种类型图

占空比类型	占空比图示	占空比特点
占空比大于 50%		占空比大于 50%，通电时间长，断电时间短，产生大的作用力，向作用力大的方向动作
占空比等于 50%		通电时间和断电时间相等，作用力和反作用力相抵消，维持现有动作不变
占空比小于 50%		占空比小于 50%，通电时间短，断电时间长，产生相反的作用力，向作用力大的反方向动作

（2）旋转电磁阀式怠速调节器　旋转电磁阀式怠速调节器与旋转滑阀式怠速调节器的工作原理基本相同，只是旋转电磁阀式怠速调节器的转子是永久磁铁，而定子是可改变磁场强度的线圈，用于丰田电控发动机上。在节气门下方，是一个米黄色外壳的怠速控制装置。

旋转电磁阀式怠速调节器的工作原理如图 5-5 所示。旋转电磁阀的控制阀安装在阀轴的中部，阀轴的一端安装有圆柱形永久磁铁，阀轴的另一端装有双金属片。永久磁铁对应的圆周位置上装有相对的两个线圈，由 ECU 控制两个线圈的通电和断电，改变两个线圈产生的磁场强度，两个线圈产生的磁场与阀轴电磁铁相互作用，使永久磁铁带动阀轴一起偏转，转动的角度由永久磁铁转动的转矩与双金属片复位弹簧转矩相平衡情况决定。双金属片制成卷簧形，外端用固定销固定在阀体上，内端与阀轴端部的挡块相连接，阀轴只能在挡块凹槽限定的范围内摆动。流过阀体的冷却液的温度变化时，双金属挡块旋转电磁阀式怠速调节转动，从而改变阀轴转动的两个极限位置，以控制怠速控制阀的最大开度和最小开度，此装置只起

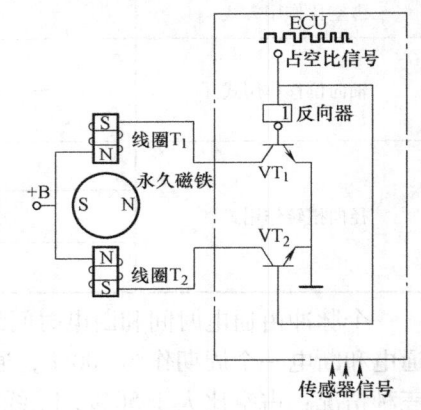

图 5-5　旋转电磁阀式怠速调节器工作原理

保护作用，可防止怠速控制系统电路出现故障时，发动机转速过高或过低。只要怠速控制系统正常，阀轴上的限位杆就不与挡块的缺槽两侧接触。ECU 控制旋转电磁阀型怠速控制阀的工作时，控制阀的开度是由 ECU 通过控制两个线圈的占空比来实现的。旋转电磁阀式怠速调节器控制原理与检修与旋转滑阀式怠速调节器完全相同。只是旋转滑阀式怠速调节器控制的是转子线圈，定子是永久磁铁；旋转电磁阀式怠速调节器控制的是定子线圈，转子是永久磁铁。

（3）单线圈驱动旋转滑阀式怠速调节器　单线圈驱动旋转滑阀式怠速调节器由一组电磁线圈、衔铁、阀门以及自带 IC（集成电路）组成，如图 5-6 所示。单线圈驱动旋转滑阀式怠速调节器安装在节气门体上，特点是空气控制部分和旋转滑阀式结构相同，只是其控制接线是线圈的两端子。IC（集成电路）利用 ECU 发出的占空比信号，控制流入电磁线圈电流的方向和大小，并使阀门转动，从而控制调节节气门的旁通气道流入的空气量。占空比高时，IC 将阀门向打开的方向转动，使阀门的开度开大，怠速转速提高；占空比小

时，IC 电路将阀门向关闭的方向转动，使阀门的开度关小，怠速转速降低。

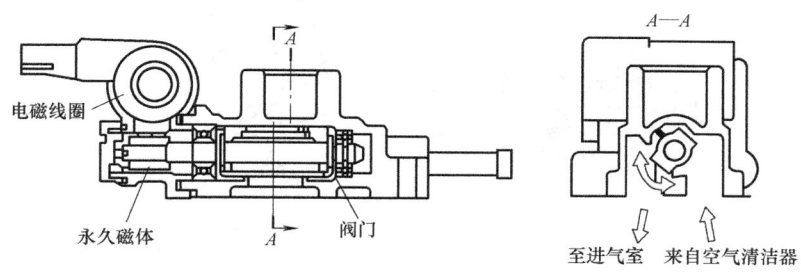

图 5-6 单线圈驱动旋转滑阀式怠速调节器控制阀的剖视图

2. 步进电机式怠速调节器

步进电机式怠速调节器有两种类型：六端子（四线圈）式和四端子（两个线圈）式。六端子步进电机式怠速调节器常用于丰田和三菱汽车；四端子步进电机怠速调节器常用于大宇和现行各种微型车上。步进电机式怠速调节器的空气控制通道和内部结构如图5-7所示。

（1）六端子（四线圈）步进电机式怠速空气调节器　六端子步进电机式怠速空气调节器是由永久磁铁构成的转子、电磁线圈构成的定子和把旋转运动变成直线运动的进给丝杆及阀门等部分组成。它利用改变定子磁极实现步进电机旋转和转变方向，使转子可正转，也可反转，从而使阀芯上下运动以达到调节旁通气道截面大小的目的。不同汽车公司采用的步进电机式怠速调节器结构形式略有不同，但其基本结构和怠速调整工作原理相同。以三菱公司的产品为例，介绍其结构和工作原理。如图5-8所示，为步进电机式怠速调节器的定子和转子结构，其转子由永久磁铁构成，N极和S极在圆周上相间排列。定子共有八对，由A、B两列电磁极。内部各绕有A、B两组线圈，线圈由导磁材料制成的爪极包围，定子各有八对爪极，八对爪极（N极与S极）之间的间距为一个爪的宽度，A、B两个定子爪极相差一个爪极差位，其构成如图5-9所示。爪极的极性是根据线圈通电变化而变化的，由微机控制装置输出控制定子相线绕组的脉冲决定的。A、B两个绕组分别由1、3相绕组和2、4相绕组构成，由计算机内晶体管控制各相绕组的搭铁，如图5-10所示。相线控制脉冲如图5-11所示：欲使步进电机正向转动时，相线控制脉冲按1→2→3→4相顺序依次滞后90°相位角，定子N极向右方向移动，转子随之正转；反之，欲使步进电机反向转动时，相线控制脉冲按4→3→2→1相的顺序依次超前90°相位角，定子向左方向移动，转子随之反转。转子的转动是由于定子线圈电磁铁和转子永久磁铁的N极和S极相吸引到最近距离，因定子的爪极极性随相线控制脉冲的变化而改变，所以转子保持转子的N极随时对定子的S极对齐。转子转动一圈分为32个步级进行，每个步级转动一个爪极的转角，即11.25°，步进电机的工作范围为0~125个步级。

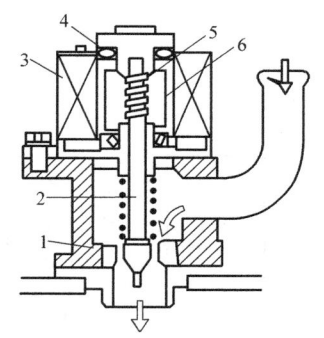

图 5-7　步进电机式怠速调节器
1—阀座　2—阀轴　3—定子
4—轴承　5—进给丝杆　6—转子阀芯

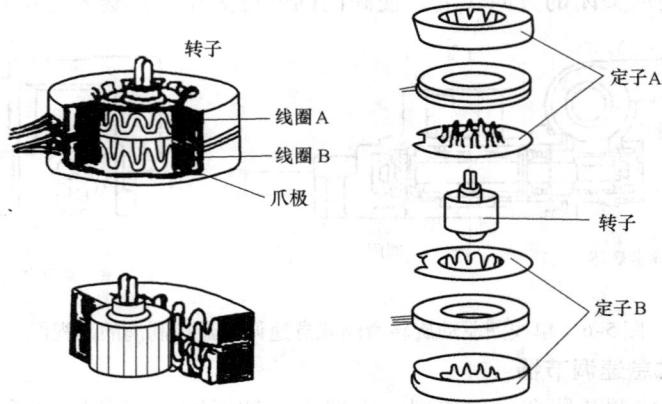

图 5-8 定子和转子结构

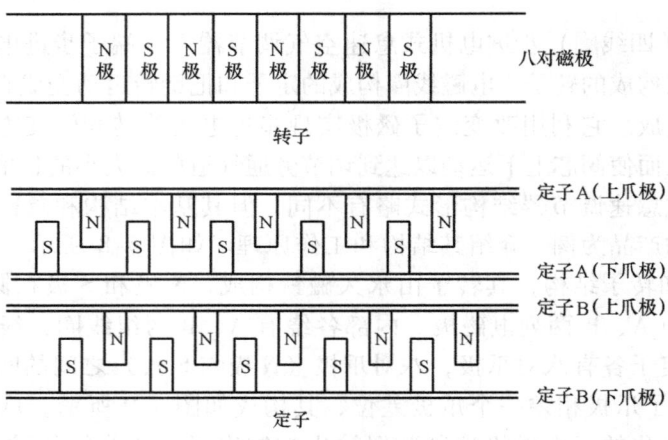

图 5-9 定子的布局

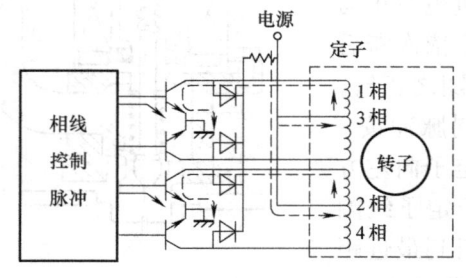

图 5-10 相线绕组的控制电路

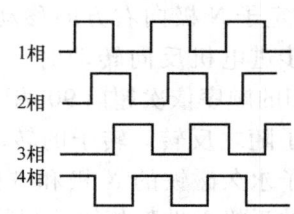

图 5-11 相线绕组控制脉冲（正转）

（2）四端子（两线圈）式步进电机怠速调节器　美国通用公司步进电机怠速控制

机构为两线圈式步进电机怠速调节器，这种形式的步进电机还应用于韩国大宇及各种微型车车型上。在节气门全关闭状态时（怠速状态下），发动机控制计算机ECM根据电源电压、冷却液温度传感器信号、发动机负荷信号、空调开关信号、动力转向信号、发动机转速信号、车速信号发出指令，控制怠速调节器的动作，改变怠速控制阀口的开口截面的大小，从而控制怠速的转速高低。阀杆离开阀座，可以增加旁通气道进气量，发动机怠速转速提高；阀杆接近阀座，旁通气道进气量减少，怠速转速降低。步进电机的怠速控制机构通过蜗杆机构，将带有24个磁极的转子的旋转运动变为锥形阀的直线运动，其调节范围为0~250步级，怠速空气旁通气道全关为0步；怠速旁通气道全开为250步，具体原理如图5-12所示。发动机每次关闭时，动力控制模块PCM（不但控制发动机，而且控制自动变速器的换挡），均向IAC发出步级指令，按时校准步骤，让步进电机阀杆移向阀座（伸出）或离开阀座（缩回）至上一次起动时的位置，这为重新起动发动机时建立一个正确的工作位置参数做好准备。在检修IAC阀时，不要用手拉动或用手推动阀杆，否则容易损坏螺杆的螺纹，也不要将控制阀浸没在任何清洗液中，因为控制阀是个微型电机，浸在清洗液中可能会损坏线圈的绝缘，阀杆和阀座锥面上有亮点是正常的，并不是接触不密封。要注意检查O形圈，安装时要涂一层机油，更换新IAC阀要注意型号，新阀尖至阀座的距离应不大于28mm。否则可轻轻压回；拆过

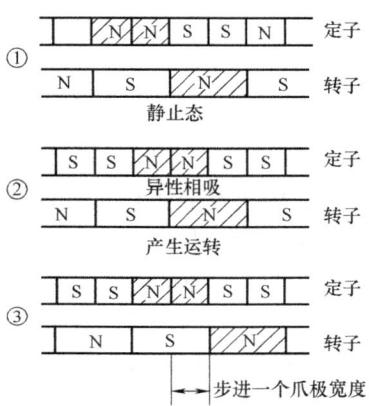

图5-12 步进电机前进一步的原理

电源线或PCM插头，在装回时，点火开关先"ON"5s，再"OFF"5s，再起动发动机，以使步进电机恢复控制记忆。怠速控制阀的阀杆卡住或旁通气道堵塞、步进电机工作不良会使怠速工作不良、游车或熄火。

丰田公司（四线圈式）步进电机的检测方法：

①步进电机怠速调节器线圈电阻的检测。拆下步进电机，用数字万用表电阻挡测量步进电机线圈的电阻值。电磁线圈式怠速调节器各组线圈其电阻值为10~15Ω。如线圈的电阻值不在上述范围内，应更换怠速步进电机。

②步进电机怠速调节器电机动作的检测。

a. 拆开步进电机电线插接器，将点火开关转至"ON"挡，但不起动发动机，在线束侧分别测量B_1和B_2端子与搭铁间的电压，应为蓄电池电压（10.5~14V），否则说明步进电机电源电路有故障。

b. 发动机起动后再熄火时，2~3s内步进电机附近应能听到内部发出"嗡嗡"的声音，否则应进一步检查怠速控制阀、线路、ECU。

c. 拆下怠速步进电机和步进电机线束插接器，在步进电机侧分别检测端子B_1、S_1和S_3；B_2、S_2与S_4间的电阻，其阻值应为10~30Ω，否则应更换怠速控制阀。

d. 拆下怠速步进电机和步进电机线束插接器。将蓄电池正极接B_1和B_2端子，负极顺序依次接通端子$S_4 \rightarrow S_3 \rightarrow S_2 \rightarrow S_1$端子时（图5-13a），步进电机将随之旋转，步进电机阀

杆应向外伸出；负极顺序依次接通端子 $S_1 \rightarrow S_2 \rightarrow S_3 \rightarrow S_4$ 时（图 5-13 b），步进电机阀杆应缩回。若动作情况不符合上述情况，则应更换步进电机。

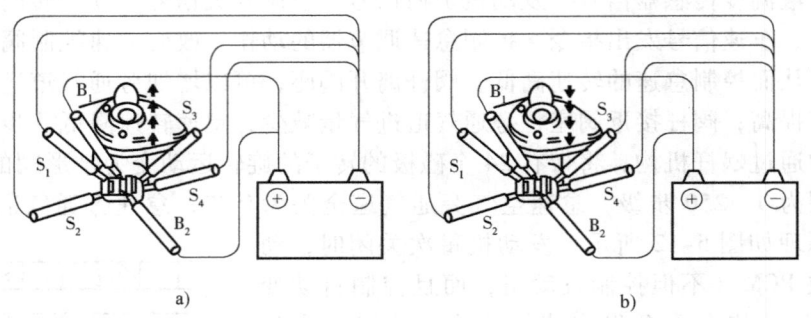

图 5-13　皇冠 3.0Z-GE 发动机检验 2J 步进电机转动试验
a) 4321 顺序检测法检测　b) 1234 顺序检测法

3. 电磁线圈式怠速调节器

电磁线圈式怠速调节器按车型控制作用和工作原理的不同分为两种：一种是开关式怠速调节器；一种是占空比电磁阀式怠速调节器（主要用于基本怠速的控制）。

（1）开关式怠速空气调节器　开关式怠速空气调节器的显著特点是被控制的电磁阀是一个双端子的电磁阀，其控制阀口截面较小，其外形是一个六方的，其控制阀口和其他怠速控制通道并联。由于其电路的接通像一个开关，没有电流的变化，控制方式是固定的，因此称之为开关式怠速调节器，专用于负荷怠速控制。

（2）占空比电磁阀式怠速调节器　占空比电磁阀式怠速调节器的显著特点为：其电磁阀是一个体积较大、外形是圆柱状的怠速空气调节器。占空比电磁阀式怠速调节器由电磁线圈、阀轴、复位弹簧、阀和壳体等组成，如图 5-14 所示。占空比电磁阀怠速调节器利用占空比电磁线圈产生电磁吸力，使阀轴作轴向位移，当弹簧力与电磁吸力达到平衡时，阀门位置处于稳定状态，电磁吸力的大小取决于微机控制装置送至怠速空气调整器电磁线圈的驱动电流大小；当驱动电流大时，电磁吸力大，阀门开度则大，怠速转速就高；反之，当电磁吸力小时，阀门开启就小，怠速转速就低。这种怠速空气调整器的优点是响应速度非常快，并可根据发动机的负荷信号改变其旁通气道进气量，也就是可改变发动机的怠速高低。

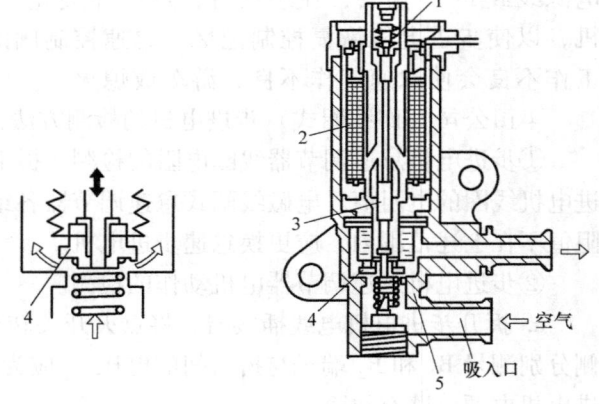

图 5-14　电磁线圈式怠速调节器
1—弹簧　2—电磁线圈　3—阀轴　4—阀　5—电磁阀壳体

4. 真空控制式怠速调节器

真空控制式怠速调节器用于丰田汽车，怠速转速控制采用真空控制方式，由微机进行占空比控制，主要由旁通空气控制阀和真空控制阀组成，对其脉冲占空比进行调节。在日产 ECCS 系统中，加在电磁线圈上的脉冲电压频率为 20Hz，即一秒钟内电磁阀开闭 20 次，如图 5-15 所示为丰田汽车怠速空气调节器的实物。这种怠速空气调节器的内部结构和燃油压力调节器的结构大体相同。燃油压力调节器的回油管相当于本零件通往稳压箱的管子，中间有膜片，膜片上方有弹簧，上部的小管和真空控制管相通，只是在这种怠速调节器上是通往 VSV 阀的一条软管，VSV 阀的控制仍然是占空比控制方式。

图 5-15　真空怠速调节器

5.2　节气门直动式怠速调节器

节气门直动式怠速控制执行机构直接控制节气门的开启程度，以调节怠速时的空气流量，从而实现怠速的转速控制。节气门直动式怠速调节方式可分为外置式和内置式两种形式。

1. 外置式节气门直动怠速控制机构

外置式节气门直动怠速控制机构因所有控制部件都暴露在外面，故称之为外置式。如图 5-16 所示，该怠速执行器主要由直流电机、减速齿轮和丝杆等部件组成。执行器的输出是传动杆的前后运动，它与节气门操纵臂的全闭限位器相接触，决定了节气门的最小开度。当微机控制直流电机通电时，电动机产生旋转力矩，通过减速齿轮减速，增大了旋转力矩，然后又通过丝杆变旋转运动为传动轴的前后直线运动。通过传动轴的运动，使节气门最小开度随之变化，实现节气门边缘空气通道截面的变化，改变怠速的进气量，进而实现怠速的控制。

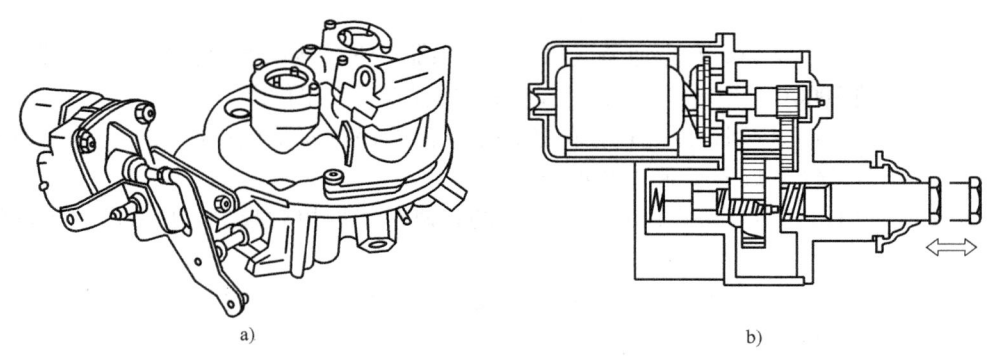

图 5-16　外置式节气门直动怠速控制机构
a）外置式节气门直动怠速控制机构　b）外置式节气门直动怠速控制齿轮传动机构

外置式节气门直动式怠速控制执行器具有较强的执行能力，控制稳定性好，但反应速度不是很快。同时，整个执行机构外形尺寸也比较大，安装受到一定的限制。

2. 内置节气门直动式怠速控制机构

内置节气门直动式怠速控制机构和节气门体制成一体，并用金属薄板壳覆盖，故称之为内置式，应用于桑塔纳3000、捷达等车型。大众轿车将其称之为节气门控制组件 J338。

（1）结构特点　桑塔纳3000GSi 型轿车节气门怠速控制方式为节气门直动式，取消了节气门旁边的旁通空气道，由节气门控制组件 J338 对发动机的怠速转速进行综合控制。节气门控制组件 J338 由怠速开关 F60、怠速节气门位置传感器（怠速节气门电位计）G88、怠速控制电机 V60 和节气门位置传感器（节气门电位计）G69 等组成，J338 结构与电路连接如图 5-17 所示。

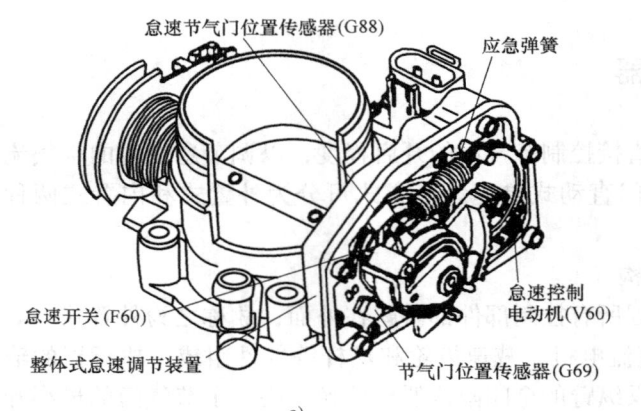
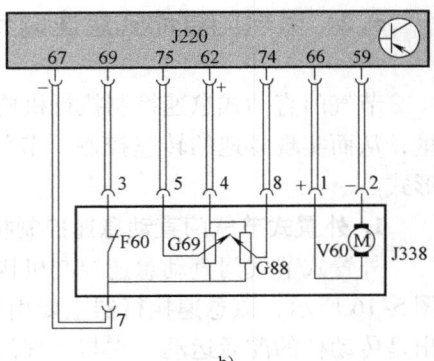

图 5-17　桑塔纳 3000GSi 型轿车节气门控制组件 J338
a）结构图　b）电路图
1—电动机正极端子　2—电动机负极端子　3—怠速开关信号输出端子
4—节气门位置传感器 G69 和怠速节气门位置传感器 G88 电源端子　5—节气门位置传感器 G69 信号端子
7—搭铁端子　8—怠速节气门位置传感器 G88 信号端子

节气门位置传感器 G69 和怠速节气门位置传感器 G88 均为线性电位器，怠速开关为触点开关。桑塔纳 3000GSi 型轿车的怠速控制系统具有以下突出优点。

1）由于采用综合控制，因此在任何条件下，都能保持发动机怠速稳定，从而使废气排放减少；调节进气量减少了漏气的可能性。

2）由于采用节气门直动式，因此所需要的怠速空气量相对减少，从而减少了燃油消耗量。

3）怠速进气从主空气道流过，使发动机设计与制造工艺大大简化。

4）控制部件结构简单，且对脏污不敏感。

5）在节气门体处采用了球形空气道，在怠速的不同节气门开度时能够精确地调节空气量，因此，在任何条件下均可保证发动机怠速平稳性。

桑塔纳 3000GSi 型轿车节气门控制组件 J338 的插接器端子排序和含意如图 5-18 所示。

（2）工作原理　节气门位置传感器 G69 和怠速节气门位置传感器 G88 起着节气门位置传感器的作用。怠速控制电机 V60 起着控制怠速的作用，能适当开大和关小节气门的开度，所以桑塔纳3000GSi型轿车没有配置怠速控制阀。节气门位置传感器和怠速节气门位置传感器的功能都是向电控单元J220提供节气门当前的位置信息，在怠速范围内，电控单元J220根据这些信息通过怠速电动机来调节怠速时的节气门开度。

1）节气门电位计（节气门位置传感器）G69。节气门电位计G69直接连接在节气门轴上，与驾驶员操纵的加速踏板联动。通过安装在节气门轴一端的滑臂在电位计滑动电阻上滑动，将节气门开度转换为电信号输送给电控单元，在发动机工作转速范围内，向电控单元提供当时的节气门位置信号，作为电控单元判断发动机运转工况的依据。在配置自动变速器的汽车上，电控单元利用这个信号来控制自动变速器的换挡点。如果电控单元没有接收到节气门电位计传输的信号，那么电控单元将依据发动机的转速信号和空气流量计信号计算确定一个替代值。在急加速时，电控单元依据节气门开度的变化速率来判断是否是急加速工况：节气门变化速率快是急加速，否则是缓加速。

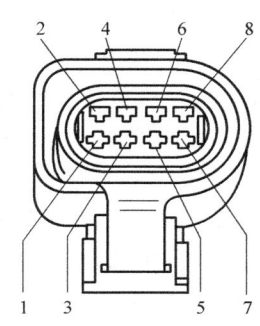

图5-18 控制组J338线束插头
1—电动机正极端子 2—电动机负极端子 3—怠速开关信号输出端子 4—节气门传感器G69和怠速节气门位置传感器G88信号端子 5—节气门位置传感器G69信号端子 6—备用端子 7—搭铁端子 8—怠速节气门位置传感器G88信号端子

2）怠速节气门电位计（节气门怠速位置传感器）G88。怠速节气门电位计（节气门怠速位置传感器）G88安装在节气门体内，与怠速控制电机连接在一起联动，可将怠速节气门的开度、怠速控制电机的位置信号输送给电控单元，当怠速节气门电位计到调整极限时，电位计G88不再移动，节气门仍可继续开启，当怠速节气门电位计的信号中断时，节气门控制组件将利用应急弹簧进入应急状态工作，将节气门拉开到固定位置，使怠速转速升高。

（3）怠速开关F60 怠速开关F60与节气门电位计G69一起安装在节气门轴上，向电子控单元提供怠速状态信息。当节气门关闭时，怠速开关闭合，电控单元判定发动机处于怠速运行状态，按怠速工况要求控制喷油量；当节气门打开时，怠速开关打开，电控单元依据这一信号控制从怠速到小负荷的过渡工况控制喷油量。怠速开关信号还可作为电控单元判别是否怠速自动控制和急减速断油控制的依据。当怠速开关信号中断时，电控单元将把节气门电位计G69的信号与怠速节气门电位计G88的信号进行比较，根据两个电位计的相互位置来判定出节气门的怠速位置。

（4）怠速调节器的控制内容

1）起动控制。当发动机ECU接收到起动信号（STA），发动机ECU根据IDL确定为发动机的起动工况，再根据冷却液温度传感器的温度高低确定怠速控制阀的开度位置。

2）暖机（快怠速）控制。发动机起动后，发动机ECU根据冷却液温度传感器温度高低，再打开怠速控制阀的开度。温度低时开度大，发动机转速高。随着发动机温度的提高，阀门逐渐关小，怠速逐渐降低，直至高于60℃后转为正常怠速。发动机冷却液温度高时起动，将直接转入正常怠速。

3）反馈控制（即基本怠速控制）。该怠速反馈控制策略与步进电机型怠速控制阀的反馈控制策略相似,即当发动机的实际转速高于设定目标怠速转速时,ECU 控制怠速控制阀开度减小;当发动机实际转速低于目标怠速转速时,J220 控制怠速控制阀开度开大。

4)发动机负荷转速变换估算控制。为了防止由于发动机负荷的变化而导致转速的明显改变,J220 监控来自空挡起动开关(NSW)、空调开关(A/C)、前照灯、后窗除雾(ELS)的信号,若装有动力转向的油压力开关(PS),还要监控这些信号。通过监控这些信号,J220 确定出目标转速从而控制节气门的开度。在 J220 进行怠速转速调整之前,先改变怠速控制阀旋转位置,以弥补发动机负荷的变化,这种控制方式有助于在发动机负荷变化过程中怠速的稳定。

5)学习控制。旋转电磁阀怠速控制阀控制系统利用怠速旁通气道学习控制策略,ECU 记忆发动机转速和占空比之间的变化关系,定期更新控制数据。车辆行驶一段时间后,磨损、积炭等其他原因会导致发动机转速和占空比间的数据发生变化。由于怠速反馈控制作用,调整后的发动机转速和占空比之间的对应关系被记忆在 ECU 中。ECU 定期更新记忆内容,可以让旋转电磁阀更快地响应发动机转速的变化。清洗积炭后易产生游车,原因是实际数据与现存储数据矛盾形成的。

对怠速转速控制的理解,对分析怠速控制的相关故障很有帮助。同样,如果蓄电池断开了,ECU 将重新进行怠速控制的学习。

3. 直动式节气门位置传感器 TPS 的检修

桑塔纳 2000GLi、桑塔纳 3000GSi 型轿车电控系统的节气门位置传感器 TPS 发生故障时,发动机 J220 都能够检测到故障信息,并能使发动机进入应急状态运行。利用故障诊断仪通过诊断插座可以读取与此故障有关的信息。节气门位置传感器的技术状态可用数字万用表进行检测。

检修节气门控制组件时,需要注意以下几点:

1)节气门组件为一整体结构,壳体不允许打开。

2)怠速参数的基本设定已由制造厂在电控单元中设定,不需要人工调整。

3)拆装或更换节气门控制组件后,必须用专用检测仪 V.A.G1551 或 V.A.G1552 重新进行一次设定。

进行基本设定时,如有下列情况,发动机怠速仍不能正常工作。

1)节气门轴因油泥沉积转动不灵活时。

2)节气门拉索调整不当时。

3)蓄电池电压过低(低于 11V)时。

4)节气门控制组件线束或插接器连接不良时。

(1)检查怠速开关 F60 怠速开关 F60 的检测标准应符合标准,否则应更换节气门控制组件。

拔下节气门控制组件 8 端子插头,用万用表检测端子与怠速开关的电源电压,接通点火开关,电源电压至少应为 10.5V。将数字万用表的两只表笔用导线连接到电控单元的 3 与 7 号插孔连接的端子上,检测怠速开关的电阻值。节气门关闭时,怠速触点的接触电阻应当小于 1.5Ω,然后慢慢打开节气门,电阻值应为无穷大。如果电阻值不符合上述规定,拔下节气门组件上的 8 端子插头,测各导线有无短路或断路故障。用万用表电阻挡检测电阻挡有无断路故障时，两支笔分别连接控制组件插头上端子"3"与电控单元插接器插孔"69"、控制组件插头上端子"7"与电控单元插接器插孔"67"，导线电阻应当小于1.5Ω。如电阻值为无穷大，说明该导线断路，应予检修。

检测导线有无短路故障。两只表笔分别连接到控制组件插头上端子"3"与电控单元插接器插孔"67"或控制组件插头上端子"7"与电控单元插接器插孔"69"，电阻值应为无穷大。若阻值为零，说明导线短路应予检修。在上述检修中，如怠速触点接触电阻不正常而导线良好，说明怠速触点接触不良应予更换节气门控制组件。

（2）检查怠速节气门电位计 G88 和节气门电位计 G69　怠速节气门电位计 G88 和节气门电位 G69 的检测标准应符合标准，否则应更换节气门控制组件。

拔下节气门控制组件 8 端子插头，用万用表检测端子 4 与 7 之间怠速节气门电位计和节气门电位计的电源电压，接通点火开关时，电源电压至少不低于 4.5V。

断开点火开关，拔下节气门控制组件 J338 插接器插头和电控单元 J220 插接器插头，用万用表检测控制组件插头上各端子与电控单元插头上各项工作插孔之间有无短路或断路故障，如有短路或断路，则应更换导线或线束。

（3）检测怠速控制电机 V60　断开点火开关，拔下节气门控制组件线束插头，将万用表拨到电阻挡，两只表笔分别连接节气门控制组件插座上"1"、"2"端子，检测怠速控制电机绕组电阻值应为 3~200Ω。如果电阻不符合规定，说明电机有故障，需要更换节气门控制组件。

复 习 题 五

一、判断题

1. 只有在节气门全关，车速为零，发动机温度正常时才进行基本怠速控制。（　　）
2. 节气门直动式怠速控制机构的动态响应性差。（　　）
3. 开关型电磁式怠速控制阀也只有开或关两个位置。（　　）
4. 当发动机刚刚起动后，开关型电磁阀的线圈处在通电状态。（　　）
5. 怠速控制的目的是在保证发动机运转稳定的前提下尽量使发动机保持高怠速运转。（　　）
6. 步进电机式怠速控制阀在点火开关断开后必须继续通电 2s，使其退回到最大位置。（　　）
7. 只要节气门体上没有旁通气道就是节气门直动式。（　　）

二、单项选择题

1. 怠速控制的实质是控制发动机怠速时的（　　）。
　　A. 喷油量　　　　　B. 进气量　　　　C. 点火提前角　　　D. 喷油正时
2. 步进电机式怠速控制阀的控制精度取决于（　　）。
　　A. 控制脉冲的频率　　　　　　　　B. 步进电机的步进角
　　C. 步进电机的步进角和控制脉冲的频率　D. 上述说法都不正确

3. 发动机起动时，怠速控制阀预先设定在（　　）位置。
   A. 全开　　　　　　B. 全关　　　　　　C. 半开　　　　　　D. 任意
4. 在暖机过程中，ECU 根据（　　）控制怠速控制阀的开度。
   A. 进气温度　　　　　　　　　　　　B. 节气门开度
   C. 冷却液温度　　　　　　　　　　　D. 凸轮轴位置
5. 怠速控制阀所调节的进气量变化时，空气流量传感器的信号（　　）。
   A. 有时变化，有时不变化　　　　　　B. 不变化
   C. 变化　　　　　　　　　　　　　　D. 上述说法都不正确
6. 丰田 2JZ-GE 发动机怠速控制阀所采用的步进电机，转子有 8 对磁极，定子有 32 个爪极，转子旋转一周前进 32 步，步进角为（　　）。
   A. 5.625°　　　　　B. 11.25°　　　　　C. 22.5°　　　　　D. 46°

三、问答题
1. 试简述旋转滑阀式怠速调节器的结构与工作原理。
2. 试简述步进电机式怠速调节器的结构与工作原理。
3. 试述怠速控制的过程和控制的内容。

模块 6 电子控制点火系统

知识要点

- 电子控制点火系统的组成与基本概念；
- 发动机对点火系统的基本要求；
- 点火系统的分类与控制方法；
- 双缸同时点火方式的工作原理。

技能要点

- 各种发动机点火正时的保证措施；
- 发动机组装中点火正时的保证措施；
- 部分汽车对点火正时的标记；
- 部分发动机点火顺序；
- 检查发动机点火正时的方法。

6.1 点火系统概述

6.1.1 点火系统的基本概念

汽油发动机中，气缸内的混合气是由高压电火花点燃的，而电火花是由点火系统产生的。

传统点火系统有三大功能：一是点火线圈初级电流的通断电控制功能；二是点火提前角的控制功能；三是按点火顺序将高压电分配到各缸的分配功能。

汽油发动机电子控制点火系统的功能有：一是点火提前角的控制功能；二是点火线圈初级电流通电时间的控制功能；三是点火分配功能；四是防止爆燃的闭环控制功能。

1. 闭合角和导通角

闭合角控制的概念来源于传统点火系统，是指断电器触点闭合期间，即初级电流接通到初级电流断开期间分电器凸轮转过的夹角。

在电子控制点火系统中，初级电流通电的曲轴转角称为导通角，即大功率晶体管导通期间发动机所转过的曲轴角度。

在传统点火系统中，分电器触点间隙和凸轮外形尺寸一定，因此其闭合角随转速变化而变化。发动机在低转速时，触点闭合时间较长，电流通电时间长，点火线圈易发热；而在高转速时，触点闭合时间短，由于初级电流从零上升到饱和电流时，需要一定的时间，致使初级电流减小，次级电压降低。

电子控制点火系统，采用大功率晶体管控制，初级电流增大，提高了火花强度，并能轻而易举地控制导通角，甚至是增大导通角，因此点火能量得到了保证。

2. 发动机对点火系统的要求

点火系统应在发动机各种工况和使用条件下，保证可靠而准确的点火。为此，应满足三个基本要求：

（1）能产生足以击穿火花塞电极间隙的电压　电流只能在连通电路中流通，而电火花要跳过电极间隙，则需要很高的电压，火花塞电极间产生跳火火花时的电压称为击穿电压。实验证明，发动机在满负荷低转速时，需要 8～10kV 的击穿电压；起动时需要击穿电压最高达 17kV。为了保证可靠地点火，点火系统必须具有一定的次级电压储备，现代大多数点火系统已能提供 28kV 以上的击穿电压。

影响击穿电压的因素很多，其中包括：火花塞电极间隙和电极形状、气缸内混合气的压力和温度、电极的形状、电极极性和发动机的工作情况等。

（2）高压电火花应具有足够的能量　要使高压电火花可靠点燃混合气，火花塞电极间产生的电压应具有一定的能量（火花能量 = 火花电压 × 火花电流 × 持续时间）。试验证明，在一定的范围内，火花能量越大，其着火性能越好。

衡量电火花的质量标准：颜色——跳火火花是蓝色，而不能是红色；声音——应该是啪啪声，而不是微弱的嗒嗒声；跳火的间距为 7～9mm；跳火时火花线度应是粗壮，而不是纤细如牛毛。

（3）点火时刻必须为发动机的最佳时刻　发动机工作时点火必须是按发动机的工作顺序进行点火，而且必须是在最佳的时刻进行点火。最佳点火时刻，是指发动机活塞转过上止点后 10°～15°时，发动机产生最大的爆发力时刻。

在发动机缸内，从开始点火到完全燃烧需要一定的时间（约千分之几秒），为了使发动机发出最大的功率，点火时刻不应在压缩终了，而应适当提前。点火时刻是用点火提前角来表示的，点火提前角是指从火花塞电极间隙跳火开始，到活塞运行到上止点时的一段时间内曲轴所转过的角度。点火时刻不能过早或过迟。

如果点火时刻过迟，在活塞到达上止点时才点火，则活塞下行时混合气才开始燃烧，即燃烧是在容积增大时的情况下进行的，从而使气缸中压力降低，发动机功率下降，同时由于炽热的气体与气缸壁的接触面积增大，热损失增大，导致发动机温度过热，油耗增大。

如果点火时刻过早，则燃烧完全在压缩过程中进行，气缸内压力急骤上升，在活塞到达上止点前即达到最大压力，给予正在上升的活塞一个很大的阻力，不仅使发动机功率下降，油耗增加，还会引起爆燃。

不同的发动机最佳点火提前角不相同，并且同一发动机在不同的工况和使用条件下的最佳点火提前角也不相同，影响最佳点火提前角的因素如下。

1）发动机转速。发动机转速与点火提前角的关系，如图 6-1 所示：发动机转速越高，点火提前角越大，这是因为发动机转速升高时，在同一时间内，活塞移动距离增大，曲轴相应转过的角度增大，如果混合气燃烧速率不变，则点火提前角应按线性规律增大。但当发动机转速继续升高时，由于混合气压力和温度的提高及扰流作用的增强，也会使燃烧速度随之加快。因此，当发动机转速升高到一定程度时，最佳点火提前角虽然随着发动机转速的提高而增大，但增加速度应减缓。

2）发动机负荷。在同一转速下，随着发动机负荷的增大，点火提前角将逐渐减小，如图 6-2 所示。这是由于发动机负荷逐渐增大时（即节气门开度增大），吸入气缸内的混合气增多，压缩终了时的压力和温度增高，残存废气量相对减少，使燃烧速度加快，因此点火提前角应随着负荷增大而减小；反之，点火提前角应随着负荷减小而增大。

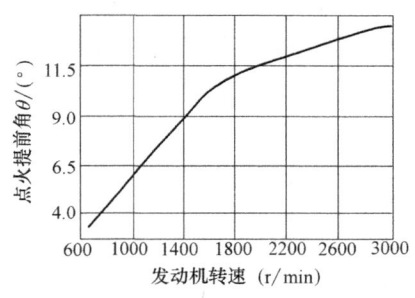
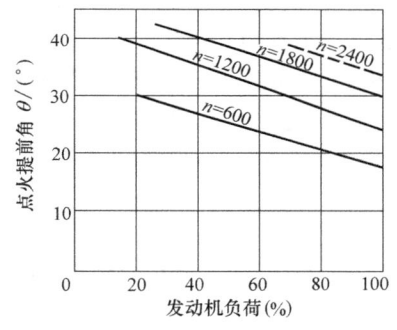

图 6-1 点火提前角和发动机转速的关系　　图 6-2 点火提前角和发动机负荷的关系

3. 点火波形

（1）点火系统的初级电流波形　当发动机转动时，分电器在凸轮轴的驱动下也随着转动，断电器触点交替地接通和断开。当点火开关接通后，如触点闭合，则初级绕组电流接通，并逐渐增大。当触点断开时，次级绕组就诱发产生高压电动势，由分电器依点火顺序将高压电分配给各缸，初级电流波形如图 6-3a 所示：图中闭合曲线为白金触点闭合时的波形；断开后，电流立即降为零，而后的曲线为点火线圈的振荡波形。

（2）单缸高压电跳火波形　图 6-3b 为单缸高压电跳火波形。图中 10 到 20 间为分电器白金触点闭合时高压线圈产生的负感应电；U_{2max} 为击穿电压，即高压火跳过火花塞间隙的击穿电压；击穿电压下降后的平坦段为跳火电压，也就是高压火花跳火时的保持电压；以后的曲线为点火线圈感应电的振荡波形。

（3）重叠波形　重叠波是将各缸的点火高压波形重叠在一起（图 6-3c），检查各缸高压火的波形是否重叠在一起。如果波形重叠在一起，说明各缸分电器凸轮顶起白金打开触点的时间在分电器凸轮上的角度是一致的（分电器凸轮的磨损是均匀的）如果分电器凸轮磨损不均匀，则各缸点火高压波形有可能提前，有可能落后，因此各缸点火的高压波形不可能重叠在一起。

（4）陈列波 陈列波是将发动机各缸点火高压火的击穿电压波形排列在一起的一种波形，如图6-4所示，该波形是检验各缸高压电击穿电压的均匀性。如果各缸击穿电压均匀，则击穿电压的高度是一致的；否则就会出现高低的差别。

影响击穿电压的因素主要有：

1）火花塞的电极间隙（电极间隙大，击穿电阻大，击穿电压高；电极间隙小，击穿电阻小，击穿电压低）。

2）火花塞间隙过小或积炭造成漏电，火花塞陶瓷体裂纹引起高压火短路等，图6-5为二缸漏电故障出现后的波形。

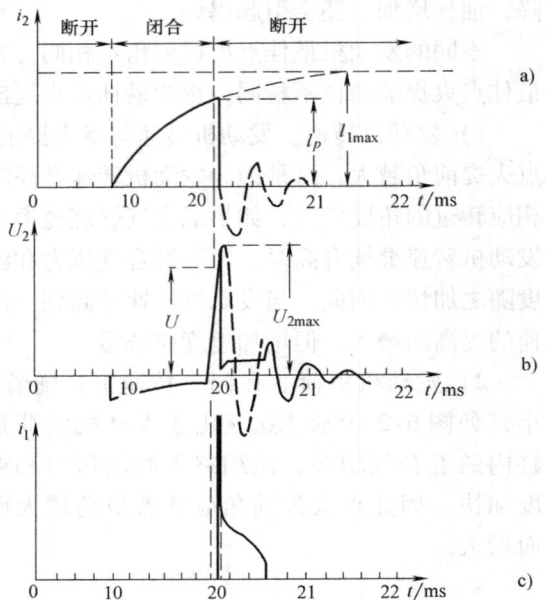

图6-3 传统触点式点火系统波形
a）初级电流波形 b）单缸高压电跳火波形
c）重叠波形

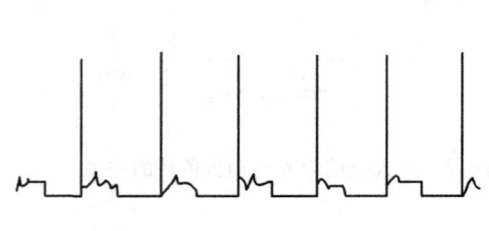

图6-4 陈列波波形

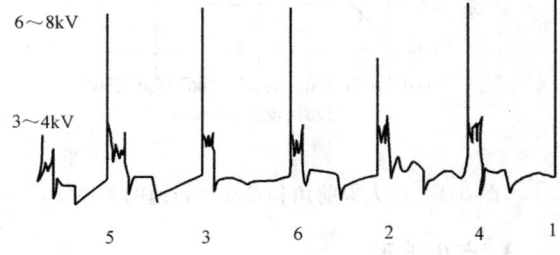

图6-5 二缸漏电故障的波形

3）高压线的电阻大，击穿电压高，图6-6为二缸高压线脱落后出现的波形。

4. 定电流控制

对于点火系统，在发动机高速运转时初级电流减小，次级电压下降，影响发动机的动力性和经济性。采用功率晶体管点火，又会引起初级电流骤增。采用定电流控制，可避免上述发动机转速提高和发动机缸数增加带来的高压火减弱的缺点，彻底改善点火工作性能。这种方法需要采用特殊的高能点火线圈。通过降低初级绕组电阻，以提高初级电流，其饱和电流可高达30A，如此大的电流势必会烧坏大功率晶体管和点火线圈，为此，必须加以控制，以使电流值控制在一定的范围内，如图6-7所示：初级绕组中的电流控制在一定值，则次级电压就为一定值，不论发动机高速或低速都能获得相同的次级电压，从而提高了发动机的点火性能。

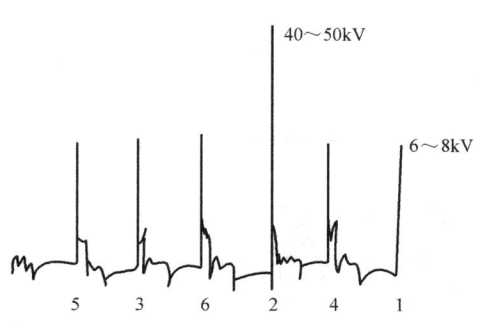

图 6-6 二缸高压线脱落后工作不良的波形

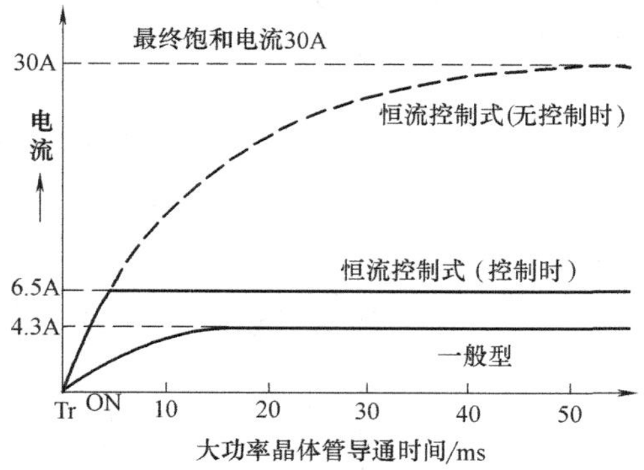

图 6-7 无定电流控制点火线圈初级电流

图 6-8 为定电流控制简图,其中 R_s 为采样电阻。与传统点火相比较,普通电子点火系统具有下列优点:

1) 由于采用了信号发生器,从根本上消除了由触点引起的缺点;
2) 在所有的转速范围内都有可靠的点火性能,主要是由于采用导通角、定电流控制;
3) 具有稳定而准确的点火正时;
4) 实现了免维修化。

由于电子点火具有以上优点,从而使发动机工作更可靠,起动更容易,更节约能源。

6.1.2 点火系统的分类及组成

汽车点火系统按组成和控制方式不同,大致可分为传统点火系统、电子点火系统和计算机控制点火系统。

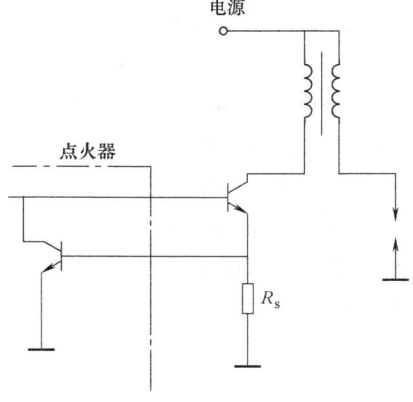

图 6-8 定电流控制电路原理图

1. 传统点火系统

传统点火系统为有触点的点火系统,这种点火系统的分电器轴由发动机凸轮轴驱动,断电器凸轮的凸角数与发动机气缸数相等。点火提前角由离心提前机构、真空提前机构控制。

传统点火系统的工作原理如图 6-9 所示,当发动机旋转时,分电器内断电器凸轮随之转动,断电器触点交替地闭合和打开,以控制点火线圈初级电流的通断。当接通点火开关后,触点闭合,则点火线圈初级绕组中有电流通过;当触点打开时,切断了点火线圈初级绕组中的电流,次级绕组中便产生 15~25kV 的高压电,按发动机点火顺序经配电器将高压电分配给各缸火花塞,产生电火花。

传统点火系统靠触点的打开产生火花,使触点易烧蚀;低压电流的大小受触点允许通过的电流限制(一般小于 5A),不能过大,因此高压火花能量的提高也受到限制;次级电压的最大值随发动机转速的升高和发动机气缸数的增加而下降;工作中次级电压上升较慢，对火花塞积炭和污染很敏感；点火提前装置多采用机械式，最佳点火时机不准确，从而使发动机经济性和动力性受到影响。

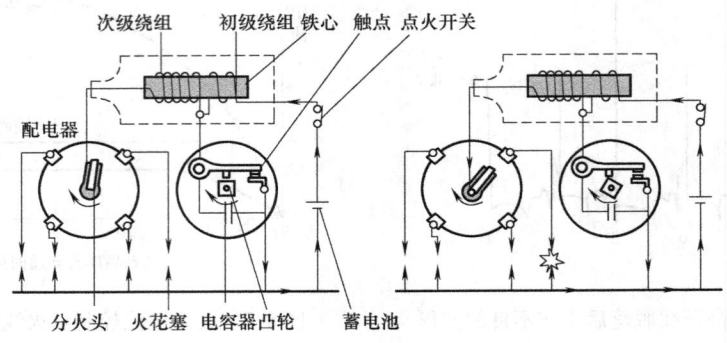

图 6-9 传统点火系统

2. 电子点火系统

电子点火系统分为有分电器式电子点火系统和无分电器式电子点火系统。

（1）有分电器电子点火系统　有分电器电子点火系统由分电器、点火电子组件、点火线圈和火花塞等组成，如图 6-10 所示。分电器内装有传感器，其与点火电子组件中末端大功率晶体管的配合，相当于传统点火系统分电器中的断电器触点。点火线圈为专用高能点火线圈，初级绕组的电阻和电感较小，低压电流大，点火能量高。

分电器式电子点火系统仍采用真空和离心机构，点火提前角控制仍不够精确，仍脱离不开机械控制。

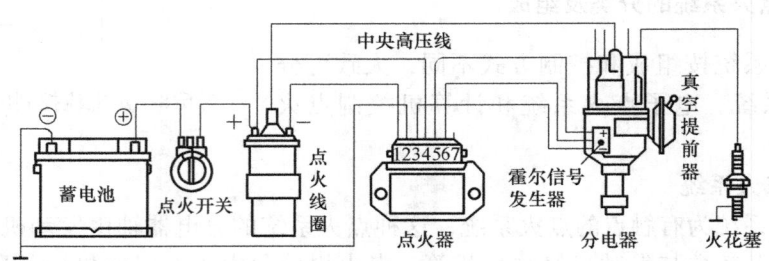

图 6-10 有分电器电子点火系统

（2）无分电器电子点火系统　无分电器电子点火系统如图 6-11 所示，点火线圈由两个初级绕组和一个次级绕组构成，次级绕组的两端通过四只高压二极管与火花塞构成回路。对于点火顺序为 1—3—4—2 的发动机，一、四缸为一组，二、三缸为另一组。点火控制器中的两只功率晶体管分别控制一个初级绕组，两只功率晶体管由电控单元（ECU）按点火顺序交替控制其导通与截止。

当一、四缸的点火触发信号输入点火控制器时，功率晶体管 VT_1 截止，初级绕组 A 中的电流切断，次级绕组中就会产生高压电动势，方向如图 6-11 中实线箭头方向所示。在该电动势的作用下，二极管 D_1、D_4 正向导通，一、四缸火花塞电极上的电压迅速升高直至跳火，高压放电电流经图中实线箭头所指方向构成回路；D_2、D_3 反向截止，不能构成放电回路，因此二、三缸火花塞电极上无高压火花放电电流而不能跳火。

当二、三缸点火触发信号输入点火控制器时，晶体管 VT_2 截止，初级绕组 B 中的电流切断，次级绕组产生高压电动势，方向如图 6-11 中虚线箭头方向所示。此时二极管 D_1、D_4 反向截止，D_2、D_3 正向导通，因此二、三缸火花塞电极上的电压迅速升高直至跳火，高压放电电流经图中虚线箭头所指方向构成回路。

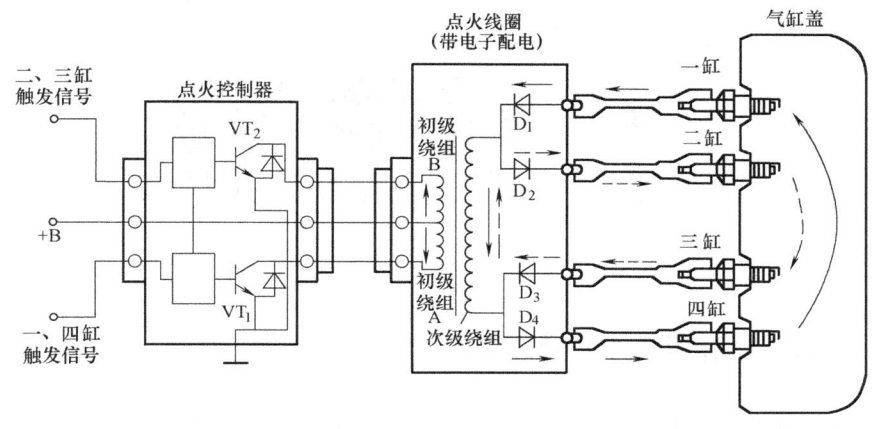

图 6-11　无分电器电子点火系统

无分电器电子点火系统，从根本上消除了触点带来的磨损问题；采用了闭合角、恒流控制，在所有的转速范围内都有较可靠的点火性能；具有较稳定的点火正时，实现了免维护。

3. 计算机控制点火系统

计算机控制点火系统分为有分电器式（图 6-12）和无分电器式（图 6-13）两种，其由监视发动机运行状况的各种传感器、处理信号和发出指令的发动机微型计算机（ECU）、响应计算机指令的点火器、点火线圈、火花塞等组成。

有分电器式计算机控制点火系统只有一个点火线圈（图 6-12 的点火线圈安装在分电器内），采用机械配电，即所有气缸的点火电压均由分电器的分火头分配。

无分电器式计算机控制点火系统取消了分电器，采取双缸同时点火或单独点火方式。

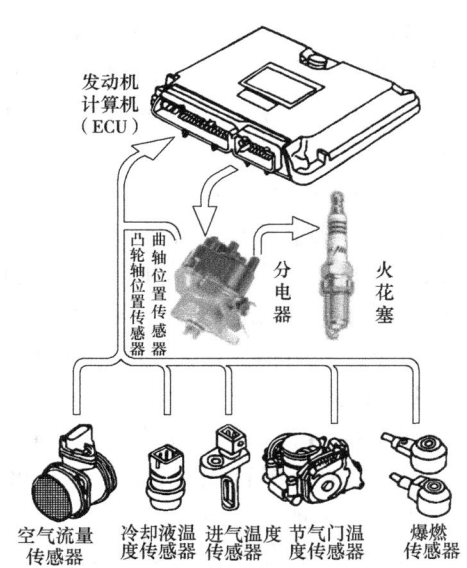

图 6-12　有分电器式计算机控制点火系统

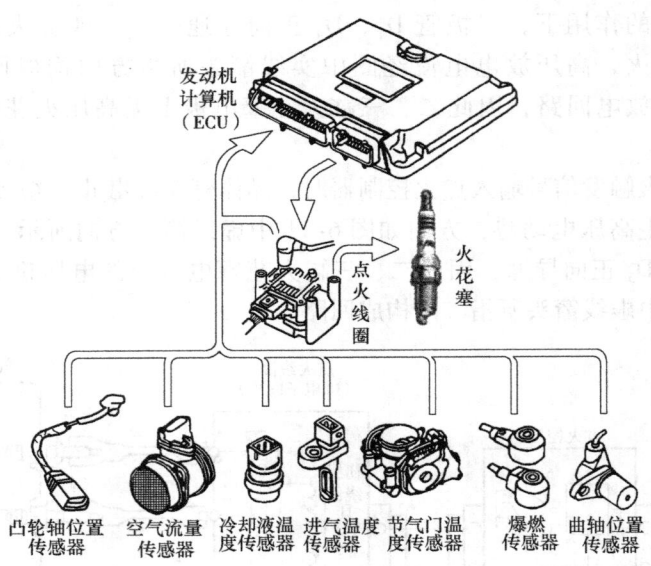

图 6-13　无分电器式计算机控制点火系统

6.2　无分电器计算机控制点火系统

近年来无分电器计算机控制点火系统完全取代了传统的分电器，没有分电器盖和分火头，由点火线圈产生高压火花通过高压线或直接送到火花塞进行点火。

无分电器计算机控制点火分为两种：一是双缸同时点火，另一种是单独点火。双缸同时点火点火线圈如图 6-14 所示，两个气缸合用一个点火线圈，即一个点火线圈有两个输出端，分别与一个火花塞相连，由缸盖构成回路（这两个气缸的特点是发动机工作中总是两个气缸的活塞同时上下运动，如四缸发动机的一、四缸共用一个点火线圈；二、三缸共用一个点火线圈。六缸发动机一、六缸共用一个点火线圈；二、五缸共用一个点火线圈；三、四缸共用一个点火线圈），一个点火线圈负责对两个气缸点火。单独点火，是指每个缸配用一个点火线圈，单独对本缸进行点火。

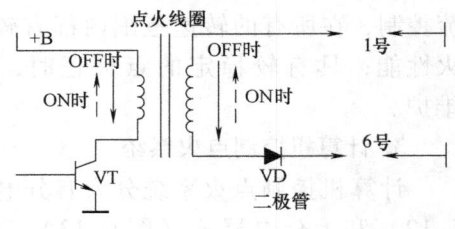

图 6-14　双缸同时点火点火线圈内部线路

1. 双缸同时点火工作原理

如图 6-14 所示为丰田汽车双缸同时点火点火线圈内部电路：其中一缸在排气行程末期，另一缸在压缩行程末期，两个缸火花塞同时串联点火。现以丰田汽车所用的无分电器电子点火为例加以介绍。

（1）来自曲轴位置传感器的信号　曲轴位置传感器由 G_1、G_2 及 N_e 三个线圈组成。G_1 和 G_2 其功能是判别气缸和点火喷油的基准点，N_e 的功用是检测曲轴转角，以决定和控制点火提前角时刻。

利用 G_1、G_2 信号可判别气缸和检测活塞上止点位置，相当于日产公司曲轴位置120°信号。G_1、G_2 信号也可作为 N_e 信号确定曲轴转角计算的基准信号。G_1、G_2 信号分别检测出一、六缸发动机到达压缩上止点前的位置，其产生信号的原理与普通电子点火信号发生器的原理相同。G_1、G_2、N_e 传感器产生的信号波形如图6-15所示，是设定在一缸压缩上止点附近时产生的，因此只要 G_1 信号线圈产生信号，就表示一缸处于压缩上止点附近，

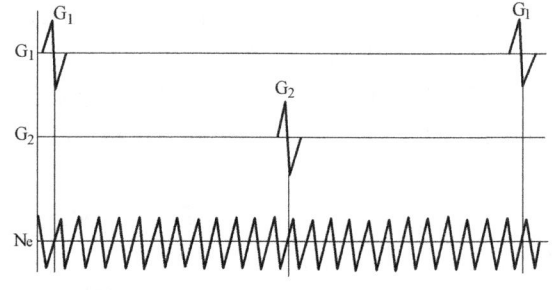

图6-15 丰田汽车电子点火 G_1、G_2、N_e 信号波形关系

其点火提前角和导通角由发动机 ECU 根据 N_e 信号决定。

当发动机起动的瞬间，已超过了产生 G_1 信号时间，而 G_2 信号又未产生，此时无法判别气缸，因此必须到产生 G_1 信号判别气缸后才能执行实际点火控制。当 G_1、G_2 信号产生时，可用来判别六缸或一缸活塞处于压缩上止点前，因此必须对该缸完成点火准备，G_1、G_2 信号产生后所产生的 N_e 信号即成为六缸或一缸的点火正时的基准计数信号。当产生 G_1、G_2 信号时，实际上活塞并不是正好达到上止点，而是在上止点前10°的位置。

（2）计算机的输出信号 计算机通过曲轴位置传感器接收到 G_1、G_2、N_e 信号，向点火器输出 IG_t、IGd_A、IGd_B 三个信号，如图6-16所示。

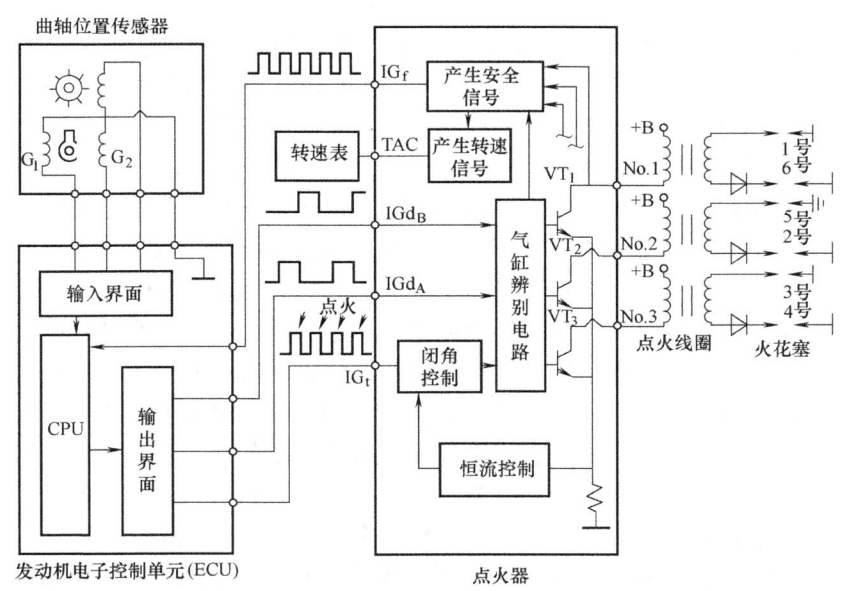

图6-16 丰田汽车无分电器电子控制双缸同时点火系统

IG_t 信号就是点火触发（正时）信号，如图6-16所示：当 G_1 信号产生时，计算机以此信号为准，根据 N_e 信号控制其后的三次点火信号，即每四个 N_e 信号产生一次点火信号（4个 N_e 信号为60°，相当于曲轴转角为120°），而每产生三次点火信号后，再从 G_1 信号

重新设定其后的三次点火信号。点火提前角的控制仍然由计算机利用各传感器，根据发动机转速、歧管压力传感器和节气门位置传感器等信号进行控制。导通角的控制由点火器中的导通角控制电路进行控制。

IGd_A、IGd_B 信号是由计算机输送给点火器的判缸信号，其存储于计算机存储器中，计算机根据 G_1、G_2 及 N_e 信号查表选择 IGd_A、IGd_B 信号状态，由表 6-1 和图 6-17 确定哪缸点火。

表 6-1　IGd_A、IGd_B 形成的判缸信号

点火线圈 \ 信号状态	IGd_A	IGd_B	结果
一、六缸	0	1	点火
五、二缸	0	0	点火
三、四缸	1	0	点火

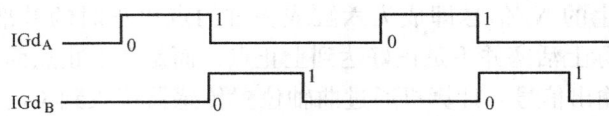

图 6-17　IGd_A、IGd_B 工作状态

（3）丰田发动机点火器　点火器内有气缸判别、闭合角控制、定电流控制和安全信号等电路，其主要功能是接收微机发送的 IGd_A、IGd_B 信号，并依次驱动点火线圈工作，以确定各缸点火顺序。另外点火器还向计算机输入安全信号 IG_f，其工作过程如下。

点火器中的气缸判别电路根据判缸信号 IGd_A、IGd_B 的信号状态，决定哪条驱动电路接通，并将 IG_t 点火正时信号送往与此电路相连接的点火线圈，完成对某缸的点火。如果 IGd_A、IGd_B 的信号状态分别是 0 和 1 时，气缸判别电路使 VT_1 导通，将点火正时信号送给一缸或六缸的点火线圈点火，并依次发出二、五缸，三、四缸点火信号。

安全信号 IG_f 是将点火器中点火线圈的初级电流信号反馈给计算机的信号，使点火器具有安全功能。在电控汽油喷射发动机中，喷油器的驱动信号来自曲轴位置传感器。如果点火系统出现故障使火花塞不点火，而曲轴位置传感器工作正常时，喷油器会照常喷油，造成气缸内喷油过多的现象，结果会出现再起动困难或行车时三元催化转化器过热。为避免这种现象发生，当 IG_f 信号连续 3～5 次无反馈信号送入计算机时，计算机则判断点火系统有故障，并强制停止喷油器工作，偶然出现一次不点火不计入故障现象。

（4）丰田发动机双缸同时点火点火线圈　无分电器点火系统采用小型闭磁路双缸同时点火点火线圈如图 6-18 所示，次级绕组的两端分别与两个气缸上的火花塞相连接。气缸的组合原则为：一缸处于压缩行程末期，另一缸则处于排气行程末期。曲轴旋转 360°后，两个气缸所处的行程正好相反。对于六缸发动机来说，第一缸和第六缸、第二缸和第五缸、第三缸和第四缸相组合，即每两缸一个点火线圈，火花塞串联同时点火。

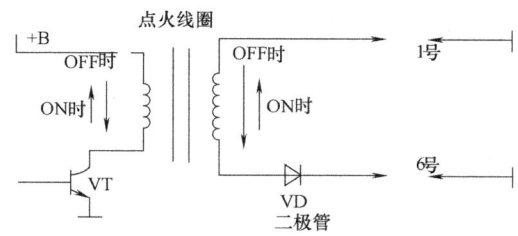

图 6-18 双缸同时点火点火线圈

由于压缩气缸的压缩压力较高，放电较为困难，因此所需击穿电压较高；产生的火花做功，称为有效火。而在排气行程的气缸则压缩压力接近于大气压力，放电容易，所需击穿电压较低，而且不点燃混合气，称为无效火。因此当两缸同时跳火时，其阻抗几乎都在压缩缸，即在串联点火电路中，压缩缸承受大部分电压降，与普通只有一个火花塞跳火的点火系统相比较，击穿电压相差不大，在排气行程损失的电能也不大。

无分电器点火系统中高压二极管的作用是：

点火系统产生高压电的方法，是利用载流的初级绕组周围充满磁场时，迅速切断初级电流，初级绕组周围的磁场立即收缩，次级绕组诱生使火花塞跳火的高压电。并非只有一次绕组电流中断时才有磁场变化，当大功率晶体管导通时，也有磁场变化，并产生感应电动势。在电源电压 12~14V 时，大功率晶体管导通的瞬间，初级绕组产生最大反电动势，次级绕组产生出大约 1000V 的电压。有分电器式点火系统，1000V 的高压电不可能使火花塞跳火，因为此时分火头与旁电极间空气隙存在，1000V 的火花电压低，必须有较高的电压才能跳过其间隙。而无分电器点火系统由于没有分电器分火头与旁电极间空气隙存在，大功率晶体管导通时，次级产生的 1000V 电压全部作用于火花塞上，故容易产生误点火。此电压若产生在压缩气缸行程末期点火，由于气缸内压缩压力较高，并不能使火花塞跳火。只有大功率晶体管导通时在点火之前，大约发生在进气行程末期与压缩行程的初期时。这时气缸内的压力低于大气压力，因此 1000V 的高压电很可能使火花塞跳火。特别是火花塞间隙较小，而充电电压又大于规定值 14V 时，火花塞跳火的可能性更大。若发动机在进气行程末期或压缩行程初期火花塞跳火，则发动机不能正常运转，产生回火等现象，使车辆不能正常行驶。

2. 二极管配电式双缸同时点火方式

双缸同时点火的控制还有一种二极管配电式双缸同时点火系统，如图 6-19 所示。其特点是：四个气缸共用一个点火线圈，点火线圈内装双初级绕组，次级输出绕组为特制点火线圈，利用四个二极管的单向导电性交替完成对一、四缸和二、三缸配电过程。当初级绕组 9 中的电流被切断，在次级绕组中感应出高压电，经四缸和一缸火花塞构成回路，两个火花塞均跳火，此时一缸接近压缩终了，混合气被点燃，而四缸正处于排气行程，火花塞跳空火（即无效火）。曲轴转过 180°，当初级绕组 10 中的电流被切断时，在次级绕组中感应出高压电，并经二缸和三缸火花塞构成回路，两个火花塞同时跳火，此时三缸点火做功，二缸火花塞点空火（无效火）。依次类推，发动机曲轴转两圈，各缸做功一次。两组以 180°CA（CA 为曲轴转角）的间隔交替点火，获得的效果与普通双缸同时点火完全一样，少用了一个点火线圈，但是多用了四个二极管。二极管配电点火方式的特性与双缸同时点火方式相同，但对点火线圈要求较高，而且发动机的气缸数必须是数字 4（气缸数的整数倍，所以在应用上受到一定的限制。

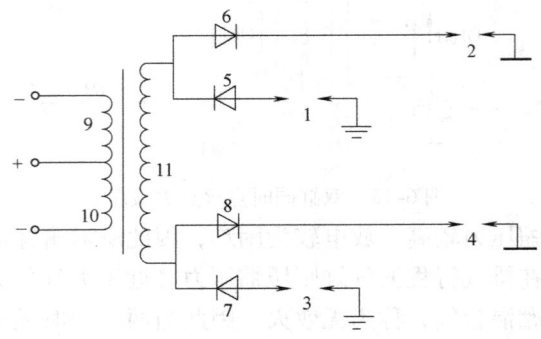

图 6-19 二极管配电式点火系统原理图
1、2、3、4—同名气缸火花塞　5、6、7、8—二极管　9、10—初级绕组　11—次级绕组

3. 单独点火方式

单独点火方式的特点是一个气缸一个点火线圈，无需分电器就能将高压火花适时地分配给各个气缸的火花塞。该种点火系统的优点是，由于每个气缸都有各自独立的点火线圈，即使发动机转速很高，点火线圈也有较长的通电时间（大的导通角），可提供足够高的点火能量；由于去除了分电器中高压火花间隙，要求的点火电压会低一些，单位时间内通过点火线圈初级电路的电流要小的多，点火线圈不会发热，而且点火线圈的体积又可以非常小，点火线圈可直接装在火花塞上面；由于该种点火系统不需要分缸高压线，避免了电磁干扰。图 6-20 为发动机单独点火系统。六个点火线圈共用一个点火器，IGT 信号处于高电平时，IG_f 信号处于低电平，六个点火线圈共有六个 IG_t 控制信号。发动机 ECU 可一缸接一缸的改变点火正时，对爆燃传感器发出的信号能及时做出响应。

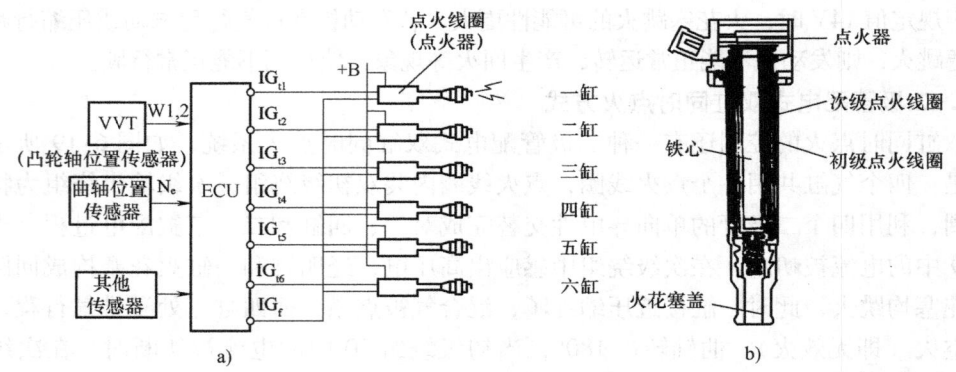

图 6-20 单独点火控制系统
a) 单独点火系统　b) 单独点火线圈

发动机单独点火系统中的点火线圈各自有一个点火器。由于是 V 型发动机，需要有两个凸轮轴位置传感器，以判别每列气缸中第一个点火气缸的活塞上止点位置。图 6-20 a 为

两个凸轮轴位置信号，图 6-20b 为单独点火线圈。

6.3　汽车发动机电子点火系统的控制方式

普通点火系统的点火提前角采用真空提前和机械离心式点火提前机构进行控制，其点火提前角的控制特性如图 6-21 所示。其主要缺点是：

1）点火提前角的控制不精确，考虑影响点火提前角的因素不全面。
2）为了避免大负荷时的爆燃，必然采用妥协方式，降低点火提前角。
3）仍脱离不开机械控制范围。

微机控制的点火系统则能完全解决以上缺点，它除能随发动机转速控制初级绕组的通电断电时间外，还可以通过电子手段控制发动机各工况时的点火提前角，使发动机在动力性、经济性、加速性和排放性等方面达到最优。

微机控制点火系统主要具有以下优点：

1）由于废除了真空、离心点火提前角控制装置，点火提前角则由微机进行控制，使发动机在各工况都可以最佳地调整点火时刻。
2）安装了爆燃传感器，并由微机进行点火控制，点火时刻达到了最佳。将点火时刻提前到发动机刚好不至于产生爆燃的临界点附近范围，如图 6-22 所示。

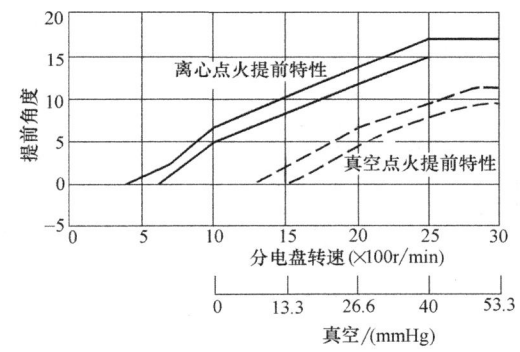

图 6-21　传统点火提前角的控制特性

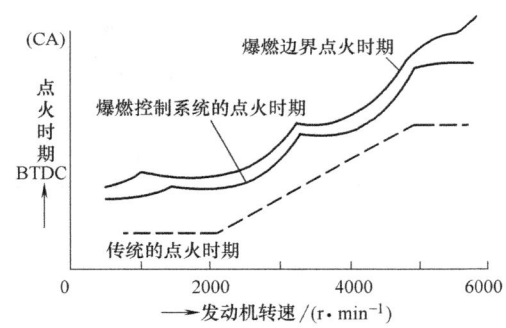

图 6-22　爆燃控制的点火提前角的效果

下面以实例介绍微机控制点火系统的控制方式。

1. 日产公司微机控制点火系统

发动机工况不同，点火控制方式亦不同，日产公司微机控制点火系统可分为平常行驶时点火控制和怠速、起动时点火控制两种。

（1）发动机平常行驶时点火控制　发动机 ECU 通过综合处理各传感器输入信息，如图 6-23 所示，从 ECCS 存储器中选取最适当的点火提前角，再根据曲轴位置传感器判别出曲轴转速、位置及各缸处于压缩上止点时，然后控制大功率晶体管的导通与截止，即控制点火线圈初级电流的通断。ECCS 系统控制项目包括点火时刻及闭合角控制，发动机 ECU 根据各传感器输入信息，以及发动机的转速和负荷，从 ECCS 存储器中选择出最佳点火提前角，如图 6-24 所示。控制过程按图 6-25 所示进行，发动机 ECU 根据发动机转盘型磁脉冲式曲轴位置传感器输入的 120°信号、1°信号判别出活塞位置，适时控制大功率晶体管导通与截止，使初级电流接通与切断。例如某运转状态下，发动机 ECU 选出最佳点火提前角为上止点前 30°。因为日产发动机在上止点前 70°的位置开始输入 120°信号，因此当发动机 ECU 读到 120°信号时，即表示此时活塞处于压缩上止点前 70°的位置，这时发动机 ECU 开始计数 36 个 1°信号，第 37 个 1°信号输入的同时截止大功率晶体管。因为六缸发动机的动力间隔为 120°，即大功率晶体管截止到下一次截止为 120°。在第一个牙齿所占的度数 4°，发动机 ECU 开始计数，因此当计数计到 36 个 1°信号后发出截止大功率晶体管的指令。

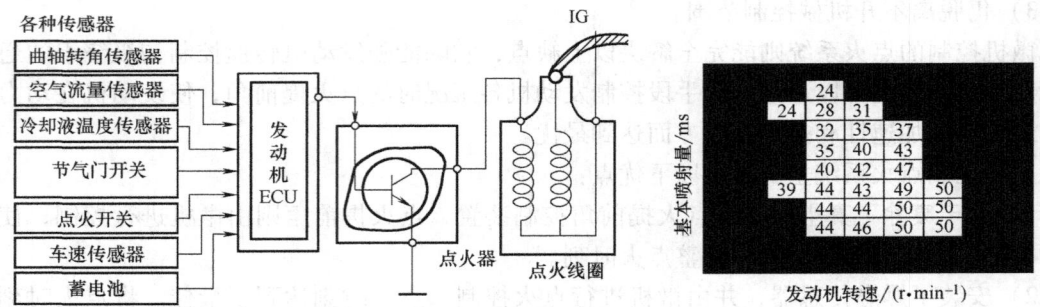

图 6-23　发动机控制点火时刻的各种信号　　图 6-24　ECCS 中存储的基本点火提前角

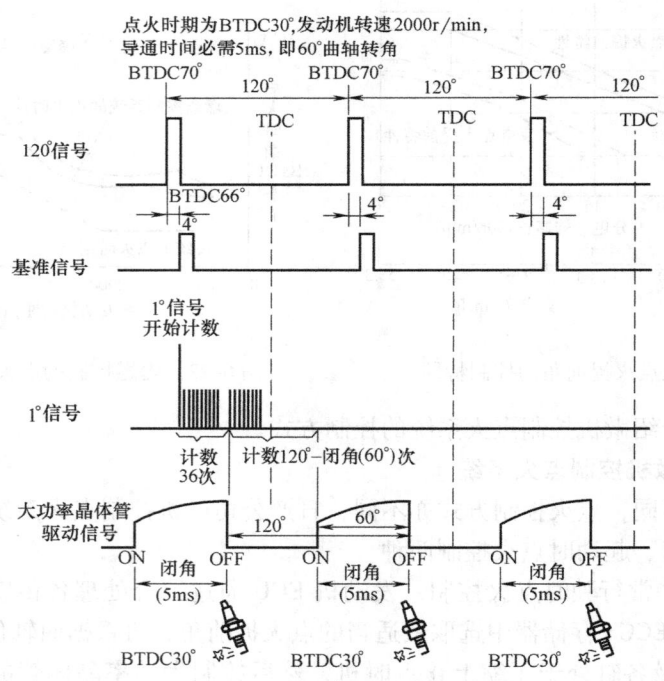

图 6-25　大功率晶体管导通后截止时间的控制

（2）怠速及起动时点火时刻控制

1）怠速（或减速）时点火提前角的控制。冷却液温度传感器修正系数，是发动机 ECU 根据冷却液温度传感器查表得到的修正系数。当节气门位置传感器怠速触点闭合时，发动机 ECU 即进入怠速或减速时的点火提前角控制模式。

此时发动机 ECU 根据发动机转速、冷却液温度及车速控制点火提前角的大小。如图 6-26 所示，当冷却液温度在 50℃ 以下，车速大于 8km/h，发动机转速 1200r/min 以上时，点火提前角几乎保持在上止点前 10°，其目的是推迟点火时间，加速发动机及三元催化转化器尽快达到正常工作温度。

2）起动时点火提前角的控制。发动机起动时，起动开关作用于"ST"，即发动机 ECU 进入起动时点火提前角控制模式。如图 6-27 所示，当冷却液温度在 0℃ 以上起动时，其点火提前角为 16°；而当冷却液温度在 0℃ 以下起动时，根据冷却液温度适当增加点火提前角；当起动转速每低于 100r/min 时，为了可靠点火，点火提前角应根据发动机转速的下降而适当降低点火提前角。

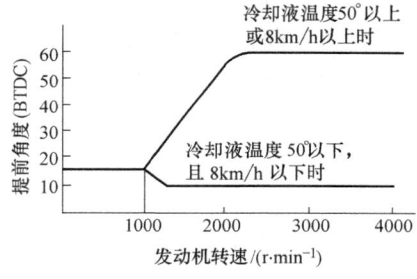

图 6-26 怠速及减速时点火提前角的控制　　图 6-27 起动时点火提前角的控制

2. 丰田汽车 TCCS 系统点火提前角的控制

丰田汽车 TCCS 系统依据下列因素对点火提前角进行控制。

（1）原始设定点火提前角　原始设定点火提前角，也叫固定点火提前角。对于丰田汽车的 IG-GEL 发动机，其值为上止点前 10°。在下列情况下，其实际点火提前角为固定点火提前角。

1）当发动机起动时，发动机转速变化大，无法正确计算点火提前角；

2）当发动机转速在 400r/min 以下时；

3）当 T 端子短路或节气门位置传感器触点闭合时；当车速在 2km/h 以下时；

4）当发动机 ECU 内后备系统开始工作时。

（2）基本点火提前角　基本点火提前角存储在发动机 ECU 的存储器的 ROM 中，其分为怠速时的基本点火提前角和平常运行时的点火提前角两种。

基本点火提前角的值又根据空调是否工作而略有不同，空调工作时基本点火提前角为 8°，不工作时其值为 4°。也就是在同样怠速运转时，空调工作时其实际点火提前角将从上止点前 14° 增加到 18°，以防止因空调负荷的增加造成发动机工作不稳。平常行驶时的基本点火提前角，是指节气门位置传感器怠速触点打开时的基本点火提前角，其值是发动机

ECU 根据发动机的转速和负荷（或进气量表示），从发动机 ECU 的存储器 ROM 中进行查表，选出最佳点火提前角，如图 6-28 所示。

（3）修正点火提前角　原始设定点火提前角加上基本点火提前角所得点火提前角必须根据相关因素加以修正，修正的点火提前角具有暖机和稳定怠速两种点火提前角特性。另外，冷却液温度传感器根据温度修正点火提前角，当冷却液温度低时，必须增大点火提前角，以促使发动机尽快暖机；当发动机温度较高时，如超过 90℃，为防止发动机过热，其点火提前角必须减小。

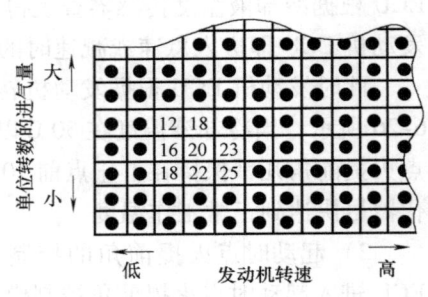

图 6-28　ECU 中平常行驶时基本点火提前角

稳定怠速点火提前角是指为了使怠速稳定运转而控制修正点火提前角，即点火随着怠速转速的变化而改变点火提前角。例如当动力转向等作用时，发动机 ECU 通过动力转向压力开关可测知汽车在进行动力转向，发动机实际点火提前角就是上述各项点火提前角之和。发动机每旋转一圈后，发动机 ECU 就可计算并输出一次点火提前角的调整数据，因此当传感器测出发动机的转速和负荷有变化时，发动机 ECU 就使点火提前角做出相应的调整。

6.4　发动机点火正时的保证措施

点火时间的早晚直接影响发动机的动力性、经济性以及排放性。若点火时间不对则造成发动机不能起动；点火时间过早会造成起动困难、曲轴反转，影响发动机的正常工作；若点火时间过晚，又会造成发动机起动困难、加速无力、发动机温度过高、燃料消耗增加等。

为使发动机获得准确的点火正时，传统点火必须保证断电器触点的动作与活塞运动的规律相对应。因此，在使用中或检修故障重新安装分电器时，必须保证分电器轴与发动机曲轴、凸轮轴间保持正确的装配关系，还要保证产生点火信号（即断电器触点断开）的时间对准（记号对正）。安装分电器与调整点火正时是一件非常重要的工作。

不同型号的发动机，对点火正时的方法和步骤有一定的差别，所以对点火正时的方法和步骤应依厂家规定为准。

为了保证点火系统正常工作，应从发动机组装时就采取一些措施，以保证点火正时万无一失。

1. 传统点火发动机如何对正正时记号

传统点火发动机如何对正正时记号是汽车维修人员组装发动机的一项关键性的技术工作。当汽车维修人员将汽车发动机曲轴安装好后，在安装发动机凸轮轴时首先将一缸活塞摇至上止点，这时装凸轴时应将凸轮轴正时记号与曲轴正时记号对正，将凸轮轴推入，即保证了活塞连杆机构与配气机构的正确连接关系，同时也为对点火正时创造了条件。

当更换新正时齿轮时，凸轮轴正时齿轮上没有做出正时记号，应采取以下措施保证曲轴连杆机构和配气机构的正确配合关系。

侧置式与顶置式凸轮轴的安装方法相同，即在一缸活塞处于上止点的情况下，安装凸轮轴时观察一缸凸轮轴上的两个凸轮，当这两个凸轮都是下八字时，即一缸的两个气门都是关闭状态时，装入凸轮轴，并做出记号，就保证了曲轴连杆机构和配气机构的正确配合关系。

2. 顶置气门发动机正时带的安装方法

为保证发动机曲轴、凸轮轴、点火正时三者之间的正确关系，正时带的安装在组装发动机中是一项不可或缺的技术性极强的工作。

（1）单顶置凸轮轴正时带的安装方法　单顶置式凸轮轴曲轴连杆机构与配气机构的正确组合关系是依靠齿形带传递动力来完成的。为保证两者之间的正确关系，就要通过正确的安装来实现。一般曲轴正时齿轮上有记号，要对准发动机缸体上的正时记号，发动机缸体上一般也铸有凸点记号。在安装时，曲轴连杆机构组装好以后，摇转曲轴，使一缸活塞处于上止点，这时曲轴正时齿轮上的记号应与缸体上的记号对正。凸轮轴正时齿轮上也有记号对准缸体或缸盖上的记号，对准记号组装好的配气机构和凸轮轴正时齿轮记号对准后，将正时带先套在曲轴正时齿轮上，拉动并张紧传动带，再将传动带顺着规定的安装顺序依次固定好张紧轮的固定螺钉，其张紧力在98N力的作用下传动带不得大于5~7mm。如图6-29所示为单顶置凸轴的配气机构。摇转发动机两圈进行一次检查，发动机不应有阻碍现象。

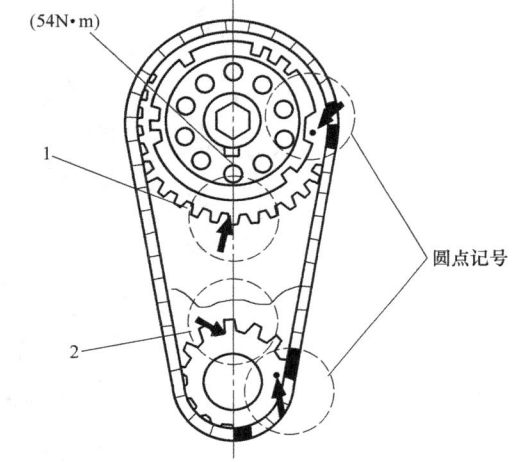

图6-29　单顶置凸轮轴安装方法 1、2为正时记号

（2）双顶置凸轮轴正时带的安装方法双顶置凸轮轴正时带的安装同样需要注意观察正时记号。先将曲轴正时齿轮记号与缸体正时记号对正，再将组装好的两个凸轮轴正时齿轮上的记号与缸体缸盖的正时记号对正，再按上述方法安装好正时带。正时带的安装还要注意以下事项：

1）对于不熟悉的机型要查阅相关的维修手册。注意双顶置凸轮轴发动机各凸轮轴正常工作时的旋转方向，分析各个冲程中气门的开闭情况。将凸轮轴前端的正时带装上，但先不拧紧固定螺栓，装上正时带并调整好预紧度，再按规定拧紧固定螺栓。最后摇转曲轴两圈，应无阻碍现象出现。

2）维修中还要考虑各种因素对配气机构配气相位的影响，如气门间隙的大小、正时带或正时链条的磨损变长，顶置凸轮轴式发动机的缸盖下平面磨削后不但会影响压缩比，还会影响配气相位。

3）有一些车型的凸轮轴正时带轮或正时链轮上有2~3个键盘槽或定位销槽，并有相应的标记，这有两种可能：一是满足左右列气缸进排气门凸轮轴正时记号不同的需要，其上通常有英文字母作标记；二是适用不同国家和地区，配气相位可有3°~4°的微调。装配时不可疏忽大意而装错。

4）对装有凸轮轴位置调整器的可变配气相位系统，在检测调整正时机构时，凸轮轴位置调整器必须处于延时位置。

5）很多车型的正时带张紧器为液压自动张紧器，如凌志 LUZ-FE 发动机等。

每次安装正时带张紧器之前，都要对之进行检查。用手握住张紧器，将推杆用力抵在地面或墙上，检查推杆是否完全缩回去。若轻易就能缩进去，应将之更换，如图 6-30 所示。此外，还需检查其油封部分是否漏油（有少量油迹是正常的），并测量其凸出部分长度，应在标准范围内，若不符合规格，则需更换。

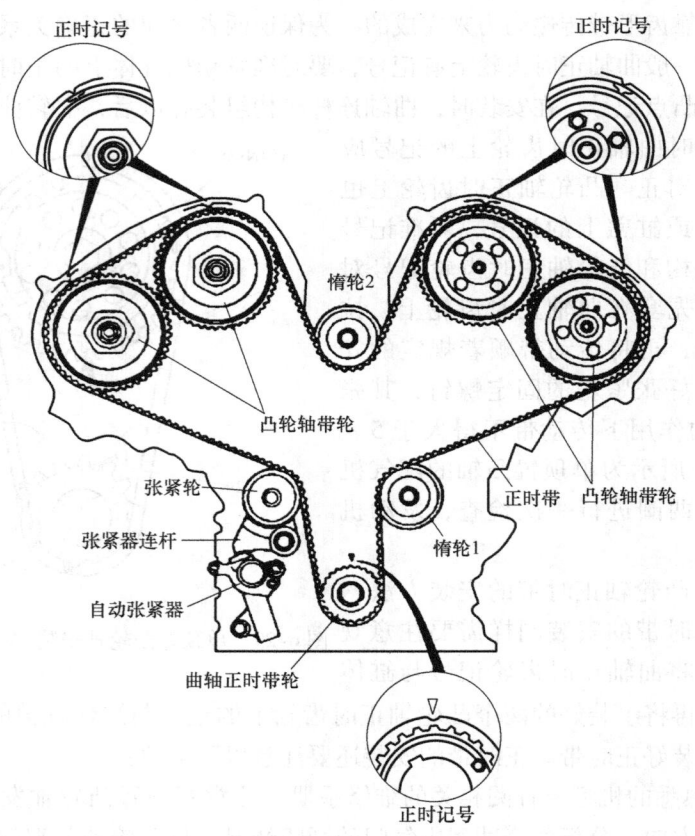

图 6-30　双顶置凸轮轴发动机正时皮带的安装方法

正时带张紧器其本身张力很大，故在安装中要注意技巧，不要强行安装，否则可能损坏零件，有时甚至会造成严重的机械事故。

复习题六

一、判断题

1. 最理想的点火时刻是爆燃即将发生而还未发生的时刻。　　　　　　　　　（　　）
2. 当发动机转速降低时，基本点火提前角减小。　　　　　　　　　　　　　（　　）

3. 所有发动机的 ECU 中都存储了各种工况下的基本点火提前角。（　）
4. 不同的发动机电子控制系统，对点火提前角的修正项目和修正方法都是相同的。
（　）
5. 为了稳定发动机转速，点火提前角需根据喷油量的变化进行修正。（　）
6. 在双缸同时点火方式中，如果其中一个气缸的火花塞无间隙短路，那么相应的另一缸火花塞则也不能点火。（　）
7. 双缸同时点火系统中，其中一个为有效火，另一个缸为无效火。（　）
8. 在双缸同时点火系统中，点火线圈的个数是该发动机气缸数的一半。（　）
9. 爆燃反馈控制属于点火正时闭环控制。（　）
10. 点火闭合角和点火导通角是完全不同的两个概念，不可混为一谈。（　）
11. 基本点火提前角的主要影响因素是发动机的转速和负荷。（　）
12. 在暖机过程中，随着冷却液温度升高点火提前角应当减小。（　）

二、单项选择题

1. 点火导通角主要是通过（　　）加以控制。
   A. 通电电流　　　　　　　　B. 功率晶体管基极通电时间
   C. 通电电压　　　　　　　　D. 通电速度
2. 下列说法中正确的是（　　）。
   A. 在怠速稳定性修正中，ECU 根据目标转速修正点火提前角
   B. 辛烷值低的汽油，抗爆性差，点火提前角应减小
   C. 初级电路被断开瞬间初级电流所能达到的值与初级电流接通时间长短无关
   D. 随着发动机转速的提高和电源电压的下降，点火导通角应减小
3. ECU 根据（　　）信号对点火提前角实行反馈控制。
   A. 冷却液温度传感器　　　　B. 曲轴位置传感器
   C. 爆燃传感器　　　　　　　D. 车速传感器
4. N_e 信号是指发动机的（　　）信号。
   A. 凸轮轴信号　　　　　　　B. 车速传感器
   C. 曲轴转角　　　　　　　　D. 空调开关
5. 丰田发动机起动时点火提前角是固定的，一般为（　　）左右。
   A. 15°　　　B. 10°　　　C. 30°　　　D. 20°
6. 发动机工作时，ECU 根据发动机（　　）信号确定最佳点火导通角。
   A. 转速信号　　　　　　　　B. 蓄电池电压
   C. 冷却液温度　　　　　　　D. A 和 B
7. 在微机控制点火系统中，发动机实际点火提前角（　　）理想点火提前角。
   A. 大于　　　　　　　　　　B. 等于
   C. 小于　　　　　　　　　　D. 接近于

三、问答题

1. 微机控制点火系统主要由哪几部分组成？各部分有什么作用？

2. 简述微机控制点火系统的分类。
3. 什么是双缸同时点火？什么是独立点火？
4. 试述丰田汽车点火提前角的控制模式。
5. 试述日产汽车点火提前角的控制模式。

模块 7

排放控制系统

 知识要点

- 电子控制汽油喷射发动机尾气排放控制的有效措施；
- 三元催化转化器的工作原理；
- 废气再循环的作用、二次空气供给系统的作用。

 技能要点

- 尾气排放控制的目的；
- 检查炭罐电磁阀的方法；
- 废气再循环控制系统的检查方法。

在汽车发动机排放的尾气中，主要有三种有害气体，即 CO、HC 和 NO_x，这三种有害气体分别来源于尾气排放、曲轴箱窜气和油箱的燃油蒸发。

CO 主要形成原因是发动机工作中的缺氧、混合气过浓、混合不均、空气滤清器堵塞等；HC 主要形成原因是发动机混合气不能正常燃烧，如火花塞工作不良、高压电缺火等；NO_x 形成原因主要是发动机工作中火焰温度过高。

尾气排放有两种标准，一种是美国标准，另一种是欧洲标准。美国是世界上最早执行排放法规的国家；欧洲标准又分为欧Ⅰ、欧Ⅱ、欧Ⅲ、欧Ⅳ、欧Ⅴ等。

为降低发动机的尾气排放，减小对环境的污染，达到国家有关尾气排放的标准，电控发动机配备了排放控制系统。排放控制系统的作用是减少有害气体的排放。

减少有害气体排放的有效措施主要有：三元催化转化器、燃油蒸气排放控制系统、废气再循环控制和二次空气供给系统等。

1. 三元催化转化器

为了达到排放法规要求，国外 1996 年后生产的汽车必须配置 OBD-Ⅱ系统，也就是必须安装三元催化转化器，简称为 TWC。"三元"是指 CO、HC、NO_x 三种有害气体。三元催化转化器安装在排气管中部，安装情况和外形如图 7-1 所示。

三元催化转化器分为颗粒式和整体式两种类型。颗粒式载体将催化剂沉积在颗粒状氧化铝载体表面，主要用于美国和日本生产的汽车上，其应用趋向减少，正在失去其重要性。欧洲的汽车生产厂家实际上从未采用过这类载体。整体式载体分为陶瓷式和金属式两种，它将催化剂沉积在蜂巢状表面，可增大催化剂与废气的实际接触面积。以整体式三元催化转化器为例，其主要由四部分组成：载体、涂在载体上的催化活性层、承纳载体的钢板壳体和钢板壳体之间的隔离层或缓冲层，如图7-2所示。

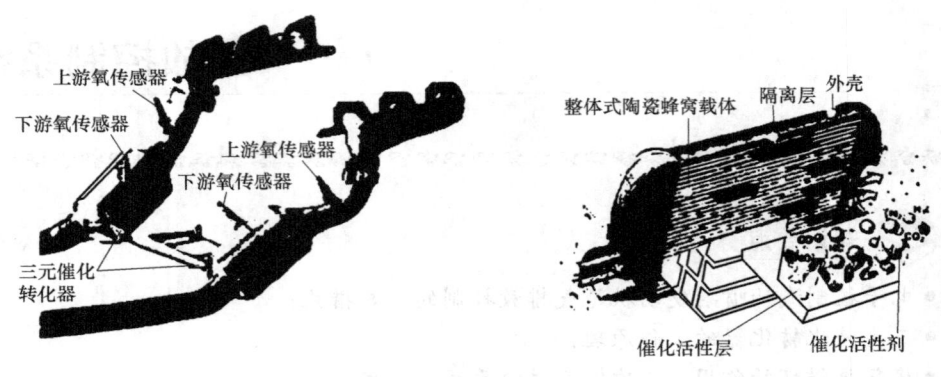

图7-1　三元催化转化器的安装情况　　　　图7-2　三元催化转化器内部结构

三元催化转化器的工作原理是利用内含的贵重金属铑作为还原剂，将NO_x还原成无害的氮气（N_2）和二氧化碳（CO_2）。还原过程中所产生的O_2，再加上三元催化转化器内二次空气导管所导入的新鲜空气中的O_2（有些车型才有）；以铂（Pt）或钯（Pd）作催化剂和CO、HC一起进行氧化反应，使其转变成无害的CO_2和H_2O，这种催化的过程称为二段式转化，如图7-3所示。三元催化转化器将有害气体转化为无害气体的效率受诸多因素的影响，其中最大的因素是混合气的浓度和排气温度。三元催化转化器的最低工作温度是246~302℃，最高工作温度为760℃。发动机的排气温度高于815℃以上，三元催化转化器的工作效率将明显下降，并且使用寿命缩短。有些三元催化转化装置中装有排气温度报警装置。当报警装置发出报警信号时，应停机熄火，查明排气温度过高的原因，予以排除。在使用中，燃气温度过高一般是由于发动机长时间大负荷下工作或因故障而燃烧不完全所致。三元催化转化器如果和氧传感器配合使用，对三种有害气体的转化效率最高，如图7-4所示。

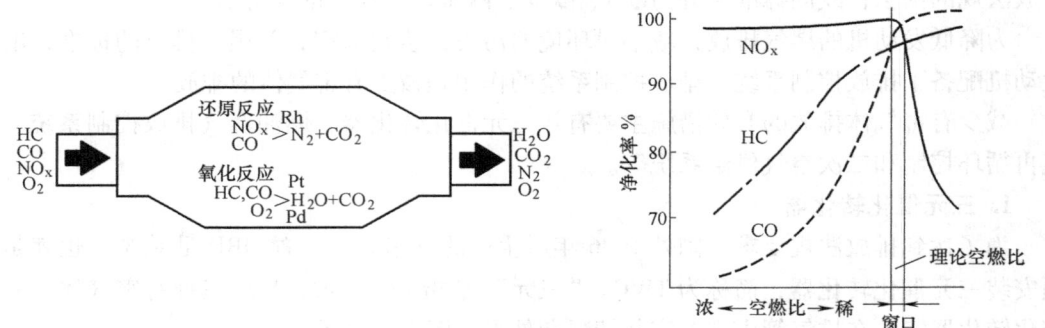

图7-3　三元催化转化器内部的化学反应过程　　　　图7-4　三元催化转化器质量净化效能

2. 燃油蒸气排放控制系统

汽车排放的 HC 有 20% 来源于汽油蒸发，燃油蒸发排放系统简称 EVAP 系统，其功能是收集汽油箱内蒸发的汽油蒸气，并将汽油蒸气引入气缸参与燃烧，从而防止汽油蒸气直接排入大气而造成污染。汽油蒸气应在发动机处于闭环控制时导入燃烧室燃烧，只有在闭环控制时才能对因额外蒸气作用而导致混合气浓度的变化来进行喷油量的调节。同时还必须根据发动机的工况，控制导入气缸内参加燃烧的汽油蒸气量来进行调节。系统不正确的操作会造成因混合气稀而出现的动力性下降、急速不稳或排放不合格等问题。

汽油蒸气排放控制系统炭罐结构如图 7-5 所示，燃油蒸发净化控制系统如图 7-6 所示。

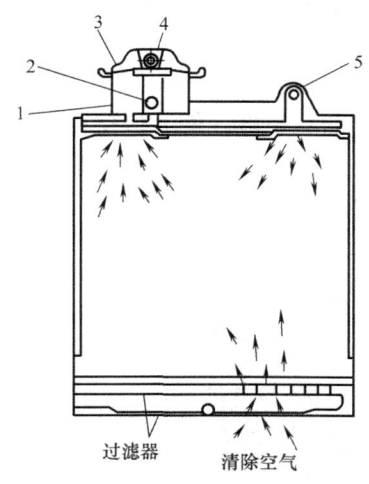
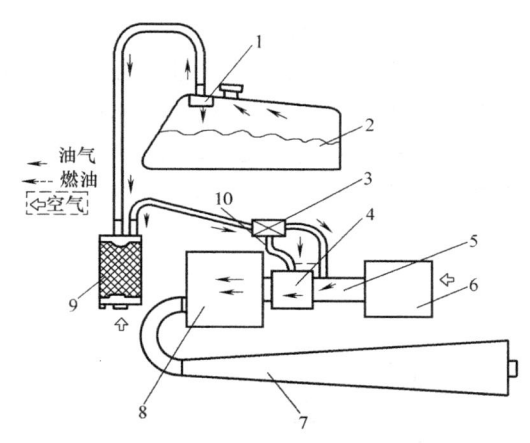

图 7-5 炭罐　　　　　　　　　　　图 7-6 燃油蒸发净化控制系统
1—清除阀　2—清除管　3—真空膜片　　1—油气分离器　2—油箱　3—油气清除控制阀　4—节流阀
4—真空信号　5—油箱油气　　　　　　5—空气导管　6—空气滤清器　7—排气管　8—发动机
　　　　　　　　　　　　　　　　　　9—活性炭罐　10—真空管

炭罐的主要功能是将在汽车发动机停机或非闭环控制状态时的汽油蒸气收集起来，待汽车发动机闭环工作状态时，燃油蒸气与炭罐下部吸入的新鲜空气混合后再参与燃烧。

电磁阀控制汽油蒸气管路通断，电磁阀受 ECU 控制。ECU 根据发动机的工况适时接通和断开电磁阀，控制进气歧管和炭罐之间的通道，从而控制炭罐中的汽油蒸气是否参与燃烧。一般在开环工作状态切断管路的通道；闭环工作状态时接通管路的通道，在进气道负压作用下，实现新鲜空气从炭罐底部吸入，经过炭罐和汽油蒸气混合后进入气缸燃烧。

3. 废气再循环控制

（1）废气再循环控制的作用与工作原理　废气再循环（EGR）系统的作用是降低废气中的氮氧化物（NO_x）的排放量。NO_x 的排放主要是因为发动机在工作中火焰温度过高造成的。废气再循环就是将发动机做功后排气管排出的废气再引入气缸，再次参与燃烧，因此叫废气再循环。废气中的主要成分是 CO_2、H_2O 和 N_2 等。CO_2、H_2O 和 N_2 这几种物质都是热容量高的物质（热容量高是指这种物质在加温过程中每升高1℃所吸收的热量多），因此这几种物质在再次参与燃烧时能吸收热量，降低火焰温度，所以废气再循环能减少NO_x的排放量。废气再循环能降低火焰温度的另一个原因是废气再次进入气缸参与燃烧，这部分废气占据了一部分可燃混合气的位置，取代了一部分新鲜可燃混合气，发动机工作中产生热能的物质少，因此降低火焰温度。

一些比较新的电子控制发动机已不再需要EGR系统来降低NO_x排放，而是利用进排气门的重叠开启时刻吸入一部分废气进入气缸参与燃烧的方式起到相同的效果。

（2）废气再循环控制的类型及结构　废气再循环依据控制方式分为真空控制式、排气背压EGR式、电子控制EGR式。

1）真空控制式。真空控制的EGR系统中主要由真空控制阀VCV、真空电磁阀VSV、EGR阀位置传感器组成，如图7-7所示。

①真空控制阀。真空控制阀（VCV）为机械式真空开关阀，如图7-8所示。它位于真空电磁阀和进气歧管之间，其作用是调节加在真空电磁阀的真空度，使其保持在恒定水平（17kPa）。进气歧管真空通过S口作用在VSV的膜片上，如果真空度大，在弹簧作用下膜片下移，关闭S口；如果真空度小，克服弹簧力，阀开启，给VSV提供真空，这个动作过程不断地调整，使提供给VSV的真空度保持恒定。

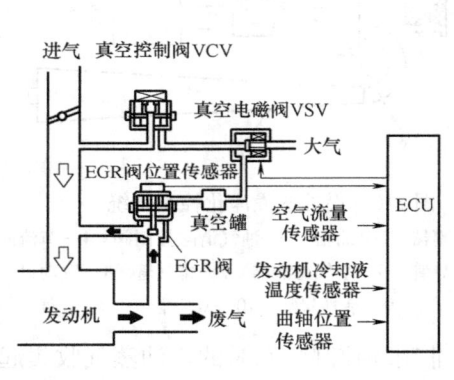

图7-7　真空控制的EGR系统

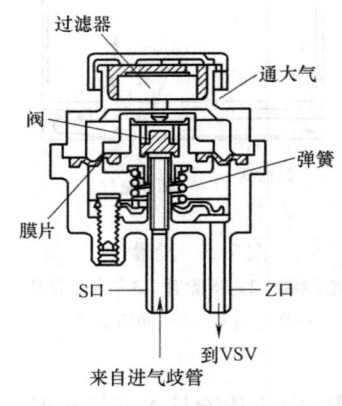

图7-8　真空控制阀

②真空电磁阀。真空电磁阀是三通阀，当其断电时，大气压力通过该阀直接作用在EGR阀上，使其保持关闭，如图7-9所示。在一定的条件下ECU控制VSV阀的脉宽来改变其开度，从而使提供给EGR阀的真空度发生变化，最终使EGR阀保持在一定的开度。

③EGR阀位置传感器。如图7-10所示，该传感器利用由一个柱塞推动的电位计向发动机电子控制器传送EGR阀的实际位置信号。ECU利用EGR阀位置传感器的信号控制EGR阀的开启高度，确定废气再循环量。ECU中存储有多种工况下的EGR阀的最佳位置，如果实际位置与存储的最佳值不同，发动机ECU对VSV进行脉宽开度调制。例如，若要增加废气再循环量，ECU提供的控制脉宽宽，VSV阀开度增加，则提供给EGR阀更多的真空，EGR阀位置提升，废气再循环量增加。发动机冷却液温度低于

57℃、汽车减速、发动机负荷小（发动机进气量少）、怠速时节气门全关、全负荷时EGR阀关闭，几乎没有废气进入发动机进行循环。进入发动机的废气循环量随发动机的负荷增加而增加。

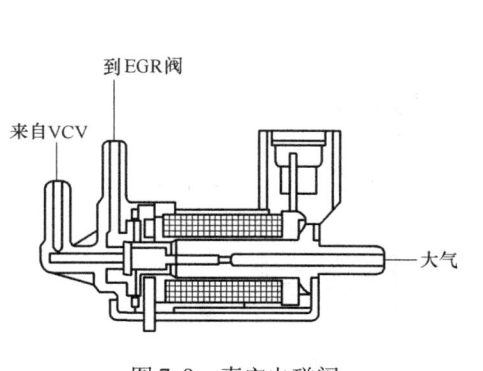

图 7-9　真空电磁阀

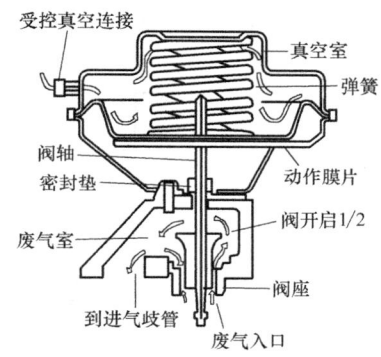

图 7-10　EGR 阀的结构

④EGR 真空调节阀。该阀靠近节气门体，其作用是使一定量的废气流入进气歧管进行再循环。EGR 阀膜片的一侧连接一根阀轴杆，另一侧与弹簧相连（弹簧使阀门保持常闭），如图 7-11 所示。当加在膜片上的真空压力大于弹簧力时，阀轴杆被拉离原位，通道打开，使废气进入进气系统。真空电磁阀开启真空通路，因而真空压力吸 EGR 阀上的膜片，使阀杆打开，将废气引入气缸，使 NO_x 降低。

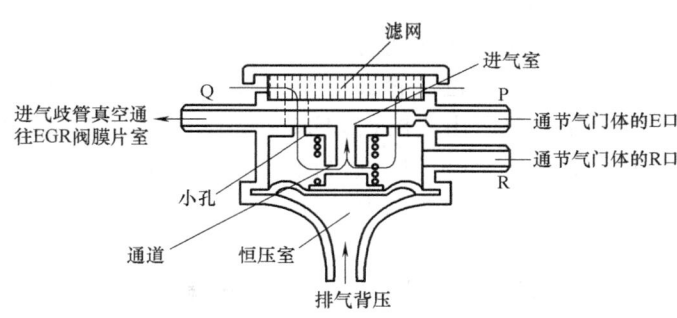

图 7-11　EGR 真空调节阀

2）排气背压控制 EGR 系统。排气背压控制 EGR 系统如图 7-12 所示。发动机排气压力随着进气量的增加而按比例增大。节气门开度越大，进气量增加越多，一个较高的排气压力作用于 EGR 真空调节阀的恒压室，它将推动 EGR 真空调节阀的膜片向上运动，从而增加了 EGR 真空调节阀室外的通道面积。当节气门开启时，发动机转速增加，进气歧管的真空度减小，进气管 E 口和 R 口感应节气门后方真空度。当真空电磁阀 VSV 开启，真空作用在 EGR 阀的真空室上。由于 EGR 阀真空室内的真空度增加，导致 EGR 阀门打开，使恒压室外压力下降，反过来降低了 EGR 真空调节阀的膜片压力，使 EGR 真空调节阀开度减小，废气再循环量也相对减少。由此可知，废气再循环系统是根据进气的真空度和排气压力的大小来控制废气再循环量的,即随发动机负荷的变化来控制废气再循环量的。

3)电子控制 EGR 阀。早期,许多发动机使用 ECU 直接控制的 EGR 阀,如电磁阀式、线控式(也称步进电机式 EGR 阀)。

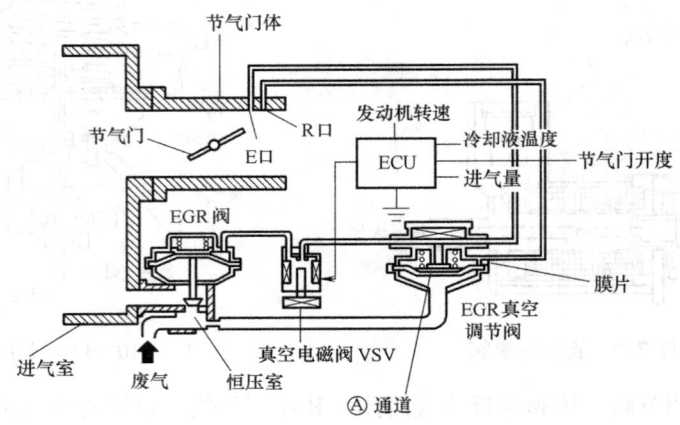

图 7-12 排气背压控制 EGR 系统

①电磁阀式 EGR 阀。通用的电子控制 EGR 阀完全是电子控制的电磁阀,不需要真空。发动机中有两个或三个 ECU 控制的电磁阀控制各自的排气阀,以关闭或打开 EGR。

②线控式 EGR 阀。线控式 EGR 阀工作原理如图 7-13 所示。线控式 EGR 阀能独立地对再循环废气量进行准确的控制,而不管进气管真空度的大小,现在大多数的通用汽车采用线控式 EGR 阀。其包括一个步进电机,能准确调节废气再循环量,并能反馈给计算机有关准确位置的电位计信号。线控 EGR 系统有下列优点:

a. 可对废气再循环量进行连续变量控制;

b. 直接对阀体控制最大废气流量、提高了快速控制反应能力;

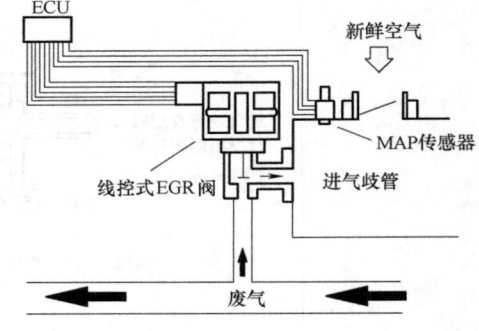

图 7-13 线控式 EGR 系统工作原理

c. 提高了流量精度和重复性以及诊断能力,反应时间比真空控制的废气再循环系统要快 10 倍;

d. 因有闭环控制针阀位置,不受汽车工作状态变化(如汽车电压、环境温度和真空变化)的影响;

e. 流量控制更精确,改善了燃油和点火控制。

线控 EGR 阀由下列总成组成,如图 7-14 所示:

①电磁阀(绕线管和线圈)总成,其电磁阀为封装的并连接到针阀位置传感器端子上,以构成共用总成插头;

②电枢总成位于绕线管和线圈总成之中,含有针阀和阀总成、底座总成;

③底座有两种尺寸的节流孔流进阀体，废气经小节流孔再经阀门流入进气歧管。

（3）废气再循环系统的故障现象

1）废气再循环系统引起的故障现象。如果 EGR 阀不能开启或废气流动受到限制，那么将可能出现如下征兆：

①在加速或发动机转速稳定时，听到点火爆燃所引起的砰砰声；

②排放的氮氧化物过多；

如果 EGR 阀由于黏滞而关闭不严，那么将可能出现如下现象：

①怠速不稳或频繁熄火停机；

②发动机性能变差，动力不足。

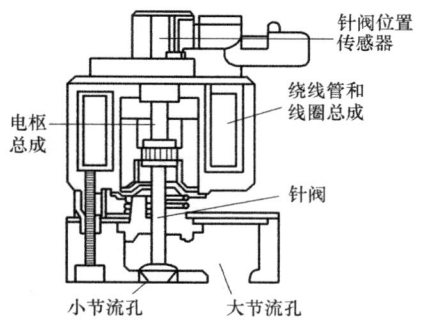

图 7-14　线控式 EGR 阀的结构

2）废气再循环系统的故障检测。进行故障诊断的第二步就是全面地观察。检测真空操作的 EGR 阀是否正常动作可按下列步骤进行：

①检查 EGR 阀内的真空膜片能否保持真空。当系统内有真空时，EGR 阀动作，发动机的工作应受到影响。另外，此时 EGR 阀应能保持住真空度，若 EGR 阀内真空度下降，那么说明阀有故障。

②检查排气阻力，如果 EGR 阀能保持住真空度，但是当 EGR 阀开启时，发动机的运转未受到影响，那么必须检查排气阻力。如果真空阀不能保持住真空度，说明阀本身有问题，需要更换。

3）OBD-Ⅱ系统对废气再循环系统的监测。在第二代随车自诊断系统中，对于 EGR 系统监测采用了各种各样的方法，具体使用哪一种方法，取决于制造厂商和用户要求。大多数汽车使用 MAP 传感器来监测废气再循环情况。

在减速期间，计算机指令再循环系统工作，同时观察 MAP 传感器的反应。如果排气再循环流量是充足的，发动机进气歧管真空度会下降，MAP 传感器会检测到这一变化量。如果废气再循环量不足，MAP 检测不到这一变化。

有些排气背压控制的 EGR 系统，利用废气温度传感器检测废气再循环情况，废气温度传感器安装在废气返回通道上，如图 7-15 所示。废气流正常流动时，废气温度传感器感知的温度应比进气温度高 35℃。当 EGR 阀开启时，若 EGR 将废气温度进行比较，如果废气温度没有比进气温度高出一定值，则认为 EGR 系统有问题；当 EGR 阀关闭时若检测到的废气温度还比进气温度高，则也认为 EGR 系统有问题。

有些真空控制的 EGR 系统利用 EGR 阀位置和废气温度信号来判断废气再循环情况。当 EGR 阀开启时，若废气温度没有比进气温度高出一定值，则认为 EGR 系统有问题。多设一个 EGR 阀位置传感器，用来检测废气再循环量是否过多。当 EGR 阀关闭时，若 EGR 阀位置传感器信号比 ECU 内存储的数值高，则可以判断出 EGR 阀关闭不严。

如果废气再循系统的效率没有达到预定的水平，ECU 经过连续两个发动机驱动循环还捕捉不到达标信号，就会设置故障码并点亮故障指示灯。

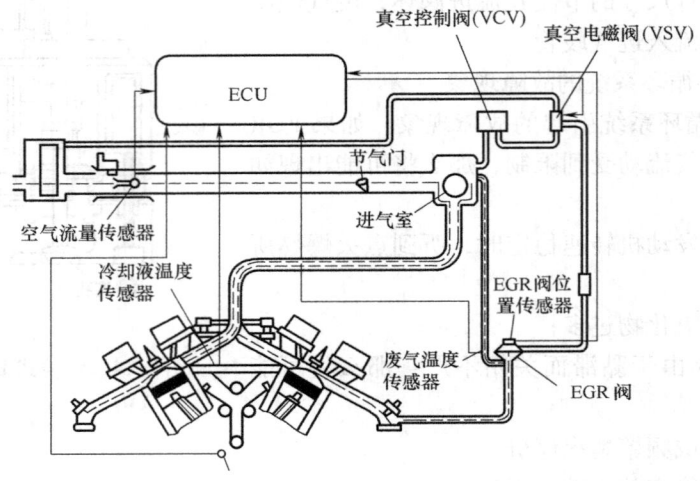

图 7-15 真空控制的 EGR 系统传感器安装位置示意图

4. 二次空气供给系统

通常将发动机工作中从进气歧管引入新鲜空气叫一次空气供给；而将一部分新鲜空气引入排气管叫二次空气供给。发动机二次空气供给系统利用空气泵将新鲜空气喷入排气管或三元催化转化器，使排气管中的 CO 和 HC 进一步氧化或燃烧成为 CO_2 和 H_2O。二次空气供给系统的作用是为了进一步降低排气中的 CO 和 HC 有害气体的排放物，并提高三元催化转化器的转化效率。新鲜空气进入排气管或三元催化转化器，由 ECU 进行控制。

按空气供给的动力源进行分类，二次空气供给系统有两种：一种采用空气泵喷射系统和利用排气压力将空气导入的脉冲式空气喷射系统。

（1）空气泵二次空气供给系统 新型计算机控制的二次空气喷射系统如图 7-16 所示，空气泵通常由发动机驱动，产生的低压空气称为二次空气。ECU 控制各电磁阀的动作，来控制空气泵输出空气的流向，有两种类型的空气泵送系统：带轮驱动型空气泵、电动机驱动型空气泵。所有空气泵二次空气喷射系统中都有一个单向阀，让空气流进排气歧管而阻止热排气倒流入控制泵。

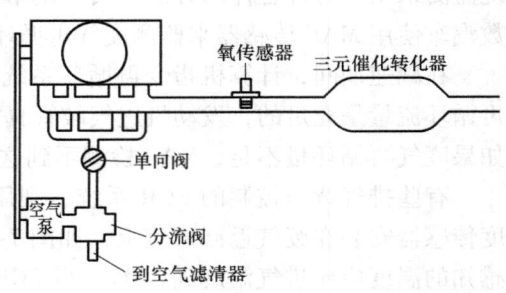

图 7-16 空气泵二次空气供给系统

当发动机处于冷态时，空气泵直接输送空气到排气歧管中，有助于让更多的 O_2 与 HC 和 CO 进行氧化反应，生成 H_2O 和 CO_2。当发动机处于热机和闭环控制状态时，ECU 控制分流电磁阀，让空气泵直接将空气送到三元催化转化器，当进气歧管真空度快速增加，已超过怠速时的正常水平，如在快速减速期间，ECU 控制分流电磁阀，使空气泵的空气直接输送到空气滤清器，抑制空气脉动，降低进气噪声，同时也有效地阻止了减速期间的排气回火。带轮驱动型空气泵使用离心式空气滤清器,当空气泵旋转时,从其下部吸入空气,空气被轻微压缩。电动机驱动型空气泵通常只在发动机冷态时使用。

(2) 脉冲式二次空气供给系统　同空气泵二次空气喷射系统相比,脉冲式二次空气喷射系统(其外形如图7-17a所示)不需要空气泵。其工作原理如图7-17b所示:空气来自空气滤清器,由ECU控制真空电磁阀的打开与关闭,真空电磁阀与单向阀相连,排气中的压力是正负交替的脉冲压力波。当真空电磁阀开启时,进气歧管真空吸动脉冲空气喷射阀的膜片,使阀开启。此时由于排气负压,将来自空气滤清器的新鲜空气,经脉冲空气喷射阀导入排气管内,加大了三元催化转化器的化学反应能力。当排气压为正时,脉冲空气喷射阀内的单向阀关闭,排气不会返回至进气歧管。

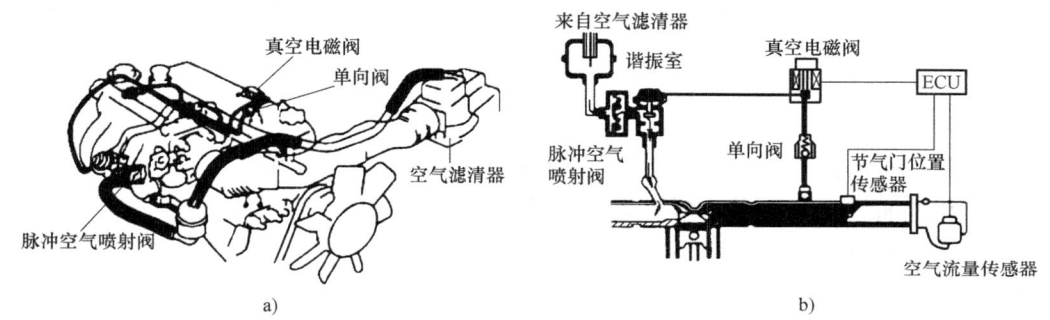

图7-17　脉冲式二次空气喷射系统
a) 脉冲式二次空气喷射系统外形　b) 脉冲式二次空气喷射系统工作原理

(3) 空气泵送系统的故障诊断

1) 视觉观察。如果说排放系统检测不出问题,就应观察空气泵送。仔细观察二次空气供给系统的管道及管接头,如有任何的孔洞而导致漏空气或尾气,就应更换掉。当空气泵工作不良时,应检查单向阀的情况,看是否有尾气倒流现象,以防止损坏空气泵。二次空气吸入阀损坏(常通)等,会导致怠速不稳,加速无力。

对于带驱动型空气泵,应检查驱动传动带是否磨损以及是否有足够的张力。

2) 二次空气喷射的主动测试方法。二次空气的主动测试方法有两种,即通过性测试和密封性测试:

a. 通过性测试。检查二次空气是否充足,方法是关闭闭环控制使发动机进入开环控制(让发动机在浓混合气状态下运转),同时二次空气泵接通,于是新鲜空气被引入排气歧管,从而提高了排气中的氧含量。此时应能检测到稀的混合气,说明二次空气已经足够,以此来判断二次空气喷射系统的正常性。

b. 密封性测试。密封性测试的目的是检查分流阀的关闭是否良好。检测方法是:当发动机在正常工作温度怠速时,二次空气泵被接通,但让分流阀处于关闭状态。二次空气泵接通,发动机控制单元(ECU)就开始检测空燃比或氧传感器信号。如果密封良好,新鲜空气就不能到达排气歧管,空燃比氧传感器信号无明显变化;如果系统漏气,闭环控制调节会使混合气明显变浓,空燃比或氧传感器会识别出这个变化过程。

复习题七

一、判断题

1. 燃烧火焰温度越低，氮氧化物排出的量越大。（　）
2. EGR 系统会对发动机性能造成一定的影响。（　）
3. 废气再循环的作用是减少碳氢化合物、一氧化碳的排放量。（　）
4. EGR 系统是将适量废气重新引入气缸燃烧，从而提高气缸的最高温度。（　）
5. 废气再循环量取决于 EGR 阀的开度。（　）
6. NO_x 是燃烧过程中形成的多种氮氧化物，是由可燃混合气在高温、富氧条件下燃烧时产生的。（　）

二、问答题

1. 燃油蒸气排放控制系统主要由哪些部件组成？各有什么作用？
2. 试述燃油蒸气排放控制系统的控制过程。
3. 如何检测活性炭罐、活性炭罐电磁阀？
4. 如何对燃油蒸气排放控制系统进行故障诊断？

模块 8

进气控制系统

 知识要点

知识要点：
- 电控发动机进气控制系统的功能与工作原理；
- 电控发动机进气控制系统的类型；
- 电控发动机涡轮增压系统的功用与工作原理。

 技能要点

- 掌握电控发动机进气控制系统常见的检测方法；
- 了解与掌握可变进气、可变气门升程、涡轮增压和可变气门正时系统的含义；
- 掌握可变进气、可变气门升程、涡轮增压和可变气门正时系统的故障诊断与排除方法。

由于进气门口的截面积与活塞截面积相比，尺寸要小很多，传统的发动机进气系统进气量总是不足，尽管有的汽车增加了进气门，但还是达不到百分之百的进气量。为此，现代汽车采取了很多措施，完善了传统的发动机进气系统，形成了功能更加优良的进气控制系统。进气控制系统的作用主要是在发动机排量不变的情况下，增加进气量，从而提高发动机的输出功率。所采取的措施有进气惯性效应、谐波可变进气系统、可变气门升程、可变气门正时、电磁控制可变气门和涡轮增压等。

8.1 可变进气系统

可变进气系统通过利用进气谐波效应和进气道截面变化来提高发动机的进气量。

1）利用进气谐波效应提高进气量。发动机进气系统进气谐波效应是指利用进气行程时，进气管内高速流动的气体惯性作用来提高充气效率的。在发动机进气行程前期，由于活塞下行产生的吸力作用，气缸内产生负压。新鲜空气在进气过程当中，由于进气门突然关闭，而产生压力波，经进气门、进气道，沿进气歧管向外传播（速度与声波相同）。如果进气管的长度和直径适当,从压力波产生到正压波返回到进气门所经历的时间,正好与进气门开启到关闭所需时间相同,即正压波返回到进气门时,正值进气门开启,从而提高了进气门进气的正压力,起到进气增压的作用,达到了提高进气量的效应。

2)利用进气道的截面变化实现惯性可变进气以提高进气量。根据空气流动的特性,当发动机进气量小的时候,进气道的截面小,同样进气量的情况下,可以利用惯性来提高进气量,所以在怠速时,进气道设计成细而长,产生惯性进气,增加进气量;发动机转速高、进气量大,设计成增大进气道截面、缩小进气道长度,以减小进气阻力,提高发动机进气量。

在各种汽车上采用的可变进气系统不完全一样,以下是部分汽车可变进气系统的结构和工作情况。

1. 奥迪 A6 发动机可变进气系统

图 8-1 为奥迪 A6 发动机可变进气系统的进气歧管的截面形状。发动机进气管内设置有进气转换阀,它受 ECU 控制。发动机转速低于 4100r/min 时,每个气缸进气道中的转换阀总是处于关闭状态,形成进气路径较长、截面较细的管道,以产生进气惯性,如图 8-1a 所示;当发动机转速高于 4100r/min 时,进气道中的转换阀打开,构成路径短而截面较大的进气管道,如图 8-1b 所示,从而实现减小进气阻力、提高进气量的效果。发动机采用这种可变进气系统后,提高了进气系数,其输出功率和转矩都有所提高。

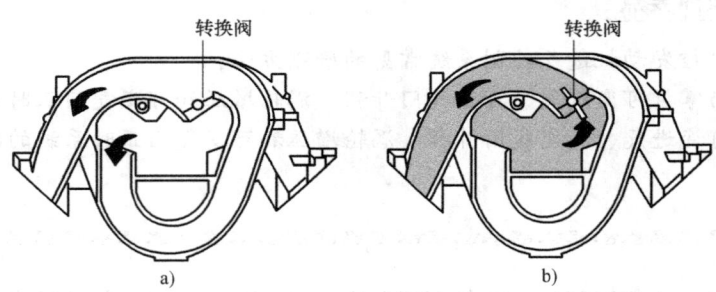

图 8-1 奥迪 A6 可变进气系统
a)转换阀关闭 b)转换阀开启时

2. 日产汽车可变进气系统

如图 8-2a 所示,当发动机在低转速、小负荷工况时,进气转换阀处于关闭状态,进入发动机的空气只经过细而长的进气管道流入,可产生强烈的旋流,从而提高进气量,由于细长管的动态效应,也改变了低转速的转矩特性;如图 8-2b 所示,当发动机在高转速、大负荷工况时,转换阀开启,双进气道同时进气,形成短而粗的进气管道,从而减少了进气阻力,大大提高了进气量,使发动机的功率获得较大的提高。

3. 丰田汽车可变进气系统

丰田汽车可变进气系统采用双进气管,每个气缸有四个气门,两个进气门各配有一个进气管道,其中一个进气通道中装有进气转换阀。在发动机低转速、小负荷工况时,转换阀关闭,两个进气门共用一个进气通道,将进气通路截面减半,如图 8-3a 所示,此时进气流速提高、进气惯性增大,从而提高发动机进气量和转矩;在发动机高转速、大负荷工况时,转换阀开启,双进气道同时进气;如图 8-3b 所示,此时进气截面大大增加、进气阻力减小,进气量增加,同时发动机最佳动态转速也移向高速,使其高转速大负荷时的动力性能得到很大的提高。

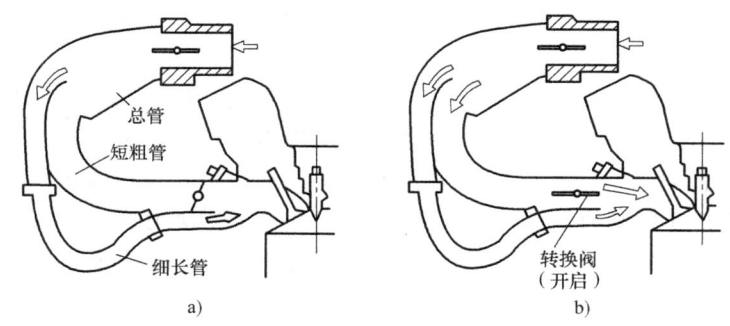

图 8-2　日产汽车可变进气系统工作原理
a) 转换阀关闭　b) 转换阀开启

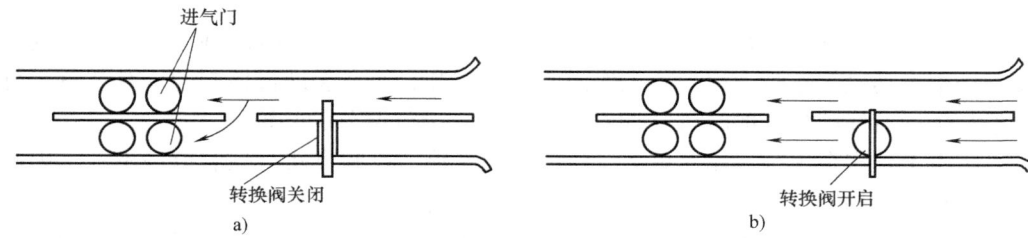

图 8-3　丰田汽车双进气管可变进气系统工作原理
a) 低转速小负荷工作时　b) 高转速大负荷工作时

4. 可变进气转换阀的控制

可变进气转换阀的控制方法在各种车型并不相同,现以丰田双进气管道可变进气系统为例加以说明。如图 8-4 所示为丰田发动机可变进气系统的结构和工作原理(图中只画带转换阀的进气道,未画不带转换阀的进气道)。进气道中的进气转换阀的关闭和开启,是由膜片式执行器来完成的,执行器膜片室内的工作压力则由三通电磁阀进行控制,而三通电磁阀的工作则受 ECU 控制,所以,进气阀的开启和关闭最终是由 ECU 来控制的。

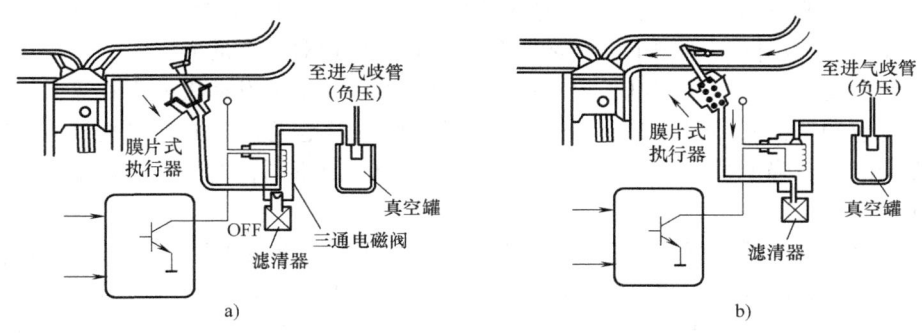

图 8-4　丰田汽车发动机可变进气系统结构和工作原理
a) 发动机中、低速工作时　b) 发动机高转速、大负荷工作时

在发动机中、低速（转速低于 5200r/min）工作时，三通电磁阀不通电，关闭执行器与空气滤清器之间的通路，开启执行器与真空罐之间的通路；此时储存在真空罐内的进气负压，通过三通电磁阀作用到执行器的膜片室，吸力作用使执行器带动拉杆，关闭进气转换阀，即关闭了各缸中的一个进气通道，如图 8-4 a 所示。

当发动机高速（转速高于 5200r/min）、大负荷工作时，ECU 输出控制信号，使驱动电路晶体管导通，三通电磁阀通电工作。三通电磁阀通电工作后，关闭执行器与真空罐之间的通路，开启执行器与空气滤清器之间的通路，此时通过空气滤清器进入的大气压作用到执行器的膜片室，在弹簧力的作用下，通过拉杆使进气转换阀打开，结果各气缸的进气通道扩大为两个，如图 8-4b 所示，从而增大了进气截面积，减少了进气阻力，提高了进气系数，提高了发动机的输出功率。

8.2 电子控制可变气门升程装置

电子控制可变气门升程装置包括可变气门升程和可变气门正时两种装置。可变气门升程装置是指发动机工作时，根据其工作需要对气门升起的高度进行控制的一套装置。可变气门正时是指对气门打开的时机（即对配气相位）进行调节的装置。

目前由于各汽车生产厂家对可变气门的控制参数、控制方式、控制方法不一，因此名称也不尽相同。如日本本田公司称该装置为可变气门电子控制系统，或直接称为电子控制可变气门正时与电子控制可变气门升程系统，用 VTEC 表示。有的汽车发动机，因仅改变气门正时，一般称为可变气门正时控制系统，常用 VVTC 表示。有的资料常在其名称前面或后面加注一个英文字母"i"如 VTEC-i，其中的"i"表示具有"智能"的意思。有些汽车发动机既配备了可变气门正时装置，又配备了可变气门升程装置，如丰田的 VVTC-i、本田的 VTEC-i。

在传统发动机运行过程中，气门正时和气门升程都是固定不变的。在设计气门正时时，对某一型号的发动机来说，它仅在某一运转范围内最为有利，此时发动机的性能较佳，而在其他运转状态下，发动机的性能并没有得到充分发挥。在早期，为了提高发动机的功率，设计的气门正时往往对高转速、大负荷有利，以后因注重降低油耗和排放，气门正时趋于对低转速较为有利。在传统的发动机中，气门正时的确定只能根据发动机的形式、用途及转速等不同有所侧重，实际上多是采取一种相对折中的方案。

在现代发动机中，当采用电子控制可变气门装置后，根据发动机的工作需要（主要指发动机的转速和负荷），可以对气门正时、气门升程适时地进行改变，对提高发动机的动力性、降低油耗和降低排放都有重要影响。发动机的工况不同，对气门正时和气门升程要求也不同。

在发动机转速较高、负荷较大时，进气门提前开启、推迟关闭。提供较多的进气时间，从而较好地解决高转速时进气时间不足的问题，同时也提高气体流动惯性，使新鲜空气继续进入气缸，有利于提高进气效率，增大进气量，提高发动机的功率。由于进排气门重叠角增大，特别是在中等负荷时，有更多的废气进入进气歧管，同新鲜空气一起进入气缸，可提高废气再循环，有利于降低 NO_x 的排放和降低油耗。

在发动机转速较低时，如果仍像高速那样使进气门提前开启、推迟关闭，则会造成进气门相位提前角和气门关闭推迟角过大，不仅可能使大量废气冲入进气歧管，还可能将已经吸入气缸的新鲜空气重新推回到进气歧管中，而造成发动机工作粗暴、怠速不稳。因此在转速较低时，进气门相对推迟开启、提前关闭，这样有利于提高发动机低速时的转矩和降低油耗。另外，气门叠开角减小，能减少进气和排气过程中的互相干扰，从而提高怠速的稳定性。

气门升程的大小，随发动机的转速和负荷变化而变化。发动机高转速、大负荷时，增大进气门升程，以利于提高进气效率；而在转速低、小负荷时，则减小气门升程。汽车发动机采用电子控制可变气门装置后，能根据发动机性能优化的要求，改变气门正时和气门升程，以更好地发挥发动机的性能。

1. 电子控制可变气门装置的分类

电子控制可变气门装置常见的分类如下。

（1）按气门正时与气门升程改变情况分类

1）只改变气门正时，不改变气门升程；

2）只改变气门升程，但气门正时保持不变；

3）既改变气门正时，又改变气门升程，是上述两种形式的组合；

4）使部分气门保持关闭。这种发动机，在低负荷工作时，使部分气缸的气门完全不能升起（保持关闭状态），从而改变发动机的有效工作排量，能使工作的气缸处于较高的负荷状态下运行，从而提高低负荷时的热效率，提高其经济性。

（2）按气门传动方式是否通过凸轮驱动分类

1）凸轮传动式。发动机的配气机构基本上都是采用传统的凸轮式配气机构，它们都是由曲轴通过正时齿轮（或链轮、传动带）驱动凸轮轴，再通过凸轮轴上的凸轮转动，来驱动气门的开启或关闭。目前相当一部分可变气门装置，都是在凸轮式配气机构的基础上，增加一些控制传动部件形成的。

2）非凸轮传动式。它与传统配气机构不同，对传统凸轮配气机构进行了彻底的改革。非凸轮传动可变气门装置也有多种，但一般是直接采用电磁机构控制气门的开启和关闭。

（3）按实现控制的传动部件不同分类

1）凸轮轴式。直接通过凸轮轴径向相对转动或轴向移动来改变气门正时或气门升程。

2）气门摇臂式。在顶置式配气机构中，一般都是通过气门摇臂的杠杆作用，促使气门工作的。通过在摇臂机构中增设一些传动部件，利用传动部件改变气门的运动方式，达到改变气门升程和正时的目的。

3）气门挺杆（挺柱）式。气门挺杆的作用是将凸轮转动时的推力传给气门，而使气门工作的。如果对挺杆适当进行改进，也可改变气门正时和气门升程。

2. 电子控制可变气门实例

（1）凸轮轴式的可变气门装置　直接通过凸轮轴的转动或移动改变气门正时或气门升程的可变气门装置比较多，常见的有以下几种。

1）使凸轮相对于链轮（或带轮）径向转过一定角度，以改变气门正时。这种装置结构比较简单，应用也比较广泛，如在奔驰、保时捷、日产等车型上，都曾先后采用这种形式。该装置通常利用一对斜齿轮或方向相反的两对斜齿轮的移动来改变气门正时，其工作原理大同小异。如图 8-5 所示是具有一对斜齿轮的可变气门装置简图，该装置的关键部件是中间设有一个环形柱塞（或称调节柱塞）。环形柱塞的外圆表面为斜齿花键，与正时链轮的斜齿齿套相啮合；环形柱塞的内圆表面为直齿花键，与凸轮轴连为一体的带有直齿的花键相啮合。当环形柱塞的左方受到了高压机油的压力后，压缩复位弹簧向右移动，借助于外表面的斜齿花键作用，带动凸轮轴相对于正时链轮转动一个角度，凸轮轴使进气门提前开启，进气门开启相位和关闭相位提前，从而改变气门正时，但进气开启持续角不变。上述动作是在发动机电子控制单元（ECU）控制下进行的，只有在一定的条件下，电子控制单元使控制气门的电磁阀通电时才会发生。当电磁阀不通电时，高压机油便通过有关通道泄油；在复位弹簧的作用下，环形柱塞向左移动，使进气门的开启、关闭相位角恢复原状。

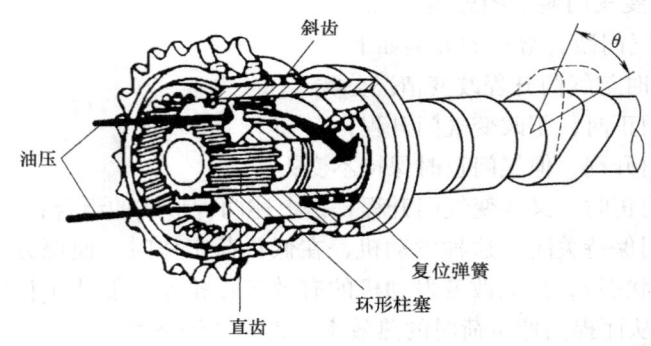

图 8-5　凸轮轴式可变气门装置

上述可变气门装置只能改变气门正时，特别是早期应用较多。而目前大多数可变气门装置都有与相应的可变气门升程装置组合在一起工作，保时捷 911 汽车发动机可变气门机构便是这种形式，如图 8-6 所示。保时捷 911 发动机的可变气门结构，除能改变气门正时外，还能通过双层气门挺杆来实现气门升程的可变性。保时捷 911 发动机低速工作时，由中间的小凸轮推动内挺杆工作，气门升程较小，只有 3.6mm。在低速时尽管外侧的大凸轮也在推动外挺杆运动，但外挺杆只是推动双层挺杆的细弹簧空行，并未将推力传给气门。在发动机转速超过约 4000r/min 或大负荷时，在电子控制单元（ECU）的控制下，将泄油口关闭，油压使挺杆中的销子从外挺杆插入内挺杆，使内、外挺杆连为一体，此时在外侧大凸轮的驱动下，使气门升程增大至 11mm。

2）使凸轮轴沿其轴向移动一段距离，用来改变气门正时和气门升程。FIAT（菲亚特）公司可变气门系统就属于这一类型。此类可变气门系统的特点是凸轮采用 "多维凸轮" 形式，即凸轮的轮廓线不平行于凸轮轴的轴线，如图 8-7 所示。

当凸轮轴轴向移动时，气门正时和气门升程都会改变。为了在凸轮轴轴向移动时气门正时和气门升程改变顺利而准确，在多维凸轮与挺杆之间还设有摇动板机构。摇动板能在摇动板座的半圆槽内转动，而摇动座上的凸缘又可在导销的凹槽中上下滑动。气门刚开启时，摇动板几乎处于水平位置，随着气门升程的增加，摇动板逐渐改变斜度，最大斜度对应于气门升程。

该装置中凸轮轴的轴向移动，是通过改变系统的机油压力来实现的，而机油压力的改变则是由电子控制单元通过控制步进电机来实现的。

图 8-6 保时捷 911 可变气门结构
1—可变气门正时装置 2—中间小凸轮 3—外侧大凸轮 4—双层挺杆（含内、外挺杆） 5—细弹簧 6—销子

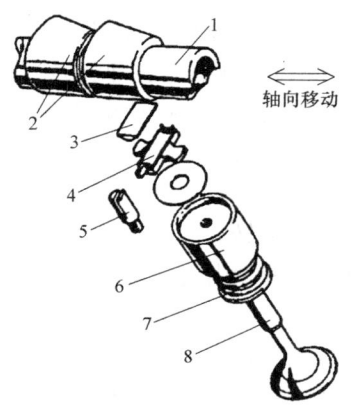

图 8-7 FIAT（菲亚特）可变气门结构
1—凸轮轴 2—多维凸轮 3—摇动板 4—摇动板座 5—导销 6—挺杆 7—气门弹簧 8—气门

（2）气门摇臂式可变气门装置 本田雅阁发动机的可变气门装置，多是通过特殊的摇臂机构来实现可变气门正时和可变气门升程。

1）基本结构。本田公司生产的汽油发动机上，可变气门系统形式较多，这里仅介绍本田雅阁 F22B1 发动机上采用的可变气门正时和可变气门升程电子控制系统，即 VTEC。

F22B1 发动机采用四气门（每个气缸两个进气门、两个排气门）单顶置凸轮轴（SOHC）机构，如图 8-8 所示。

该发动机的凸轮轴与气门之间通过摇臂驱动。在凸轮轴上为每个气缸设置三个承担进气的凸轮（并列中间）和两个承担排气的凸轮。每个气缸的两个进气门有主次之分，即主进气门和次进气门，每个进气门均有单独的凸轮通过摇臂来驱动。与主次进气门所接触的摇臂分别叫主、次摇臂。在主、次摇臂之间，设有一个特殊的中间摇臂，它不与任何进气门接触。三个摇臂并列在一起，绕同一根摇臂轴转动。主、次摇臂及中间摇臂分别与凸轮轴上的三个凸轮相对应。三个凸轮分别称作主凸轮、次凸轮和中间凸轮。也有的将主、次凸轮称为低速凸轮，中间凸轮称为高速凸轮。三个凸轮具有不同的型线，致使气门正时与气门升程也不相同。中间凸轮使气门升程最大，它是保证发动机高转速、

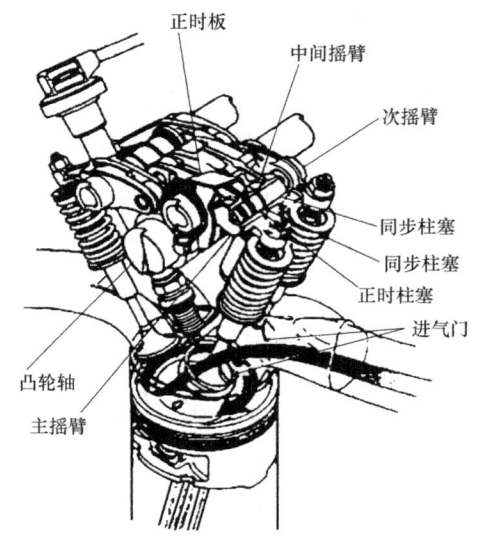

图 8-8 本田雅阁可变气门控制系统（VTEC）结构

大负荷最佳输出功率状态要求设计的；主凸轮升程小于中间凸轮，它是按发动机低速工作时最佳工作状态要求设计的；次凸轮的升程最小，最高处是凸轮基圆，其作用是在低转速时，驱动次进气门稍微升起，以免喷油器喷出的燃油积聚在进气门口外不能进入气缸。中间摇臂一端与中间凸轮接触，受中间凸轮驱动；中间摇臂另一端不与任何气门直接接触；低转速时，中间摇臂的另一端推动支撑弹簧空行，并依靠它复位；高转速时，中间摇臂的另一端依靠安置在摇臂孔内的专门柱塞与主、次摇臂联动后，用来驱动主、次进气门的开闭。

2）工作原理。

①发动机低转速时。在发动机低转速时，发动机电子控制单元（ECU）对 VTEC 无工作指令，气门摇臂轴内的油道内无控制油压。在摇臂的柱塞孔内，由于复位弹簧的作用，同步柱塞 A、同步柱塞 B 分别处于主摇臂和中间摇臂的柱塞孔内，如图 8-9 所示。此时三个摇臂都可独自摆动，互不影响。主摇臂和次摇臂分别在主凸轮和次凸轮的驱动下，各自推动一个进气门工作。主摇臂随主凸轮开闭主进气门，以供给低转速所需的混合气。次凸轮推动次摇臂微微起伏，使次进气门稍微开启，让混合气吹掉沉积在进气门头部的燃油，以防燃油积存。中间摇臂虽然随中间凸轮大幅度地摆动，但只是空行，对任何进气门都不起作用。此时发动机基本上是处于单个进气门进气，即"单进"工作状态。进气行程很小、气门重叠角也小，供给的混合气呈涡流状，有利于提高混合气的质量和燃烧速度，保证低转速时能产生较大的转矩、改善经济性、工作平稳性和排放净化性。

②发动机高转速时。在发动机高转速时，发动机电子控制单元（ECU）控制 VTEC 电磁阀开启，接通液压油工作油道，使液压油通过摇臂中心油道进入正时柱塞左右的油腔内，由油压推动柱塞，克服阻挡柱塞中复位弹簧的作用力，使同步柱塞 A 和 B 向右移动一段距离，如图 8-10 所示。同步柱塞 A 跨越主摇臂和中间摇臂的柱塞孔，同步柱塞 B 则跨越中间摇臂和次摇臂的柱塞孔，将三个摇臂连为一体。当中间凸轮推动中间摇臂摆动时，会带动主摇臂、次摇臂一起绕轴摆动。此时主、次进气门的变动规律为大幅度地同步开闭，完全由中间凸轮（高速凸轮）确定，而与主、次凸轮（低速凸轮）无关。此时使发动机处于"双进"工作状态，进气门开启相位提前、关闭相位推迟、进气门升程增大、进气门叠开角也有所增大，满足了发动机高转速的动力性、经济性及排放净化性的要求。

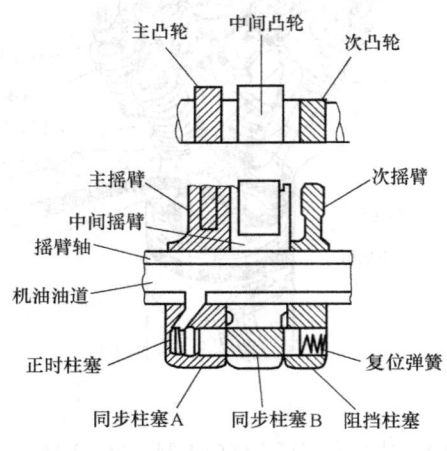

图 8-9 低转速时摇臂的转动情况

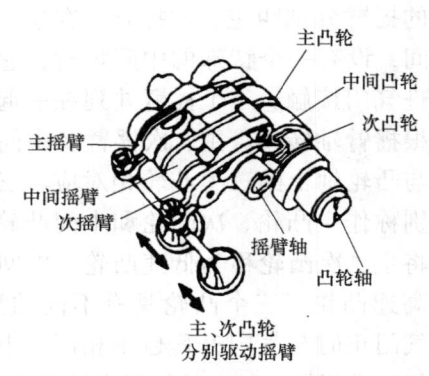

图 8-10 高转速时的摇臂转动情况

3）VTEC 电子控制。本田雅阁 VTEC 系统电子控制原理如图 8-11 所示。

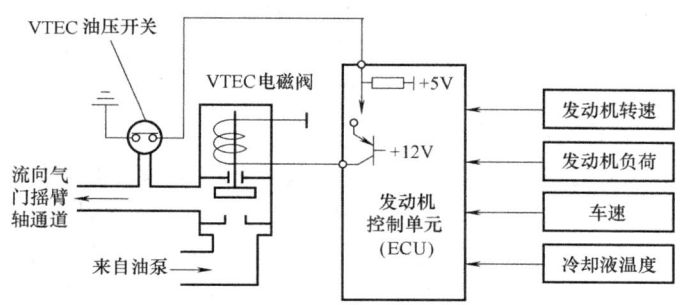

图 8-11　VTEC 系统电子控制原理

VTEC 的基本控制方法是：发动机工作时，发动机电子控制单元（ECU）根据发动机有关传感器输入的信息，如发动机转速、负荷、冷却液温度及车速等进行判断，通过对 VTEC 电磁阀的控制，决定何时改变气门正时与气门升程。

发动机低速工作时，ECU 对 VTEC 无工作指令，油道内无工作油压，同步柱塞 A、B 位于各自的柱塞孔内，各柱塞独自运动，发动机处于"单进"工作状态。发动机高速运转时（2300～3200r/min），发动机负荷到一定程度（依进气管负压决定），ECU 就会向 VTEC 电磁阀线圈（电阻为 14～30Ω）提供电压（+12V）。电磁阀通电后，开启工作油道。此时工作油道（气门摇臂轴内）中的压力油会推动柱塞移动，压缩复位弹簧使同步柱塞 A、B 移动，将中间摇臂与主摇臂、次摇臂连为一体，成为一个同步运动的组合摇臂。由于组合摇臂受中间凸轮驱动，主、次进气门都有同步大幅度的开、闭，改变了进气门的正时和气门升程。当 VTEC 电磁阀通电而开启时，气门摇臂的工作油道内应建立一定的油压，在 VTEC "油压开关"处应具有 0.5kg/cm³ 油压，在油压作用下，"油压开关"断开，向 ECU 内反馈近 5V 的高电位信号，ECU 确认可变气门装置已进行进气切换工作，开启对燃油空燃比与点火正时的控制程序进行切换，使其从适合低转速转换成适合高转速气门规律的相应控制程序。

当 VTEC 电磁阀不能正常开启、油压系统不能建立正常油压或"油压开关"出现故障时，在 ECU 的控制下，发动机将按低转速气门规律运行。

8.3　发动机涡轮增压控制

1. 涡轮增压的概念

涡轮增压是指将进入气缸的新鲜空气预先进行压缩，然后再将压缩后的空气送入气缸。这种进气方式和传统的进气方式发生了根本的变化，传统的进气方式是将新鲜空气吸入气缸，进气量总是达不到 100%；而现在的涡轮增压进气方式是将新鲜空气压入气缸，因此进气系数大大提高，在发动机排量不变的情况下，提高了发动机的输出功率。涡轮增压器的结构形式有多种，但目前在汽油发动机中应用最普遍、最有效的是废气涡轮增压系统。

废气涡轮增压技术早期应用在大功率柴油发动机上，近些年来，由于电子控制技术的飞速发展，点火系统和燃油喷射系统的电子控制技术日臻完善，大大推动了废气涡轮增压技术在汽油发动机上的广泛应用。奥迪、本田、三菱、马自达、日产等轿车的汽油发动机上都曾先后采用废气涡轮增压系统。

如图 8-12 所示为奥迪轿车汽油发动机上废气涡轮增压系统的原理图。废气涡轮增压是利用发动机排出的具有一定的残余能量（高压）的废气，驱动涡轮增压器中的动力涡轮高速旋转，再带动与动力涡轮同轴的增压涡轮（工作涡轮）一起高速旋转。增压涡轮一般位于空气滤清器与进气门之间的进气管道中。增压涡轮转动时，对从空气滤清器进入的新鲜空气进行压缩，然后再将其送入气缸。

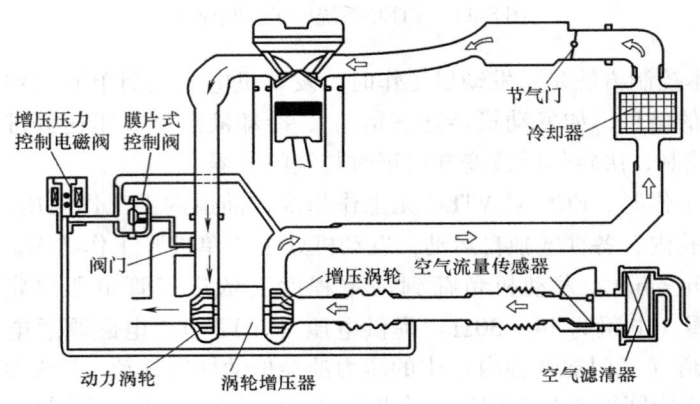

图 8-12　废气涡轮增压系统工作原理

2. 废气涡轮增压的优点

1) 能提高进气密度，增加进气量，使发动机在各种转速下达到最佳充气效果。可增加发动机功率 40% 左右，而且还可以提高转矩、降低油耗，使发动机动力有明显的提高。

2) 能消除大气压力随海拔高度不同引起实际进气量的变化对发动机的影响。一般海拔高度升高 1000m，发动机功率下降 8%~10%，油耗增加 4%~5%。

3) 增压器所消耗的功率是由排出的废气提供的，并不消耗发动机的输出功率。在废气涡轮增压系统中，一般都带有冷却器进行中冷，它对增加进气量、降低热负荷、消除爆燃等都是十分有利的。

3. 废气涡轮增压压力的控制

采用废气涡轮增压技术后，由于平均有效工作压力增加，发动机爆燃倾向增大，热负荷偏高。为了保证发动机在不同转速和负荷下都有最佳的增压值，以防止发动机爆燃和限制热负荷，对废气涡轮增压系统的增压压力必须进行控制。

目前对增压压力的控制方法很多，但总的来说，多是采用改变推动涡轮的废气通路走向的方法，即调节进入动力涡轮室的废气。当需要增加进气压力时，排气歧管排出的废气进入涡轮增压器，经动力涡轮排出，随着节气门开度的增加和发动机转速的提高，动力涡轮转速就会加快，与动力涡轮同轴的增压涡轮的转速也同样加快，进而增大增压压力。如果放气阀门打开,通过动力涡轮的废气减少,动力涡轮转速下降,增压涡轮对进气增压压力就会降低。由此可见,通过控制放气阀门,改变部分废气通路走向,使进入动力涡轮室的废气从旁路排出,就可以实现控制增压压力。通常,放气阀门由膜片式控制阀控制,而放气控制阀则由ECU以控制占空比的形式进行控制,因此能达到最佳效果。如图8-13所示为一带有涡轮增压的汽油发动机电子控制系统。在ECU的存储器中,存储着发动机增压压力特性图的有关数据,增压压力理论值随发动机转速变化。在发动机工作时,ECU根据增压压力等传感器输入的信息,可以确定当时的实际进气增压压力,然后将实际进气与存储器中存储的理论值进行比较。若实际值与理论值不相符,ECU则输出控制信号,对增压压力电磁阀进行控制,改变膜片式控制阀上的压力,使旁通阀门动作。当实际进气压力低于理论值时,旁通阀门关闭;当进气压力高于理论值时,旁通阀门打开。

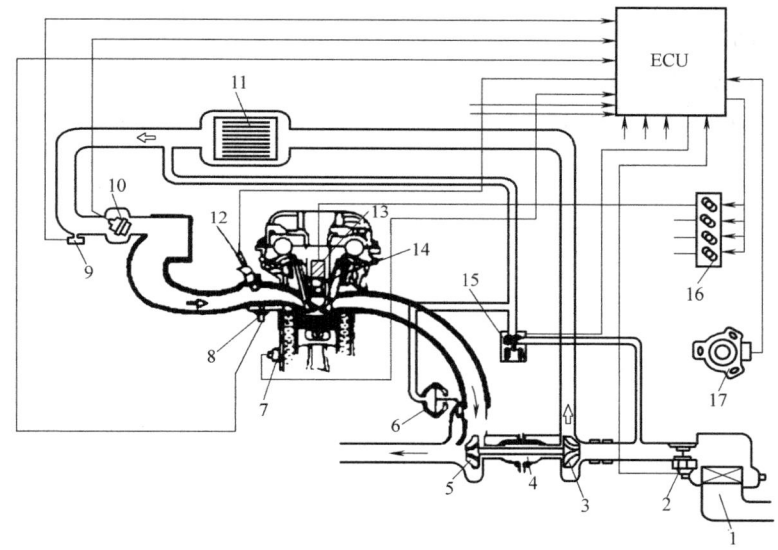

图8-13 带有涡轮增压的汽油发动机电子控制系统

1—空气滤清器 2—空气流量传感器 3—增压涡轮 4—涡轮增压器 5—动力涡轮 6—膜片式排气控制阀 7—爆燃传感器 8—冷却液温度传感器 9—增压压力传感器 10—节气门位置传感器 11—冷却器 12—喷油器 13—点火线圈 14—火花塞 15—增压压力控制电磁阀 16—点火器 17—曲轴位置传感器

在实际控制中,为了获得较好的控制效果,基本上都是采用调节点火正时和调节增压压力相结合的方法。因为单一通过降低增压压力的办法,会引起发动机运行性能的降低。另外,由于采用废气涡轮增压后,发动机排气温度较高,也不适宜单独采用调节点火正时的办法来控制爆燃,否则由于温度的增高,对高温排气驱动的涡轮有不利的影响。因此两种方法并用,是它的首选模式。在实际应用中,通常是当ECU根据传感器输入的信号,鉴别出爆燃时,即刻使点火调节生效(推迟点火以使爆燃消失),推迟点火提前角是最快的措施,同时又降低了增压压力。在这两方面调节生效(爆燃消失)时,再将增压压力慢慢降低,通过点火正时调节装置,又将点火提前角调节至最佳值,以便能保持发动机输出更大转矩。当点火提前角达到最佳值时,再慢慢增加充气增压压力。

复习题八

一、判断题

1. 目前汽车上的增压装置多采用动力式涡轮增压。（　）
2. 涡轮增压器内的动力涡轮和增压涡轮安装在同一根轴上。（　）
3. 在谐波增压进气系统中，当气体惯性过后，进气门附近被压缩的气体膨胀并流向与进气相同的方向。（　）
4. 惯性增压进气系统通过改变压力波传播路线长度达到进气增压的效果。（　）

二、问答题

1. 什么是谐波增压进气？
2. 谐波增压进气系统是如何工作的？
3. 废气涡轮增压系统是如何工作的？
4. 解释可变气门正时的概念。

模块 9

自诊断系统

 知识要点

- 电控发动机自诊断的含义；
- 电控发动机自诊断工作原理。

 技能要点

- 掌握诊断仪的连接方法；
- 会选择诊断插座和诊断插头；
- 会通过故障灯分析发动机有无故障；
- 会读数据流以及利用数据流确认故障；
- 学会辨别真码与假码。

现代汽车发动机的电子控制系统中一般都设有故障自诊断系统。自诊断就是汽车电子控制系统对自身产生的故障进行检查和报警。自诊断系统对电子控制系统中的各电子部件进行监测和诊断，并根据发动机电子控制系统工作情况，能自动地及时找出电子控制系统中出现的故障，这一系列的过程称为自诊断。

自诊断系统的功能是向驾驶员和汽车维修人员提供故障信息，其基本功能如下：

1）及时地检测出电子控制系统出现的故障。

2）将故障信息以故障码的形式存储在 ECU 中的 RAM（随机存储器）内。

3）当电子控制系统出现了故障，通过点亮仪表板上的故障指示灯，以提醒驾驶员。

4）为维修人员快速诊断出故障范围划定大致的方向。

5）检查故障指示灯工作是否正常。在发动机尚未发动前，驾驶员将点火开关置于"ON"位置时，当发动机未转动、ECU 即进行自检工作，此时发动机故障指示灯应该点亮。如果灯不亮，说明故障指示灯电路有故障，如灯丝烧断、熔断丝烧断、导线断路或 ECU 对故障指示灯控制有故障等。

6）显示故障码。有相当一部分汽车（主要是第一代自诊断系统的车辆），在将 ECU 内的故障码调出时，是通过发动机故障指示灯以不同的闪规律来显示故障码的。

7）发动机定期维修和维护的提示功能。有些汽车上，发动机故障指示灯除上述作用外，还有对发动机定期维修和维护的提示功能。在汽车行驶到规定的里程后，微机控制故障指示灯点亮，提示发动机系统或部件应进行定期维修和维护或更换机油。

8）自诊断系统内容多样化。随着汽车电子技术的发展，汽车电子控制系统越来越复杂，汽车诊断仪的功能也越来越多样化。通过汽车电子控制系统，用诊断仪可以对发动机系统、自动变速器系统、防抱死制动系统、安全气囊系统、悬架系统和防盗系统等进行诊断。不同的诊断仪还能对发动机电子控制系统进行故障码的调取和清除、读取数据流、读取冻结帧数据流、系统基本设定、显示波形、电控线路查询和对执行器进行动作测试等。

9.1 电控发动机自诊断工作原理

发动机电子控制系统工作时，正常的输入、输出信号都是在规定范围内变化。当某一电路出现异常信号或送入微机不能识别的信息时，或者专设的监测电路确认输入信号不合理时，微机就可判定发生了故障。

在发动机电子控制系统中，有许多传感器与冷却液温度传感器相类似，如进气温度传感器、节气门位置传感器和歧管压力传感器等。它们向 ECU 输入的信息都是模拟信号（电压信号），在发动机工作时，它们向 ECU 输入的信号电压值都在一定的范围内。对这些传感器的诊断，通常采用监测其输入信号电压值是否在规定范围内来确定是否有故障，现以冷却液温度传感器为例进行说明。

1. 冷却液温度传感器工作电路故障诊断原理

如图 9-1a 为冷却液温度传感器的工作电路。当点火开关接通时，ECU 内部的 5V 电源通过内部安全电阻 R→冷却液温度传感器的电阻（负温度系数）→ECU 接地构成回路。冷却液温度传感器输入信号电压值，随发动机冷却液温度的升高（传感器电阻减小，电压降减小），而逐渐减小，其输出特性如图 9-1b 所示。冷却液温度传感器正常工作时，发动机工作温度范围设定在 $-30 \sim 139℃$ 之间（各车型不一样），冷却液温度传感器输出信号电压值在 $0.1 \sim 4.8V$ 范围内变化。当冷却液温度传感器向 ECU 输入电压为 4.8V 时，相当于发动机冷却液温度为 $-30℃$。当冷却液温度传感器信号电压值高于上限（4.8V）时，则判定为冷却液温度传感器信号电压值太高或断路故障；当冷却液温度传感器信号电压值低于下限（0.1V）时，则判定为冷却液温度传感器信号电压值过低或短路故障（一般一代汽车将搭铁和短路设置为一个故障码）。

冷却液温度传感器与 ECU 之间的导线出现断路或连接 5V 电源线故障时，如图 9-2a 所示。此时 +5V 电压通过内设电阻 R 直接送入 A/D 模数转换器，ECU 监测的信号电压值会高于 4.8V，（接近 5V），ECU 会判定冷却液温度传感器有故障，但是 ECU 并不能区分是线路断路故障还是连接 5V 电源线故障。同理，当冷却液温度传感器与 ECU 之间的导线出现搭铁短路故障时，如图 9-2b 所示，此时送入 A/D 转换器的信号电压值为 0V，ECU 监测到信号电压值低于 0.1V 时，ECU 会判定冷却液温度传感器有故障，但不能区分是哪部分电路出现短路故障。上述过程告诉我们，在 ECU 判定某一传感器（包括执行器）出现故障时，一般只是提供了故障的性质和范围，在确定故障的具体原因时，除了检查传感器（或执行器）外，还要检查与传感器电路相关的部分，包括线束、插接件、ECU 以及传感器与 ECU 之间的有关器件。

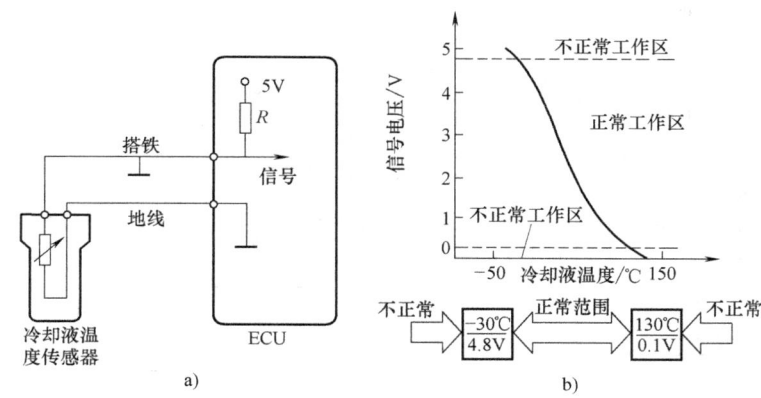

图 9-1　冷却液温度传感器电路故障原理图
a）冷却液温度传感器电路　b）冷却液温度传感器电路故障原理图

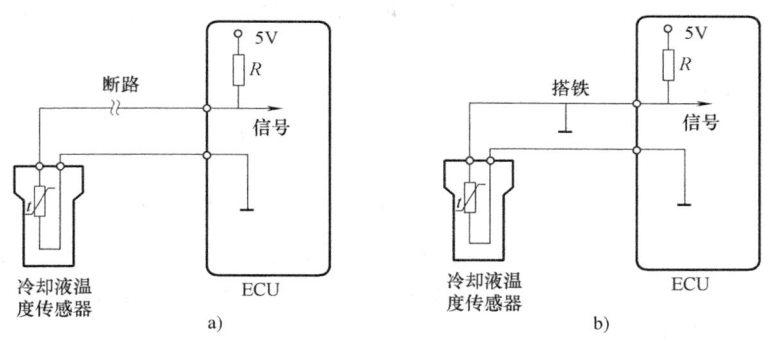

图 9-2　冷却液温度传感器电路故障示意图
a）电路出现断路故障时　b）电路出现搭铁故障时

2. 执行器故障自诊断工作原理示例

在对各种执行器进行故障诊断时，多数在 ECU 的驱动电路中设一些专用监测回路，以监测执行器的具体工作情况。在发动机工作中，各执行器的监测回路，不断地向 ECU 输送信息。如果某传感器工作不正常，其监测回路就会得到不正常的信号或者根本就没有信号供给，此信息反馈给 ECU 后，ECU 就会判定执行器有故障。下面以较复杂的点火系统为例加以说明。

（1）丰田汽车点火系统的故障自诊断　如图 9-3 所示，在点火系统正常工作时，ECU 及时不断地向点火器输出点火信号（IG_t），使点火器大功率晶体管适时地交替导通与截止。当晶体管导通时，接通点火线圈初级绕组，初级绕组产生低电压。晶体管截止时，切断初级绕组，在次级绕组产生高电压。每当大功率晶体管截止时，点火线圈初级绕组产生的（自感电动势）电压信号送入点火器中专设的点火监测回路。点火监测回路再将点火监测信号（或叫点火反馈信号）IG_f，反馈到 ECU。正常情况下，ECU 每输出一个点火信号，就应及时收到一个点火监测信号。点火监测信号表明现在已准确地检测到初级绕组的通、断情况，因此点火监测信号又被称作点火确认信号。

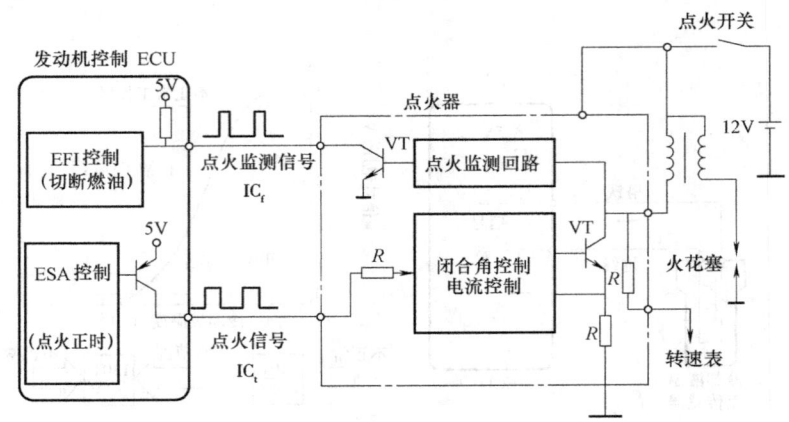

图 9-3　丰田汽车点火系统故障诊断示意图

当点火系统出现故障时，晶体管不能正常地导通与截止时，点火监测回路就收不到正常工作时的点火信号电压，ECU 也得不到反馈的点火监测信号 IG_f，ECU 便判定点火系统出现了故障。

当火花塞不能正常跳火，但只要曲轴位置传感器正常工作，喷油器可照常喷油。为了防止这种现象发生，当 ECU 连续 3~5 次收不到点火监测信号时，会立即采取措施，使喷油器停止工作。

由于某种原因，偶尔出现一次没有点火监测信号 IG_f，ECU 不会判定为故障。一般连续 3~5 次没有收到 IG_f 信号，ECU 才会判别定为故障。ECU 判定点火系统出现故障时，除点火器、特别是大功率晶体管击穿、烧毁、线路引起的断路、短路外，还与 ECU、ECU 与点火器之间的连线（IG_f 信号线和 IG_t 信号线）、电源至点火器电源电路、电源至点火器之间的初级电路等有关。

（2）某缸缺火故障的监测　上述点火系统诊断电路，只对 ECU 形成的初级电路进行监测。对点火次级电路并未进行监测。因此点火线圈次级绕组、火花塞等高压电路产生的故障引起缺火时（包括机械原因引起的不点火故障），ECU 是无法识别和确认的。

所谓缺火是指至少在一个气缸中有一次"未燃烧的故障"。当发动机点火系统出现缺火时，除使发动机动力下降外，未燃烧的燃油蒸气（HC），会从气缸中排出。一方面直接增加了 HC 排放量，污染大气；另一方面还会引起三元催化转化器的过热，降低三元催化转化器的工作效率和使用寿命。有时还会造成淋湿火花塞，致使发动机起动困难的现象。为此，OBD-Ⅱ系统对气缸缺火问题提出了监测的要求。

在国外，一些新型汽车上，发动机电子控制系统中已开始设置气缸缺火监测装置。判定气缸缺火的思路较多，其中常见的、且已进入实用的基本思路是监测每个气缸点火对发动机功率的贡献。某个气缸点火正常，就能提供正常的功率，此时就有一个规定的曲轴转角加速度；如果某个气缸缺火，就不会给发动机提供动力，这个气缸相对应的曲轴转角加速度就会下降。如图9-4所示为福特公司汽车上采用的高数据传送率曲轴转角传感器，它可以高精度地测量曲轴转角，能非常精密地监测曲轴转速的细微变化。ECU通过测量各气缸点火时的曲轴转角加速度中的细微变化，来识别气缸的缺火情况。ECU根据曲轴在200~1000r/min的区间内的缺火情况，确定缺火率。当缺火率达到一定值时，ECU会及时采取相应的措施。

当然，在分析缺火原因时，除点火电路故障外，还可能有燃油系统、机械系统等因素的故障，必须作具体诊断分析。

3. 三元催化转化器的监测

对三元催化转化器监测是OBD-Ⅱ自诊断系统

图9-4 高数据传送率曲轴转角传感器
1—曲轴位置传感器 2—2缸和8缸上止点
3—4缸和7缸上止点 4—3缸和5缸上止点
5—1缸和6缸上止点

的一项最重要任务，它是控制汽车废气排放达标管理的一项重要内容。

（1）对三元催化转化器故障监测的机理 为了提高三元催化转化器的转化能力或转化效率，在结构上尽可能提高其催化表面积。在蜂窝状通道的极薄壁面上，制有一层极疏松的活化层，如图9-5所示。这种粗糙多孔的表面，使壁面的实际面积扩大数千倍，极大地增大了三元催化转化器的活性表面，也增大了三元催化转化器的储氧能力。

三元催化器转化的储氧能力与其转化效率密切相关。如图9-6所示为三元催化转化器的储氧能力与HC转化率的关系图。随着三元催化转化器活性表面储氧能力的明显下降，催化转化效率也显著下降，对三元催化转化器的监测就是利用这种关系进行的。

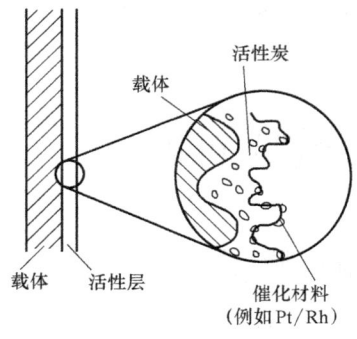

图9-5 三元催化转化器活性表面的结构图

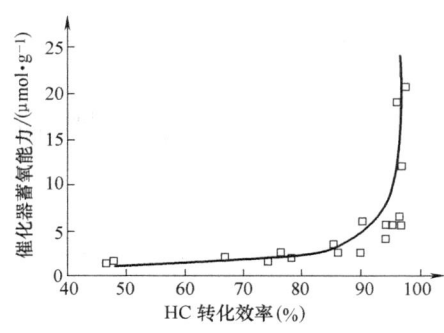

图9-6 三元催化转化器的储氧能力与HC转化率的关系

性能良好的三元催化转化器，具有较高的储氧能力，它可以消除由于空燃比调节带来的波动。在富氧（燃烧的混合气浓度值比理论空燃比稍大）的排气状态下，能将过量的氧气储存在活性表面的孔隙间；在缺氧（燃烧的混合气浓度值比理论空燃比稍小）的状态下，向排气中释放存储的氧气。三元催化转化器的这种能力，可以消除空燃比调节过程中引起的波动，使通过三元催转化器的之后的排气含氧量，保持恒定的百分比。老化的三元催化转化器，由于储氧能力减弱，调节空燃比波动能力降低，三元催化转化器出口的波动幅度增大。自诊断系统根据这个原理，在三元催化转化器的出口也安装一个氧传感器，有的称该氧传感器为催化监测传感器。通过对比前后两个氧传感器的输出信号电压的波动，来监测三元催化转化器的失效程度。

（2）三元催化转化器失效程度的确认　如图9-7所示是对三元催化转化器进行监测的示意图，在三元催化转化器的上游安装一个氧传感器，在其出口处也安装一个氧传感器。在发动机工作时，它们都向ECU输送电压信号。前氧传感器输出的信号，是一个快速升降变化着的电压信号，以反映排气中的含氧量，信号波形与进入三元催化转化器的废气中的氧含量变化相同，其作用是供ECU来闭环控制空燃比。

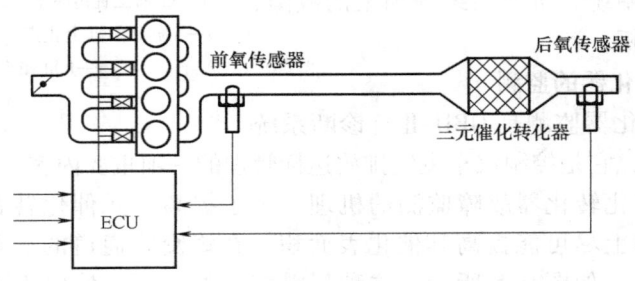

图9-7　对三元催化转化器的监测

后氧传感器输出的信号则与三元催化转化器的催化性能密切相关。对于新的三元催化转化器，有较高的储氧能力。后氧传感器输出的电压信号比较平稳，虽然有些波动，但其频率与波动幅值都很低，如图9-8a所示。但三元催化转化器老化失效以后，已失去储氧能力，后氧传感器输出的信号开始波动，其波动的频率和波动的幅值随三元催化转化器失效程度的升高而上升。当三元催化转化器老化失效时，后氧传感器输出的信号和前氧传感器有些相近，如图9-8b所示。ECU在一定的周期内，通过监测两个氧传感器的输入信号，比较两个氧传感器的读数，便可得出三元催化转化器的失效程度。

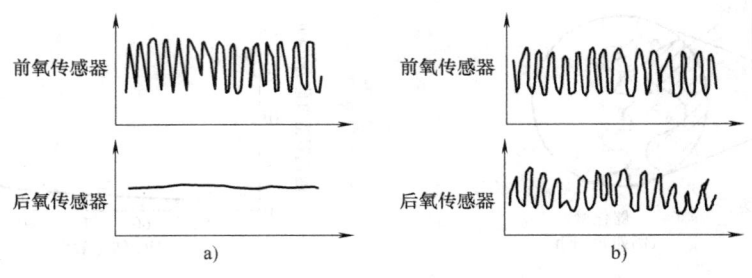

图9-8　氧传感器对新、旧催化转化器监测信号的对比
a）新的三元催化转化器（较高的储氧能力）　b）旧的（失效）三元催化转化器（较低的储氧能力）

4. 电控单元ECU本身的故障诊断

在ECU内，为了实现对自身的监测，也设有相应的监测回路，用以监测是否按正常

的控制程序工作。在监控回路内设有监测钟，按时对 ECU 电控单元进行复位。当 ECU 内部发生故障时，程序不能正常执行，时钟就不能使电控单元复位，造成溢出，据此判为 ECU 故障。

5. 故障指示灯 MIL（Malfunction Indicator Light）

一般发动机都在仪表板上设置一个发动机故障指示灯，有的叫发动机警告灯或发动机检查灯。自诊断系统检查出发动机有故障时，一方面将故障信息存入存储器（RAM）内，另一方面输出故障信息，点亮故障指示灯。发动机故障指示灯一般常见的显示为"CHECK"、"CHECK ENGINE"或发动机标志符号，故障指示灯电路如图 9-9 所示；故障指示灯的安装位置和常用标志如图 9-10 所示。

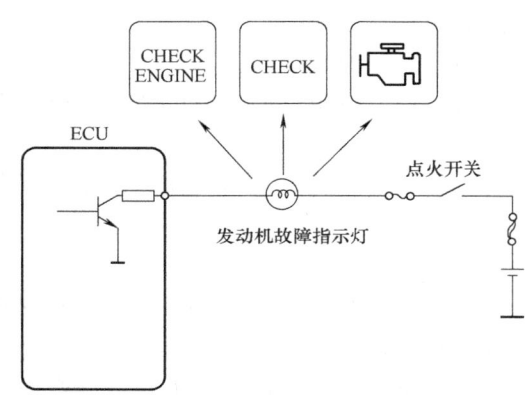

图 9-9　故障指示灯工作线路　　图 9-10　故障指示灯的安装位置和常用标志

故障指示灯的状态分析：

1) 正常状态：打开点火开关，故障指示灯即点亮，（ECU 进入自检状态 3~5s），发动机起动后，故障灯熄灭。

2) 故障状态：打开点火开关，故障指示灯即点亮，发动机起动后，故障指示灯不灭，说明自诊断系统出现故障；汽车行驶中，故障指示灯突然亮起，说明发动机自诊断系统出现了故障，应查明原因，排除故障。

3) 打开点火开关，故障灯不亮，说明故障指示灯灯泡烧坏或故障指示灯线路断路或故障指示灯熔断丝烧断或 ECU 出现故障，应查明原因，排除故障。

4) 汽车行驶中，故障指示灯出现时亮时灭，也叫闪烁，表明自诊断系统出现接触不良的故障，应予以排除。

5) 故障指示灯点亮，有时属于发动机定期维护提示，作业后应进行维护归零处理。

6) OBD-Ⅱ故障指示灯的特点。OBD-Ⅱ故障指示灯常见标志为橘黄色的"CHECK ENGINE"或"SERVICE ENGINE SOON"的灯。

OBD-Ⅱ故障指示灯的特点是：

①当计算机测出电路或系统有故障时，点亮故障指示灯。

②发动机如果间歇不点火，会损坏三元催化转化器，故障指示灯将闪烁。

9.2　发动机一代自诊断系统

1. 进入自诊断测试

在进入自诊断测试时，首先要进入自诊断测试状态，进入自诊断测试状态的方法根据汽车生产厂家不同而不尽相同，大概有以下几种：

1）用跨接线跨接"输入插头"和"搭铁插头"，应用车型有丰田汽车、三菱汽车、通用汽车、福特汽车、奥迪汽车、沃尔沃汽车、欧宝汽车、天津夏利、广州本田、韩国大宇、五十铃和玉柴共轨电子控制柴油发动机等。

2）按压"诊断按钮开关"，应用车型有坤宝汽车。

3）拧动微机控制装置上的"诊断选择开关"，应用车型有日产汽车。

4）同时按下空调面板上的"OFF"和"WARM"键，应用车型有通用公司卡迪拉克汽车。

5）将点火开关在5s内，"ON""OFF""ON""OFF""ON"循环一次，应用车型有克莱斯勒汽车。

2. 进入自诊断测试的两种模式

进入自诊断测试后，不同的诊断测试模式，将完成不同的诊断测试功能。一般有两种测试模式，一是静态测试模式，简称KOEO（Key ON Engine OFF）模式，也叫普通模式，即在点火开关位于"ON"位置、发动机不运转情况下的测试，该模式下主要是提取存储在存储器中间歇性故障码和在静态下产生的故障码；二是动态测试模式，简称KOER（Key ON Engine Run）模式，丰田汽车也叫试验状态，即在点火开关位于"ON"位置，发动机运转状态下测试，该模式下主要是读取在动态测试状态下发生的故障码和混合气成分的监测。某些车型的自诊断系统（如日产的ECCS系统）还具有其他的诊断测试模式，如执行器测试模式、故障码清除模式和开关测试模式等。

动态测试模式和静态测试模式的主要区别点：动态测试模式测试精度高，在静态模式能测试的故障在动态模式都能测试；在静态模式下不能测试的故障，动态模式也可以测试。

3. 故障码的显示方法

发动机微机自诊断控制系统，大都将其诊断结果以故障码的形式显示出来，故障码的含义在相应的维修手册上都有详细的解释，由此可以很方便地查找到故障码的含义。虽然不同的发动机自诊断系统显示故障码的方式各有不同，但归纳起来最常见的显示方式有如下几种：

（1）数字显示故障码　数字显示故障码的方式具有显示直观、操作简便等特点。目前在一些高档汽车上已有较多的应用，如林肯·大陆（Lincoln Continental）、卡迪拉克（Cadillac）等，在进行自诊断测试时，故障码以数字的形式显示在组合仪表的信息显示屏上，一般在空调温度显示屏上，要进入自诊断测试状态，应按下设定的控制键。有时要按下两个或三个控制键，一般是"OFF"和"W"键同时按下。

（2）LED（发光二极管）显示法　LED即发光二极管的英文缩写，有些厂家用一个或两个或多个发光二极管来显示故障码。这些LED一般装在微机控制（计算机）装置上，不同车型其故障码的表示方式有所不同：

1）采用一个LED时，其显示方式与仪表板上的故障指示灯闪烁方式基本相同。

2）采用两个LED时，一般为两个不同颜色的发光二极管，如日产汽车，红色发光二极管闪烁次数表示十位数，绿色发光二极管闪烁次数表示个位数，两个发光二极管共同闪烁显示诊断模式。

3）采用四个LED（发光二极管）时，各发光二极管分别代表8、4、2、1（也可为1、2、4、8），显示故障码时，将发亮的发光二极管所代表的数值相加，即为所显示的故障码，最多可显示15个故障码。

4）利用发动机微机控制系统专用测试仪，不仅可以从其液晶显示屏上直接读取故障码，而且可以动态地测试各传感器和执行器的参数值。

（3）脉冲电压显示故障码　大部分发动机微机控制自诊断系统均采用脉冲电压显示方式，即由自诊断系统输出插头（诊断插座）向外输送脉冲电压信号，从仪表板上"检查发动机"（CHECK ENCLNE）指示灯的闪烁

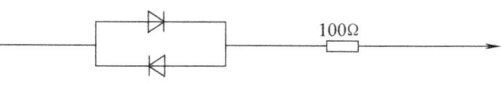

图9-11　双发光二极管反向连接

显示故障码，有些系统可将指针式电压表接到诊断插座中规定的测试端子上，以电压表指针的摆动次数显示故障码；也可自制一个串联100Ω的双发光二极管来显示故障码，双发光二极管反向连接方法如图9-11所示。

4. 故障码的读取

因车型不同、汽车制造厂不同、生产年代不同、自诊断系统不同，其故障码的读取方法也不尽相同。它们以不同的方式进入自诊断模式，然后以不同的方法显示与读取故障码。目前大部分一代自诊断系统都是利用仪表板上或电子控制器上的故障指示灯的闪烁规律读取故障码；还有的利用故障诊断插座输出的电脉冲，通过ECU上的发光二极管闪亮规律读取故障码；在一些高级轿车上，利用组合仪表上液晶显示器，以数字形式显示故障码。

5. 丰田汽车一代自诊断系统

（1）自诊断系统故障码的显示原理　如图9-12所示为丰田汽车一代自诊断系统线路工作原理图。自诊断系统一般都有一个专用的诊断插座，也叫数据通讯插座或数据插接器，常用DLC（DATA LINK CONNECTOR）表示。自诊断插座一般多是综合性的诊断插座，不仅能够诊断发动机电子控制系统的故障，还能诊断如自动变速器、ABS和安全气囊等的故障。各车的故障诊断插座安装位置和形状不一样。利用车上的自诊断系统读取故障码时，弄清诊断插座的位置、各个端子的名称和功用是十分必要的。在丰田汽车上，一般有三种诊断插座，加上二代的汽车诊断插座，共有四种诊断插座。

一种是长方形的（Ⅰ型、Ⅱ型），一般安装在发动机舱内，通常叫诊断插接器，平时用盖子盖着，该诊断插座偏重于发动机方面的检测和故障诊断；另一个是圆形的（Ⅲ型），叫故障诊断测试插座，常用TDCL表示，该插座安装在驾驶室左侧仪表板下的小盒内，可用来与

专用检测仪相连接，能方便、迅速地对发动机电子控制系统和其他系统进行故障诊断。

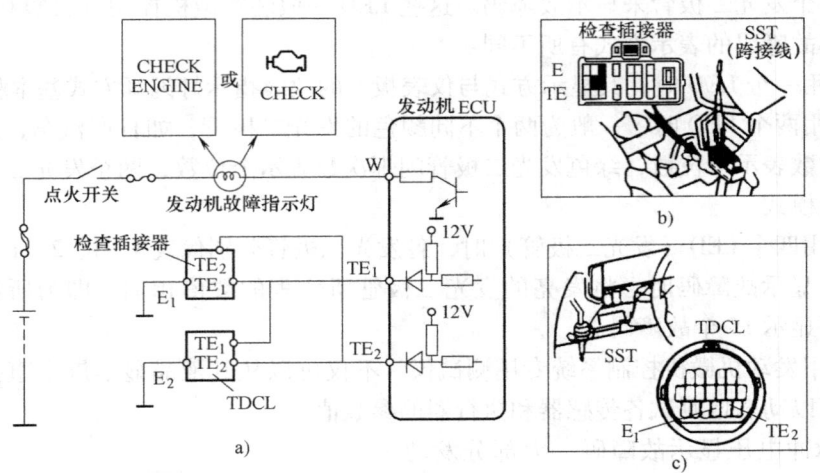

图 9-12　丰田汽车一代自诊断系统线路工作原理图

丰田汽车自诊断插座各端子的功能见表9-1。

表 9-1　丰田汽车自诊断插座各端子功能一览表

代　号	内　　容	代　号	内　　容
FP	汽油泵电源测试点	OX2	NO.2 氧传感器信号
W	发动机故障指示灯	TS	ABS 动作测试线
E_1	计算机车身搭铁	T1（Tt）	变速器测试线
OX（OX1）	NO.1 氧传感器信号	WA	ABS 故障指示灯
AB	安全气囊故障指示灯	IG（IG－）	转速脉冲输出信号
OP_1（OPT）	风扇控制冷却液温度传感器信号	WB	ABS 继电器电源检测
TE_1（T）	发动机故障触发	ECT	变速器 O/D 指示灯
TE_2	发动机控制开关诊断	A/D	巡航作用指示灯
TC	巡航/ABS/SRS 故障码触发	ABS	ABS 计算机 D/G 端子
＋B（B）	主继电器输出电源	TB_1（AS）	空气悬架指示灯
VF_1（VF）	主氧传感器修正率	TBC	牵引力控制 ASR 故障指示灯
ENG	主氧传感器修正率	A/C	A/C 计算机 DOUT 端子
VF_2	辅助氧传感器修正率		

丰田汽车发动机电子控制系统有两种测试模式（或称作两种状态），一是普通模式，也称作正常状态；二是测试模式，也称作试验状态。

（2）自诊断系统的测试方法

1）普通模式。其操作步骤如下。

①将点火开关置于"ON"位置,但不起动发动机。
②进入自诊断测试状态,起动故障码读取程序:用一个故障诊断插接器(也叫跨接线),跨接诊断插座上的 TE_1 和 E_1;
③观察发动机故障指示灯(CHECK)的闪烁规律,并读出故障码。

如图9-13a所示,指示灯在高电位(ON)时灯亮,低电位时灯灭。故障指示灯亮灭的间隔时间均为0.25s,此时指示灯闪烁的代码为正常码,表示电子控制系统没有故障。

如图9-13b所示,故障指示灯显示的故障码为"13"和"31"。可以看出,有故障码输出时,故障指示灯4s后灯亮,持续时间0.5s后灯灭(表示故障码13中的十位数的1);间隔1.5s后又闪烁三次,亮灭时间都是0.5s,代表故障码"13"中的个位数3。然后间隔2.5s,故障指示灯再做类似闪烁,输出故障码为"31"。两个故障码都输出后,故障指示灯灭4.5s后再循环这一过程。

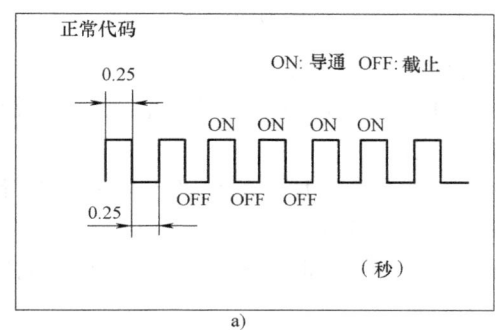
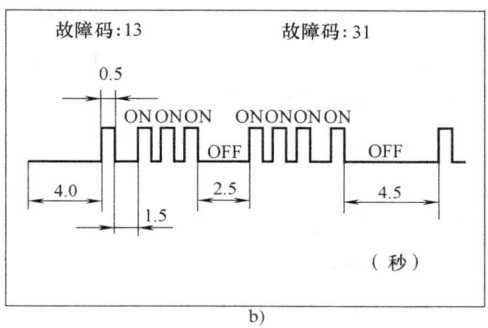

图9-13 故障指示灯故障码显示方法
a)系统正常代码波形 b)故障码"13"和"31"

当ECU的存储器中存储两个以上故障码时,丰田汽车不管故障码发生的先后顺序如何,输出故障码都是数字小的在前,数字大的在后。

维修人员读出故障码后,可根据故障码表查出故障码的含义、类别以及故障范围等,然后以此为依据进行具体的故障排除。一般情况下,故障码只是一个结论,不一定是故障的具体原因,有的还需要进一步分析与测试才能判定。

2) 测试模式。与普通模式相比,测试模式检测故障能力的灵敏度较高。它还能检测起动信号、节气门怠速触点信号、空调信号和空挡挡位开关信号等,而且在普通模式中可以测试的项目在测试模式中都可以测试。

测试模式是在汽车运行状态下读取故障码的,其程序如下:

1) 关闭点火开关后,用诊断跨接线跨接诊断插座的插孔"TE_2"和"E_1"。
2) 接通点火开关"ON",此时"CHRCK"故障指示灯快速闪烁。
3) 起动发动机,模拟驾驶员所描述的故障状态行驶,车速不低于10km/h。
4) 路试之后,用诊断跨接线再连接诊断插座的插头"TE_1"和"E_1",即"TE_1"、"E_1""TE_2"三个插头短接,如图9-14所示。
5) 读取检测故障码。
6) 完成检查后,拆下诊断跨接线。

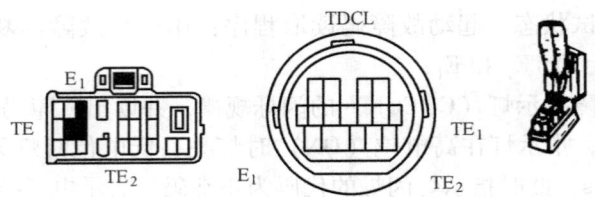

图 9-14　TE_2、TE_1、E_1 三个插头短接座

注意：

①如果是在打开点火开关的情况下，连接"TE_2"和"E_1"，那么"测试模式"的测试将不开始；

②车速低于 5km/h，出现故障码"42"车速信号，这是正常的；

③当发动机未起动时，出现故障码"43"（起动信号），这也是正常的；

④当自动变速器挡位处在"D""2""L"或"R"的挡位时或空调器开着或加速踏板被踩下时，将显示故障码"51"（开关状态信号），这也是正常。

（3）故障码的清除　对故障部位进行修理后，记录在 ECU 中的故障码必须要进行清除。清除的方法是：把点火开关关掉后，从熔断丝盒中拆下 EFI 熔断丝（20A），20s 以上即可，如图 9-15 所示。拆除蓄电池负极线也可清除故障码，但这种方法将使时钟和音响等装置中存储的信息被清除。

9.3　发动机二代自诊断系统

发动机二代车载自诊断系统（OBD-Ⅱ）具有统一的诊断插座（DLC）和统一的故障码（DTC）。

1. OBD-Ⅱ诊断插座

OBD-Ⅱ诊断插座有统一的标准形状（梯形）和尺寸，规定 OBD-Ⅱ诊断插座一律安装在驾驶室内，且位于仪表板左下方。该诊断插座为一梯形 16 个端子的诊断插座，其外形如图 9-16 所示，诊断插座中各端子的代号和含义见表 9-2。

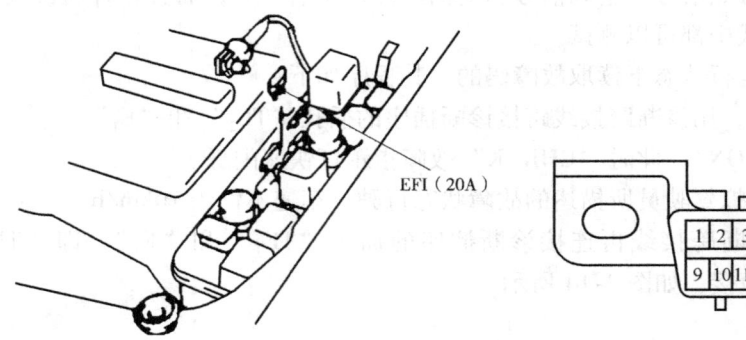

图 9-15　拔下 EFI 熔断丝清除故障码　　图 9-16　OBD-Ⅱ诊断插座外形图

表 9-2　OBD-Ⅱ诊断插座各端子代号及含义

端子代号	功能（应用情况）	端子代号	功能（应用情况）
1	供制造厂应用	9	供制造厂应用
2	SAE-J1850 资料传输 +	10	SAE-J1850 资料传输
3	供制造厂应用	11	供制造厂应用
4	车身搭铁	12	供制造厂应用
5	信号回路搭铁	13	供制造厂应用
6	供制造厂应用	14	供制造厂应用
7	IS-9141 资料传输 K	15	ISO-9141 资料传输 L
8	供制造厂应用	16	接蓄电池正极

　　OBD-Ⅱ诊断插座中，对重要的关键性的端子，如电源、搭铁和资料传输线，都有明确的规定。其中资料传输线有 ISO（国际统一标准）和 SAE（美国统一标准）两种。OBD-Ⅱ诊断插座中有些端子为汽车制造厂使用，厂家可以根据自己需要进行选用。虽然这些端子有所不同，但可以通过程序进行调整。

2. OBD-Ⅱ自诊断故障码

OBD-Ⅱ故障码分述如下。

1）第一位为英文字母，是系统代码，例如：

P——代表发动机和自动变速器的动力传动系统（POWER　TRAIN）；

B——代表车身电控系统（BODY）；

C——代表汽车底盘电控系统（CHASSIS）；

U——定义，待 SAE（美国汽车工程师协会）另行发布。

2）第二位为数字，表示由谁定义的 DTC。目前有"0"和 1（或 2、3），其中：

"0"——代表 SAE 定义的故障码；

"1"——代表汽车制造厂定义的故障码。

3）第三位为数字，表示 SAE 定义的故障码，其含意见表 9-3。

表 9-3　SAE 定义的故障码的范围

代码	故障范围	代码	故障范围
1	燃油和空气供给系统测定不良	5	负荷急速系统不良
2	燃油或空气系统测定不良	6	计算机或输入控制系统不良
3	点火系统工作不良或发动机间歇失火	7	变速器工作不良
4	废气控制和辅助系统不良	8	非 EEC 动力系统不良

4）第四、五位为数字。最后两位为设定的故障码（在第一个字母后用"1"数字表示时，则为制造厂规定编码）。

　　采用 OBD-Ⅱ车载自诊断系统后，故障诊断插座和故障码开始实现标准化。一般都需用检测仪才能读取故障码。在一些汽车上，仍可用人工方法，即利用车上自诊断系统读取原来的故障码。如美国汽车，只要用16端子诊断插座上的6号和5号端子跨接，当点火开关打开（ON）时，如有故障码，则仪表板上的"发动机故障指示灯"开始输出故障码。

3. 二代自诊断系统（OBD-Ⅱ）的特点

1996年以后生产的所有轻型车都采用OBD-Ⅱ随车自诊断标准。OBD-Ⅱ设立的主要目的是降低排放污染，而OBD-Ⅰ（1988年）设立的主要目的是检查传感器或其执行器是否有故障。OBD-Ⅱ规定不仅要测试传感器，而且要测试所有的排放控制装置电路是否有故障，并要确认排放装置是否正常工作，因此，OBD-Ⅱ具有以下特点。

1）OBD-Ⅱ有两种监测过程：一种是连续监测，另一种是不连续监测。连续监测包括发动机间歇不点火，燃油系统监测（燃油修正）和全面的元器件监测；非连续监测内容有三元催化转化器监测、废气再循环和燃油蒸发系统监测、氧/空燃比传感器监测、氧传感器加热器检测和二次空气喷射系统监测。有些2000年以后生产的车辆OBD-Ⅱ还需要监测曲轴箱窜气通风PCV装置系统的工作情况。

2）诊断系统信息多样化。除可获得故障码外，OBD-Ⅱ还可以提供传感器检测数值、控制状态、控制参数和执行器通断等信息。

3）OBD-Ⅱ故障码提供的信息更丰富。OBD-Ⅰ的故障码一般仅指线路的断路和短路；而OBD-Ⅱ的故障码所表达的信息更丰富。

OBD-Ⅱ将故障码分为A、B、C、D四种类型。

①A类故障码。A类故障码是与排放相关的故障码。计算机诊断程序连续运行一个循环即可检测到该类故障码，并点亮故障指示灯。A类故障码是最严重的一类，如发动机间歇不点火，混合气过浓或过稀等都会出现A类故障码。A类故障码提醒驾驶员车辆排放系统有问题，会造成三元催化转化器的损坏。为了诊断方便，当A类故障码被设置时，OBD-Ⅱ同时还存储一个历史故障码、失效记录和一个冻结帧现场数据流。

②B类故障码。B类故障码是次重要的一类与排放相关的故障码。在故障指示灯（MIL）点亮之前，这类故障应在两次连续行驶过程中至少发生一次。若在一次行驶过程中发生，而在下一次行驶过程中没有发生，则该故障码还未"成熟"，MIL灯不点亮。当MIL灯点亮的条件满足时，所存储的历史故障码、失效记录和一个冻结帧现场数据流与触发A类故障完全相同。

③C类故障码和D类故障码。C类故障码和D类故障码是与排放无关的故障码。C类故障码点亮MIL灯（或其他警告灯），但D类故障码不点亮故障指示灯（MIL灯）。C型故障码也被称为C1故障码，而D类故障码则被称为C0故障码。

一旦故障码设置，若工作状态恢复正常，只有在通过三次连续的行驶过程，OBD-Ⅱ系统自诊断后，MIL灯才会熄灭。到经过40个行驶过程并不再有故障出现后，计算机可清除该故障码及冻结帧数据流。如间歇不点火、混合气过浓或过稀，这样的故障码，需要80个无故障行驶过程，才能清除。

OBD-Ⅱ需要计算机能快速留下或存储所有故障出现时的指示数据，以便于用解码器提取这些数据，这些存储的数据就被称为冻结帧数据流。

故障指示出现时，常见强制存储的状态信息有：计算机负荷值（负荷率）、发动机转速、短时间内和长时间内燃油修正次数、车速、发动机冷却液温度 、进气歧管绝对压力、开环控制、闭环控制和故障码等。

9.4 汽车故障诊断仪

汽车故障诊断仪是将电控发动机 ECU 的有关数据信息通过连线在诊断仪窗口显示出来,以便维修人员了解 ECU 的相关信息。大多数汽车生产厂家都用监视器来监控和测试其生产的汽车的专用诊断设备。采用诊断仪读取和记录汽车 ECU 的输入和输出信号的方法,称为扫描仪法。只要将汽车诊断插座与诊断仪插接器连接,通过不同的操作方法,就能很方便地读取故障码。

汽车故障诊断仪分为专用汽车诊断仪和通用汽车诊断仪两种。

专用汽车故障诊断仪如 V. A. G1551 和 V. A. G1552,这两种诊断仪都是用于大众汽车的诊断,都是英文显示,对大众汽车的诊断能力特别强。

通用汽车诊断仪常见的有金德汽车诊断仪和 X431 汽车故障诊断仪,可对大多数国产进口车型进行诊断。

1. 金德汽车故障诊断仪

金德汽车故障诊断仪集扫描仪和分析仪于一身,测试功能强大,可与进口测试仪相媲美。独特的故障专家分析和图库功能,更加方便维修人员的使用,金德汽车故障诊断仪主要由主机、智能测试集成卡、测试主线、诊断插接器、示波器和传感器测试器等组成,主要功能有三类。

(1) 故障检测功能

1) 中文显示详细的故障内容;

2) 通过汽车专家库获得汽车维修技术资料;

3) 读取和清除故障码;

4) 进行动态数据流测试、并且动态显示各传感器数据;

5) 国际标准 OBD-Ⅱ 故障检测及数值分析;

6) 提供闪烁码的各种测试方法;

7) 提供部分车系的电路图,以供维修参考;

8) 提供各种传感器的测试;

9) 诊断结果通过计算机联网输出打印或外接微型打印机打印维修档案。

(2) 传感器测试功能

1) 可对传感器电压或频率信号进行采集,并可判断传感器是否有故障;

2) 可模拟输出 0~12V 或 0~15kHz 的传感器信号,通过传感器连线送入 ECU,来判断传感器及 ECU 本身的故障;

(3) 示波功能

1) 存储功能强,15 个内存存储器存储设置信息;

2) 示波范围宽,从传感器波形到点火高压波形均能显示;

3) 记录能力广,单通道连续 128 个屏幕,双通道连续 64 个屏幕,可及时通过 4 个参数读数绘图。

如果汽车修理厂是单一车系的专业汽车修理厂的汽车故障诊断仪或汽车制造厂指定的专业服务站，也可选用由汽车制造厂提供的专用的汽车诊断仪，如克莱斯勒（CHRYSLER）车系用的汽车故障诊断仪 DRB-Ⅱ和福特（FORD）车用的汽车故障诊断仪 STAR。这些专用诊断仪都是由汽车制造厂针对本厂生产的车系而设计的，尽管它仅适用于单一车型，但它的测试功能较强，特别适合于集汽车销售、配件及维修三位一体的汽车维修服务站使用。

2. X431 汽车故障诊断仪（国产）

X431 汽车故障诊断仪的前身是电眼睛，升级后称为 X431，这种诊断仪也有较广泛的应用，该诊断仪的操作是触摸屏式的，目前可诊断 117 种国产或进口车型，具有如下功能：

1）读码、清码功能；
2）示波功能（系自选项）；
3）汽车英汉词典查阅功能；
4）计算功能；
5）游戏功能；
6）其他功能与"车博世"大体相似，只是没有各种车系电路检查功能。

3. 汽车故障诊断仪的操作步骤

利用故障诊断仪进行诊断测试时，首先需要接通故障诊断仪与汽车诊断插座之间的连线，进入诊断测试程序，其操作步骤如下：

1）检查蓄电池电压和搭铁线。使用故障诊断仪进行诊断测试时，蓄电池电压必须正常（高于 11.5V）；发动机和变速器上搭铁线必须连接可靠。

2）找出被测车辆诊断插座。找到被测车辆诊断插接器，连接诊断主线束。对于具有 16 端子的诊断插座的车辆（如桑塔纳 GLi、GLi2000、GSi2000 型），连接时，16 端子插头与汽车上的 16 端子插座连接；二代 OBD-Ⅱ诊断插座形状如图 9-17 所示，都是通过测试线束提供电源和传递信息，因此在连接测试线束时，首先断开点火开关，然后将测试线束分别与故障诊断仪和汽车故障诊断插座连接。

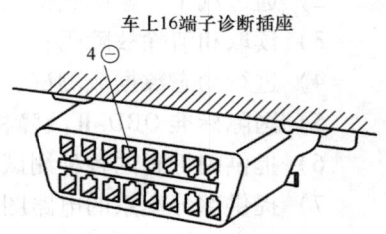

图 9-17　OBD-Ⅱ诊断插座

3）进入诊断测试程序。首先接通点火开关或起动发动机怠速运转，然后打开故障诊断仪电源开关进行诊断测试程序，此时故障诊断仪将显示工作模式选取项。

4. 注意事项

诊断仪与汽车的诊断插座连接顺序：

1）汽车→汽车故障诊断插座→诊断插头→诊断仪主线→诊断仪；
2）诊断插座的位置随车型、汽车生产年代等不同而不同；
3）各种汽车诊断插座位置和诊断连接插头选择参见本书附录；
4）各种汽车诊断插头在各种诊断仪中的诊断插头上都有明显标示；

5）主线连接是有方向性的，带外接电源插头的一头应靠向故障诊断仪；

6）故障诊断仪工作要有电源，有的汽车诊断插座不带电源。诊断插座有无电源，可以在故障诊断仪完全接好的情况下观察出来；即诊断插座有电源的，接完主线和故障诊断仪后，故障诊断仪指示灯点亮；诊断插座不带电源的，接完主线和故障诊断仪后，故障诊断仪指示灯不亮。

7）如果诊断插座不带电源，可用下述方法解决：

①由汽车点烟器座12V电通过点烟器引线接入主线，作为外接电源插头；

②用带红白夹的辅助线将蓄电池的电源接入主线外接电源插头；

③通过故障诊断仪自带的变压器电源线将220V变为12V的变压器接入主线外接电源插头。

8）诊断仪有两种操作方式，即触摸式和按压式（即开关式）。触摸式可用手点击，也可用触摸笔点击，触摸式光标的移动用点击（金德KT600需点击两次），需翻页按显示屏提示进行操作；按压开关式光标的移动用箭头进行，上下箭头是光标的上下移动和翻页，左右箭头是光标的左右移动操作。

5. 实习操作

1）用故障指示灯分析汽车故障。打开点火开关，在仪表板上找到橘黄色故障指示灯，故障指示灯亮，说明故障指示灯线路、熔断丝、指示灯是好的；起动发动机，汽车着车后，故障指示灯熄灭，说明自诊断系统是正常的；发动机起动后故障指示灯仍然点亮，说明自诊断系统有故障；自诊断系统正常时，发动机运转中，汽车故障指示灯是熄灭状态，如果故障指示灯突然亮起，说明汽车电子控制系统出现了故障。

2）假码的制造。汽车故障码有真码和假码之别，调取故障码，自诊断系统确实有故障，而且清码清除不掉的故障码叫真码；调取故障码，自诊断系统不存在故障，而且清码能清掉的故障码叫假码；假码制造方法，拔掉一个传感器连接线→起动发动机→着车后熄火→插回拔下的传感器连接线→再着车后的故障码即为假码。

3）真码和假码的区分方法。在步骤2的基础上，再拔掉另一个传感器连接线→起动发动机→着车后调码，会有两个故障码，清码能清除的故障码即为假码，不能清除的故障码为真码。

复习题九

一、判断题

1. 汽车故障诊断仪有专用诊断仪和通用诊断仪之分。（　　）

2. 故障自诊断系统对所监测以外的故障无能为力，特别是机械故障和真空装置等。（　　）

3. 自诊断系统只能根据传感器输入的信号来判定有无故障，但不能确定故障的具体部位。（　　）

4. 点火开关接通，发动机起动后短时间内故障指示灯一直点亮说明系统有故障。（　　）

二、问答题
1. 简述故障自诊断系统故障的判别模式。
2. 故障码常见的显示方法有哪几种？
3. 利用 OBD-Ⅱ诊断插座读取故障码的方法有哪些？
4. OBD-Ⅱ诊断系统对故障码的清除方法有哪几种？

模块 10

ECU接口与传感器、执行器间的电路检查

- ECU 接口与传感器、执行器间的电路理论基础知识。

- ECU 接口与传感器、执行器间的电路检查方法与技巧。

通常情况下，故障码可能由三种故障原因引起的：一是传感器与执行器的故障；二是电路的故障；三是 ECU 的故障。如果传感器与执行器是好的，就要检查电路是否有故障。电路的检查主要是检查传感器、执行器与 ECU 之间的连线，即检查 ECU 插脚与传感器、执行器间的连线。现以桑塔纳 GLi2000 和 GSi3000 为例介绍 ECU（J220）与传感器、执行器间的电路检查方法。

电路检查首先要掌握以下几个要点：

1) 正常导线其阻值应在 0.5~1Ω 内。

2) ECU 电路检查的几个技巧：

①同一根导线大都是一种颜色和色条，因此，根据导线的颜色和色条，可迅速找到导线的另一端。

②各种导线粗细不一，在同一颜色和色条的导线中，根据粗细能很快找到同一根导线。

③利用电路标记能很快找到要找的电路：

a. 丰田车系用导线端子名称能迅速找到 ECU 端子的位置。在 ECU 的电路板上标示着端子名称。如 POW 是节气门位置传感器的全负荷触点线；THW 是冷却液温度传感器信号电脑端；VC 是 ECU 的 5V 电源线；VTA 是代表节气门位置传感器滑动臂。

b. 大众车系 ECU、传感器和执行器端子根部有端子的数字；

c. 其他车系 ECU 端子都有排序图。根据排序图可以迅速找到相应的电路。

④大众车系电路图不同于其他车系电路图。大众车系电路图的显著特点：

a. 没有横线，横线用特殊方法表示，搭铁线都有明确的位置说明，继电器盒都有导线

端子连接号。

b. 大众车系电路图顶端有四行线，分别是：

30——代表的是来自蓄电池正极的供电线，不经过点火开关；

15——表示来自点火开关的点火供电线，点火开关不开，ECU 就不工作；

X——代表受控的大容量用电设备供电线（来自卸荷继电器的供电线）；

31——代表接地线。ECU 有很多接地线和发动机连通，所以查线中，所有的接地线通常都是和发动机体是连通的。

⑤ECU 都有一根常火线（丰田车是 Batt），这根线是供 ECU 中 ROM 存储器工作的常电源线，不能忽视。

⑥电路中有两种电源：

a. 传感器工作电源通常是 ECU 提供的 5V 稳压电源，这个电源不受蓄电池工作电压高低的影响。如果将 ECU 插接器拔开后，不管是插头还是插座，5V 电压都不存在。因为这个电源是 ECU 提供的，拔开插接器 ECU 即停止工作，要查此 5V 电压，用医用针头穿刺线芯后，测此线与缸体间的电压便可得到。

b. 执行器工作电源是蓄电池提供的电源，蓄电池工作电源不得低于 10.5V。

⑦有时按电路图查线，也有不通的情况，是制图不正确造成的，不可全信资料。

⑧有的传感器三个端子，如曲轴位置传感器，线圈本来是两个线头，多出一个端子是屏蔽线，是一个屏蔽搭铁线。在检测中区分这根线和其他线的方法：在传感器侧，和其他线不通的就是这根搭铁线。两个端子互通的是线圈的两个端子，这点应引起注意。

⑨传感器、执行器、ECU 和线束间的连接，都是通过插接器实现的。传感器、执行器、ECU 侧叫插座，线束侧叫插头，插头和插座端子排序是相反的。

⑩检查 ECU 与传感器间的电路，要注意查阅该车型的 ECU 端子排序资料图。

现以桑塔纳 GLi2000 型轿车发动机 ECU 和桑塔纳 GSi3000 J220 型轿车为例，介绍 ECU（J220）查线的方法：

桑塔纳 GLi2000 型轿车发动机 ECU 外壳上设有一个 55 端子线束插座，端子排列情况如图 10-1 所示。各端子与传感器、执行器的连接情况见表 10-1（未连接的为备用端子）。

从图 10-1 中可以看出，接线端子根部有端子号。排序：下排左侧第一根为 1，右侧第一根为 19；中间一排左侧第 1 根为 20，右侧第 1 根为 37；上排左侧第 1 根为 38，右侧第 1 根为 55；未标数字的端子按顺序便能找到相应的端子。

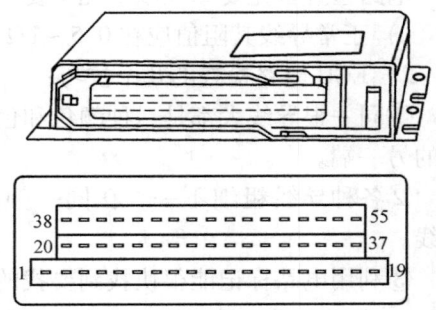

图 10-1　桑塔纳 GLi2000 型轿车发动机 ECU 端子排序

从电路图、ECU 或表 10-1 都能查出 ECU 与相应的传感器与执行器间每一根导线、地线、常火线、控制线、信号线等。

模块 10　ECU 接口与传感器、执行器间的电路检查

表 10-1　桑塔纳 GLi2000 型轿车 ECU55 端子插座端子含意

端子代号	连 接 部 位	端子代号	连 接 部 位
1	点火线圈初级电流控制线	27	点火开关"15"端子（电源）
2	搭铁线	28	氧传感器信号正极（灰色导线）
3	燃油泵继电器控制线	30	歧管压力、节气门位置、爆燃传感器、冷却液温度传感器负极
4	急速控制阀控制线	34	四缸喷油器控制线
7	歧管压力传感器信号线	35	三缸喷油器控制线
10	氧传感器信号负极（黑色导线）	37	点火开关"15"端子（电源）
11	爆燃传感器信号线	39	调整急速点火提前角的搭铁线
12	曲轴位置、歧管压力、节气门位置传感器电源线	40	空调压缩机电磁离合器线圈
14	搭铁线	41	空调开关信号线
16	二缸喷油器控制线	44	进气温度传感器信号线
17	一缸喷油器控制线	45	冷却液温度传感器信号线
18	ECU 电源、连接 EFI 熔断丝	48	曲轴位置传感器信号负极
19	搭铁线	49	曲轴位置传感器信号正极
24	搭铁线	53	节气门位置传感器信号线
26	急速控制阀控制线	55	故障诊断触发信号线

现查几条线作为举例说明，以介绍 ECU 与传感器、执行器间电路的检查方法。

1）查常火线。查表 10-1 中，18 是常火线，将 ECU 端子插接器拔开，根据 ECU 端子排序图从下排右侧向左第二根即是 18 端子。用数字万用表直流电压 20V 挡，红笔连插头 18 端子，黑表笔接发动机缸体，测量值应是蓄电池电压，因为它不受点火开关控制。

2）查一根搭铁线。14、19、24 都是搭铁线。用数字万用表蜂鸣挡，红笔接以上任何一个端子。如查 24 端子，图 10-1 中排左第一根是 20 号端子，向右数第 5 根即是 24 号端子。黑表笔接发动机体，有蜂鸣声，说明这是 24 号搭铁线。

3）查三缸喷油器控制线。喷油器有两根线，一根是火线，来自点火开关；另一根是到 ECU 的搭铁控制线，35 号端子就是这根线。先找出电源线，打开点火开关，用数字万用表 20V 电压挡，有电压的是喷油器火线，另一端子就是三缸到 ECU 的控制线。这时不用开点开关，将数字万用表蜂鸣挡，一端接喷油器这端，另一端接 ECU 第二排的右侧左数第三根，有蜂鸣声为正常，无蜂鸣声为线路断路。

桑塔纳 GSi 3000 型轿车发动机 J220 端子的检查方法

桑塔纳 GSi3000 发动机 J220 端子根部都有端子号，其外形与接线端子的排列如图 10-2 所示。J220 的线束插座上有 80 个接线端子，采用了一个 52 端子插头和一个 28 端子线束插头与电源、传感器以及执行器连接。其中有效端子 36 个，其余为备用端子。各端子与各传感器、执行器间的连接情况见表 10-2。

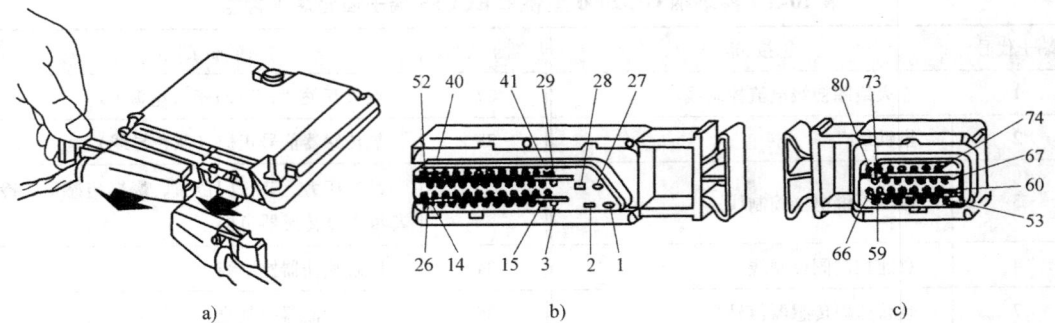

图 10-2 桑塔纳 GSi3000 型轿车发动机 J220 端子插头端子排序
a) 线束插头位置 b) 52 端子插头端子排序 c) 28 端子插头端子排序

表 10-2 桑塔纳 GSi3000 型轿车 J220 端子含意

端子代号	连接部位	端子代号	连接部位
1	EFI 熔断器，受点火开关"15"端子控制	56	曲轴位置传感器正极信号线
2	点火控制器搭铁线、爆燃传感器与曲轴位置传感器屏蔽线搭铁（在旁边）	58	三缸喷油器控制线
3	ECU 常电源线（经熔断连接电源"30"端子）	59	怠速控制电动机电源负极
4	电动燃油泵控制线	60	三四缸爆燃传感器 G66 信号线
6	发动机转速信号线	62	凸轮轴位置、节气门位置、怠速节气门位置传感器电源线
8	空调压缩机信号线	63	曲轴位置传感器负极信号线
10	空调开关信号线	65	四缸喷油器控制线
11	空气流量传感器电源控制线	66	怠速控制电动机电源正极
12	空气流量传感器信号负极	67	凸轮轴位置、冷却液温度、进气温度、怠速开关、怠速节气门位置、节气门位置与爆燃传感器负极信号线
13	空气流量传感器信号正极	68	一、二缸爆燃传感器 G61 信号线
15	活性炭罐电磁阀控制线	69	怠速开关信号线
19	故障诊断触发信号线	71	二、三缸点火线圈初级电流控制线
20	车速传感器信号线	73	一缸喷油器控制线
25	氧传感器负极信号线	74	怠速节气门位置传感器信号线
26	氧传感器正极信号线	75	节气门位置传感器信号线
27	氧传感器加热电源控制线	76	凸轮轴位置传感器信号线
53	冷却液温度传感器信号线	78	一、四缸点火线圈初级电流控制线
54	进气温度传感器信号线	80	二缸喷油器控制线

再以几根桑塔纳 3000GSi 型轿车 J220 端子线进行举例说明。

1) 查常火线。表 10-2 中 3 号端子是常火线,将 ECU 端子插接器拔开,根据 J220 52 端子排序图找到位 3 号端子。用数字万用表直流电压 20V 挡,红笔连插头 3 号端子,黑表笔接发动机缸体,测量值应是蓄电池电压值,因为它不受点火开关控制。

2) 查一根搭铁线。2 号端子是搭铁线。用数字万用表蜂鸣挡,红笔接 52 端子插头 2 号端子(在图 10-2 中 52 端子插头中找到位 2 号端子),黑表笔接发动机体,有蜂鸣声,说明是搭铁线。

3) 查三缸喷油器控制线。喷油器有两根线,一根是火线,来自点火开关;另一根是到 J220 的搭铁控制线。表 10-2 中 58 端子就是这根线。先找出电源线,打开点火开关,用数字万用 20V 电压挡,在喷油器插头上,有电压的是喷油器火线;另一端子就是三缸到 J220 的搭铁控制线。这时不用开点开关,将数字万用表蜂鸣挡,万用表的一端接喷油器到 J220 的端子,表的另一端接 J220 的 28 端子插头下排左起第一根是 59 端子,向右第二根即是 58 端子。连接后有蜂鸣声为导线正常,无蜂鸣挡为线路断路。

附 录

各种汽车诊断插头的选择、诊断插座位置

车 型	选择测试插头	诊 断 插 座 位 置
OBD-Ⅱ	【SMART OBD-Ⅱ-16】测试插头	SMART OBD-Ⅱ-16诊断插座一般位于仪表盘左下方，具体位置因车而有所不同
现代	1.【MITSUBISI/HYUNDAI-12+16】测试插头 2.【SMART OBD-Ⅱ-16】测试插头	现代车诊断插座一般位于驾驶员侧仪表盘下
大宇	【DAEWOO-12】测试插头	1. DAEWOO-12诊断插座一般位于驾驶室内转向盘柱下方，也可能位于乘客侧仪表盘下方或其他位置 2. SMART OBD-Ⅱ-16梯形诊断插座一般位于仪表盘下方
起亚	1.【KIA-20】测试插头 2.【SMART OBD-Ⅱ-16】测试插头	1. KIA-20诊断插座位于发动机舱的右侧 2. SMART OBD-Ⅱ-16梯形诊断插座一般位于仪表盘下方
本田	1.【HONDA-3】测试插头 2.【SMART OBD-Ⅱ-16】测试插头	1. 仪表板左下侧 2. 仪表板下储物箱内
丰田	1.【TOYOTA-17F】测试插头 2.【TOYOTA-17】测试插头 3.【SMART OBD-Ⅱ-16】测试插头 4.【OBD-Ⅱ-16C】测试插头	1. TOYOTA-17F长方形诊断插座一般在发动机舱内 2. TOYOTA-17半圆形诊断插座在仪表盘左下方 3. SMART OBD-Ⅱ-16诊断插座一般在驾驶室转向盘柱下方
日产	1.【NISSAN-14+16】诊断插头 2.【SMART OBD-Ⅱ-16】测试插头 3.【OBD-Ⅱ-16C】测试插头	诊断插座一般位于仪表盘下收音机左侧
马自达	1.【MAZDA-17】测试插头 2.【OBD-Ⅱ-16C】测试插头	1. MAZDA-17半圆形诊断插座位于发动机舱内发动机左侧 2. OBD-Ⅱ-16针插头
雷诺	【SMART OBD-Ⅱ-16】测试插头	诊断插座一般位于驾驶员侧仪表板左下方
欧宝	【SMART OBD-Ⅱ-16】测试插头	欧宝车诊断插座位于驾驶室内，但对于不同车型诊断插座的位置会有所不同，一般位于以下几个地方：仪表盘下方、转向盘杆下方；点烟器与收音机之间
宝马	1.【BMW-20】测试插头 2.【BMW-16】测试插头	1. 80-90款宝马诊断插座位于发动机舱右侧 2. 525i和535i的诊断插座位于发动机舱左侧或右侧 3. 325和635i的诊断插座位于仪表盘下方 4. BMW-735i位于发动机左侧（20PIN）
三菱	【MITSUBISI/HYUNDAI-12+16】测试插头	三菱车诊断插座一般位于驾驶员侧仪表板下

附 录　各种汽车诊断插头的选择、诊断插座位置

（续）

车　型	选择测试插头	诊断插座位置
奔驰	1.【MERCEDES BENZ-38】测试插头 2.【SMART OBDII-16】测试插头 3. 18PIN长方形诊断座和8PIN长方形诊断插座选择【UNIVERSAL-3】测试插头 4.【OBD-Ⅱ-16C】测试插头 说明：在【UNIVERSAL-3】测试插头中红色针脚接电源；黑色针脚接地；黄色针脚接信号线	1. BENZ A160，OBDII-16，驾驶员侧仪表盘下 2. BENZ A180，202底盘MERCEDES BENZ-38发动机右后侧 3. BENZ S320 220底盘，OBD-Ⅱ-16仪表盘下 4. BENZ S320 140底盘MERCEDES BENZ-38发动机舱右侧盖板下 5. BENZ 560SEL 129底盘MERCEDES BENZ-38，发动机舱右侧 6. BENZ 300SEL 140底盘MERCEDES BENZ-38发动机舱右侧
大众	1.【AUDI-4】测试插头 2.【SMART OBDII-16】测试插头 3.【OBD-Ⅱ-16C】测试插头	1. 帕萨特-1993，在中控板内；1994-96在转向盘附近；96-09/00驻车制动器手柄附近，橡皮垫下 2. 波罗10/99在烟灰缸下面；1994在驾驶室杂物箱内；94/07/97驾驶室杂物箱内；08/97-09/99仪表板盒内 3. 甲壳虫驾驶员侧仪表板下
奥迪	1.【AODI-4】测试插头 2.【SMART OBDII-16】测试插头 3.【OBD-Ⅱ-16C】测试插头 注意：在连接奥迪4PIN诊断插座时，要将测试插头的黑色插头插入黑色诊断插座内；白色插头插入白色诊断插座内，方向不要插反，插入插头时，如果感觉紧，应换一个方向，不要过分用力，大众车诊断座是自带电源的，无需另接电源	1. A2A4/S2000-A6/AIIrOad1997-驾驶员侧仪表盘下 2. A3/S31991-2001中控板内 3. 80. COUPe cabrioiet1991-2001发动机罩下继电器盒内 4. A4/4S1994-2000中控板后侧 5. 100/A6-1991-2001发电机罩下继电器盒内 6. A8/S81991-2001前烟灰盒内 7. TT1991-01驾驶员侧仪表盘下 8. COUPe s2驾驶员侧仪表盘下
克莱斯勒	1.【CHRYSLER-6】测试插头 2.【SMART OBDII-16】测试插头 3. 说明：6PIN诊断插座仅应用于发动机系统；16PIN诊断插座应用于所有系统	1. CHRYSLER-6诊断插座位于发动机舱内 2. SMART OBDII-16诊断插座位于驾驶室内仪表盘下方
标致	【SMART OBDII-16】测试插头	一般位于仪表板下方

191

(续)

车　型	选择测试插头	诊断插座位置
通用	1.【SMART OBDII-16】测试插头 2. GM/VAZ-12 测试插头	一般位于仪表板下驾驶员侧靠近车门位置
陆虎	【SMART OBDII-16】测试插头	一般位于仪表盘下方
富豪	1.【SMART OBDII-16】测试插头 2.【OBD-Ⅱ-16C】测试插头	位于驾驶室仪表盘左下方
北京吉普	1.【SMART OBDII-16】测试插头 2.【CHRYSLER-6】测试插头	1. SMART OBDII-16 诊断插座位于驾驶室仪表盘下方 2. CHRYSLER-6 诊断插座位于发动机舱
北京现代	【SMART OBDII-16】测试插头	索纳塔 SMART OBDII-16 诊断插座位于仪表盘下方
北京新天地	【SMART OBDII-16】测试插头	诊断插座位于仪表板下方
北汽福田	1.【FIAT】测试插头 2.【SMART OBDII-16】测试插头 3.【TOYOTA-17F】测试插头	驾驶员侧仪表板下方或驾驶员座椅下方
昌河汽车	【SMART OBDII-16】测试插头	诊断插座位于驾驶室仪表板处转向盘下方
长安汽车	1.【SMART OBDII-16】测试插头 2.【铃木-3】测试插头 3.【长安-3】测试插头	1. SMART OBDII-16 梯形诊断插座位于仪表板正下方 2. 铃木-3 诊断插座驾驶员座位下方 3. 羚羊 SMART OBDII-16 梯形诊断插座位于仪表盘正下方
海南马自达	1. 普利马、福美莱选择【MAZDA-17】半圆形诊断插座 2. 海马 CA7130 选择【海南马自达-17F】测试插头 3. 海马 HMC6470L 选择【FIAT-3】测试插头	1. 马自达 323、海美莱诊断插座位于发动机舱内左侧防火墙附近 2. 普利马位于发动机舱左前侧 3. 海马 CA7130 的诊断插座位于发动机舱内 4. 海马 HMC6470L 诊断插座位于发动机舱内
江淮瑞风	【MITSUBISI/HYUNDAI-12＋16】测试插头	江淮瑞风汽车诊断插座一般位于驾驶员侧仪表盘下
金杯汽车	1.【FIAT-3】测试插头 2.【TOYOTA-17F】测试插头 3. 16PIN 诊断插座选择【SMART OBDII-16】测试插头	1. FIAT-3 诊断插座位于发动机室内 2. TOYOTA-17F 方形诊断插座位于发动机室内 3. SMART OBDII-16 诊断插座位于驾驶室仪表盘下
江铃汽车	【江铃-16】测试插头	一般位于发动机舱右侧

（续）

车　型	选择测试插头	诊 断 插 座 位 置
南京菲亚特	1.【FIAT-3】测试插头 2. 西耶那选用【SMART OBDII-16】测试插头	1. FIAT-3 诊断插座位于驾驶室仪表盘左下方 2. 南京菲亚特西耶那 SMART OBDII-16 仪表板下保险盒内
南京依维柯	1.【FIAT-3】测试插头 2.【SMART OBDII-16】测试插头	一般位于仪表盘下方
京安云豹	【NISSAN-14＋16】测试插头	诊断插座一般位于仪表盘下收音机左侧
江铃汽车	1.【SMART OBDII-16】测试插头 2.【江铃-3】测试插头	位于驾驶员侧仪表盘下方或靠近蓄电池、ECU
一汽吉轻	【SMART OBDII-16】测试插头	诊断插座位于仪表盘下方
南汽新雅途	【SMART OBDII-16】测试插头	一般位于仪表盘下方
柳州五菱	【SMART OBDII-16】测试插头	诊断插座一般位于驾驶室仪表盘左下方或副驾驶座座位下
秦川福莱尔	【SMART OBDII-16】测试插头	SMART OBDII-16 诊断插座位于仪表盘下方
青岛颐中	1. 17PIN 方形诊断座选择【TOYOTA-17F】测试插头 2. 17PIN 半圆形诊断接头选择 TOYOTA-17 测试插头	青岛颐中汽车诊断插座位于发动机室内
上海大众	【SMART OBDII-16】测试插头	1. 大众车诊断插座一般位于驾驶员侧仪表盘下 2. 上海大众帕萨特 B5，变速杆后，驻车制动器手柄旁 3. 上海大众桑塔纳 2000 变速杆防尘罩下 4. 上海大众 POLO，仪表盘下方
上海通用	【SMART OBDII-16】测试插头	1. 位于驾驶座仪表盘左下方 2. 上海通用别克 GLB 诊断插座位于仪表盘左下方 3. 上海通用别克位于仪表盘左下方，转向盘柱附近 4. 上海通用赛欧，驾驶室仪表盘左下方保险盒内
石市双环	1.【FIAT-3】测试插头 2.【SMART OBDII-16】测试插头	1. FIAT-3 诊断插座位于发动机舱内 2. SMART OBDII-16 梯形诊断插座位于仪表盘下方

(续)

车型	选择测试插头	诊断插座位置
上海奇瑞	1.【FIAT-3】测试插头 2.【SMART OBDII-16】测试插头	1. FIAT-3 诊断插座位于发动机舱内 2. SMART OBDII-16 诊断插座位于驾驶室仪表板左下方 3. 上海奇瑞 ABS 诊断插座位于仪表盘下方 4. 上海奇瑞摩托罗拉 K2 电控系统诊断插座位于发动机室防火墙附近 5. 上汽奇瑞 MM 电控系统诊断插座位于发动机室防火墙附近
神龙富康	1. 测试发动机系统选择【雪铁龙/富康-2】测试插头；测试变速器系统选择【SMART OBDII-16】测试插头 2. 测试发动机、变速器、ABS 系统选择【SMART OBDII-16】测试插头	1. 雪铁龙/富康-2 诊断插座位于发动机舱左侧继电器盒内 2. SMART OBDII-16 诊断插座位于发动机舱左侧继电器盒内 3. SMART OBDII-16 诊断插座位于仪表盘左下侧保险盒盖板内 4. 神龙富康988，AT 系统诊断插座在仪表盘下保险盒内
悦达起亚	1.【KIA-20】测试插头 2. 千里马选择 SMART OBDII-16 测试插头	1. KIA-20 诊断插座位于发动机室右侧 2. 东风悦达起亚千里马，位于仪表盘下方
天津汽车	1.【TOYOTA-17F】测试插头 2.【SMART OBDII-16】测试插头；测试防抱死制动系统；安全气囊系统或装备摩托罗拉系统的发动机 3.【FIAT-3】测试插头测试华利 TJ370Q 单点电喷发动机	1. TOYOTA-17F 方形诊断插座位于发动机室蓄电池后侧减振器支架旁 2. SMART OBDII-16 诊断插座位于驾驶室仪表盘处转向盘柱下方 3.【FIAT-3】测试插头位于发动机舱内 4. 天津夏利2000，发动机室蓄电池后侧减振器支架旁 5. 天津威姿，仪表盘下侧
田野汽车	1.【FIAT-3】测试插头 2.【SMART OBDII-16】测试插头	1.【FIAT-3】测试插头位于发动机舱内 2.【SMART OBDII-16】梯形测试插头位于仪表盘左下方 3. 田野吉普诊断插座位于乘客侧右脚踏板发动机计算机旁
万丰奥特	1.【FIAT-3】测试插头 2.【SMART OBDII-16】测试插头	1.【FIAT-3】测试插头位于发动机舱内 2.【SMART OBDII-16】诊断插座位于驾驶室仪表盘下方
武汉万通	1.【SMART OBDII-16】测试插头 2.【MITSUBISI/HYUNDAI-12+16】测试插头	诊断插座位于仪表盘下方
扬子集团汽车	1.3PIN 诊断插座选择【FIAT-3】测试插头 2.16PIN 诊断插座选择【SMART OBDII-16】测试插头	1. FIAT-3 测试插头位于发动机舱内 2. SMART OBDII-16 诊断插座位于驾驶室仪表盘下方

附　录　各种汽车诊断插头的选择、诊断插座位置

（续）

车　型	选择测试插头	诊断插座位置
厦门金龙	1. 装备日产电控系统的厦门金龙车型选择【NISSAN-14＋16】测试插头 2. 装备德尔福电控系统的厦门金龙车型选择【SMART OBDII-16】测试插头 3. 装备丰田电控系统的厦门金龙车型选择【TOYOTA-17F】测试插头	1. 日产系统的诊断插座位于驾驶室仪表盘下 2. 德尔福491QE系统诊断插座位于驾驶员座椅下 3. 德尔福JM495诊断插座位于乘客门附近 4. 金龙大客日野系统位于车左侧驾驶室侧后轮后侧
新凯汽车	【FIAT-3】测试插头	FIAT-3测试插头位于发动机舱内
羊城汽车	【FIAT-3】测试插头	FIAT-3测试插头位于发动机舱内
一汽集团汽车	1. 【奥迪-4】测试插头 2. 【SMART OBDII-16】测试插头	1. 宝来1.8，中控台下方 2. AUDI A6：仪表盘左下方 3. AUDI 100 2.6E：发动机舱左后方；选用【AUDI-4】测试插头 4. 捷达（5气门），在表板保险盒右后方
跃进汽车	【FIAT-3】测试插头	FIAT-3测试插头位于发动机舱内
长城汽车	1. 【FIAT-3】测试插头 2. 【SMART OBDII-16】测试插头	1. FIAT-3测试插头位于发动机舱内 2. SMART OBDII-16梯形诊断插座位于仪表盘下方
长丰猎豹	【MITSUBISI/HYUNDAI-12＋16】测试插头	长丰猎豹SMART OBDII-16诊断插座位于驾驶员侧仪表盘左下
成都新大地	【SMART OBDII-16】测试插头	驾驶员侧仪表盘下方或靠近蓄电池、ECU
东风汽车	【SMART OBDII-16】测试插头	诊断插座一般位于仪表盘下收音机左侧
东风风行	1. 【NISSAN-14＋16】测试插头 2. 【MITSUBISI/HYUNDAI-12＋16】测试插头	驾驶室仪表盘下
大迪汽车	【SMART OBDII-16】测试插头	驾驶室仪表盘下
丹东曙光	【SMART OBDII-16】测试插头	驾驶室仪表盘下

(续)

车　型	选择测试插头	诊断插座位置
东南汽车	1.【MITSUBISI/HYUNDAI-12＋16】测试插头 2.【SMART OBDII-16】测试插头	1. 三菱电控系统诊断插座一般位于驾驶员侧仪表盘下 2. 东南菱帅，仪表盘下转向盘柱附近 3. 东南得利卡面包车 SMART OBDII-16 诊断插座一般位于仪表盘下
福州马自达	1. 17PIN 方形诊断插座选择【TOYOTA-17F】测试插头测试插头 2. 17PIN 半圆诊断插座选择【TOYOTA-17】测试插头	福州马自达的诊断插座位于发动机舱内
中华轿车	【中华轿车-16】测试插头	中华轿车-16 诊断插座位于驾驶室仪表盘处转向盘右下方
广州本田	1.【HONDA-3】测试插头 2.【SMART OBDII-16】测试插头	广州本田诊断插座一般位于驾驶员侧仪表盘下
哈飞汽车	1. 现代车型的 ABS 和 SRS 系统选择【SMART OBDII-16】测试插头 2. 三菱电控系统选择【MITSUBISI/HYUNDAI-12＋16】测试插头	驾驶员侧仪表盘下方或靠近蓄电池、ECU
郑州日产	1. 装配日产电控系统的郑州日产车型选择【NISAN-14＋16】测试插头 2. 装配德尔福电控系统的郑州日产车型选择【SMART OBD-16】测试插头	一般在仪表盘下方
吉利车系	1.【17PIN】测试插头 2.【SMART OBD-16】测试插头	1. 浙江豪情汽车诊断插座位于发动机舱内 2. 吉利美日，仪表盘左下方
福州汽车	【FIAT-3】测试插头	FIAT-3 测试插头位于发动机舱内
中华轿车欧款 3	【中华轿车-16】测试插头	中华轿车-16 诊断插座位于驾驶室仪表盘处方向盘右下方
中兴汽车	1.【FIAT-3】测试插头 2.【SMART OBD-16】测试插头	1. FIAT-3 诊断插座位于驾驶室内 2. SMART OBD-16 梯形诊断插座位于仪表盘左下方
黑豹汽车	【FIAT】测试插头	发动机舱蓄电池附近

参 考 文 献

［1］ 王遂双．汽车电子控制系统的原理与检修［M］．北京：北京理工大学出版社，1998．
［2］ 舒华，姚国平．桑塔纳 2000 电气系统使用与维修［M］．北京：北京理工大学出版社，2002．
［3］ 张葵葵．电控发动机原理与检测技术［M］．北京：机械工业出版社，2007．

参考文献

[1] 王莉娜. 新世纪下我国高等教育发展对策[J]. 教育研究, 人大复印, 1998.
[2] 李强. 新经济、知识经济的意义及对中国的挑战[M]. 北京: 经济科学出版社, 2002.
[3] 郑永廷. 社会主义意识形态研究[M]. 广州: 中山大学出版社, 1999.